追寻职业的幸福感

——叶辉人物新闻作品选

叶 辉 著

光明日报出版社

图书在版编目（C I P）数据

追寻职业的幸福感：叶辉人物新闻作品选 / 叶辉著
. -- 北京：光明日报出版社, 2020.6
ISBN 978-7-5194-5436-4

Ⅰ. ①追… Ⅱ. ①叶… Ⅲ. ①新闻—作品集—中国—当代 Ⅳ. ①I253

中国版本图书馆 CIP 数据核字(2019)第 145879 号

追寻职业的幸福感——叶辉人物新闻作品选

ZHUIXUN ZHIYE DE XINGFUGAN ——YEHUI RENWU XINWEN ZUOPINXUAN

著　　者：叶　辉

责任编辑：鲍鹏飞　　　　封面设计：喜　鹊
责任校对：慧　眼　　　　责任印制：曹　净

出版发行：光明日报出版社
地址：北京市西城区永安路 106 号，100050
电话：010-63139890（咨询），010-63131930（邮购）
传真：010-63131930
网址：http://book.gmw.cn
E-mail：baopf23@gmw.com
法律顾问：北京德恒律师事务所龚柳方律师

印刷：北京虎彩文化传播有限公司
装订：北京虎彩文化传播有限公司
本书如有破损、缺页、装订错误，请与本社联系调换，电话：010-63131930

开本：170mm×240mm　　　　印张：22
字数：360 千字
版次：2020 年 6 月第 1 版
印次：2020 年 6 月第 1 次印刷
书号：ISBN 978-7-5194-5436-4

定价：89.00 元

叶辉的从业经验是我国新闻事业的宝贵财富

何东平

今天，我们为《光明日报》资深记者叶辉举行作品研讨会，我谨代表《光明日报》社对在百忙中参加这次活动的浙江省郑继伟副省长、省委宣传部鲍洪俊副部长以及各位专家和新闻界同行表示热烈的欢迎和衷心的感谢。

这次研讨会的由来始于今年两会期间老朋友鲍洪俊的一个电话。我们在通话中谈了工作之后，他谈起本报驻浙江首席记者叶辉即将退休，希望能为叶辉做点什么，这也是我正在考虑的问题。经与洪俊多次通话协商，我还利用到浙江桐乡开会的空隙和他面谈，最后决定为叶辉举办一次新闻作品研讨会。由于叶辉新闻作品的内容大多源于浙江，于是我们设想：研讨会由《光明日报》社和浙江省委宣传部联合举办。

这件事就这样决定后，为使参加研讨者更多地了解叶辉的新闻作品，光明日报出版社在一个多月的时间里编出了叶辉新闻作品集，这就是今天大家看到的这本集子。

叶辉比我长一岁，我俩前后脚跨进《光明日报》社大门。他一直奋战在第一线，我则长期在报社本部工作。30 多年来，一个记者，一个编辑，君子之交，见面、通话都谈业务。我们的交往颇为默契，叶辉的许多作品是经我之手刊发出来的。

叶辉是一位具有丰富实践经验而又随时准备新尝试的资深记者。后来我才知道，刚入新闻队伍时，他曾经遭遇诸多困难：坎坷的经历使他性格极度内向，社交恐惧症曾严重影响他与采访对象的正常交往；他小学上了5年即辍学，之后当农民、做木匠，后虽考上了大学，但知识结构较为单一，当一名以中高级知识分子为读者对象的报纸的记者并不具优势。但叶辉要强，他发扬敏锐深沉的特长，勤奋钻研，经过数年历练，终于成长为一名犀利、优秀的大记者。

叶辉是一个以新闻锐度见长的记者。20世纪80年代后期，他进入新闻业务的黄金时代，发表了一批有力揭示改革开放深层次问题的批评报道和问题报道，如《新楼建成主管基建副院长辞职》《一所私立中学的冲击波》《八分钱效应之一例》《倾斜的工程》等。这些报道在赢得读者好评的同时，也引发被批评者的强烈反应，有些甚至引起全国关注。

20世纪90年代之后，叶辉逐渐成为报社的业务骨干，经常被从记者站抽调出来，派往全国各地采访重大题材。此后，作为编辑，我经常看到他发自全国各地的稿件，内容涉及火热的边境贸易，充满血与火的边防缉毒故事，有来自改革前沿的报道，也有大山深处绝密机构科技人员"献了青春献子孙"的事迹。

叶辉的新闻作品思想深沉而又鲜活可读，这与他的采访作风有关。他秉承老一辈记者"不到现场不写稿"的传统，深入生活，深入基层，写出的作品接地气、现场感强、富有生活气息。

叶辉是《光明日报》写人物处于前列的记者。2006年，世界数学难题庞加莱猜想被破解，引起轰动，叶辉立即推出整版报道《"朱熹平猜想"》。他报道了首先提出生态道德、为治理沙尘暴做出贡献的陈寿朋教授（《陈寿朋：茫茫沙海上的海燕之歌》）。"郦学"大家陈桥驿（《陈桥驿：寻山问津治郦学》）、著名表演艺术家李默然（《李默然：一出演不完的剧》），以及在浙江省从事医疗器械研发和贸易工作的，中国用于注射执行死刑的高速注射泵研制者杨辉（《杨辉：让死刑犯平静地离去》）等，都曾是他采访、写作的对象。

2010年，《今传媒》杂志发起"中国当代人物传播100家"评选活动，光明日报有两人入选，分别是樊云芳和叶辉。

最近5年，叶辉的人物报道又上了一个新台阶，他接连推出十多个引起广泛关注、报道后被列入中宣部宣传计划的人物典型。

2009年，我到浙江宁波出席由本报主办的中国国际新闻论坛年会。叶辉从杭州赶来。当时他正在赶写雷云这个人物典型，征求我的意见。我从编辑角度对这个人物典型的推出方式提出了意见和建议。这种编辑和记者的业务交流非常默契，他采纳了我的意见。后来雷云被作为我国思想文化战线的重大典型推出。从此，叶辉一发而不可收，接连推出顾益康、吴棣梅、叶丽萍等十多个典型，在全国产生了较大影响。

2013年秋，已经辞去站长职务的叶辉和新任浙江站站长严红枫来报社办事，顺便到我办公室小坐。其时我已担任报社一把手（总编辑），手头正在忙一个要紧的文稿，但同事从第一线来，我很高兴，放下工作，便与他们交谈起来。他们的话题马上转向之前电话里向我预告的麻风村青年医疗团队这个典型。他们很兴奋，从一线记者的视野细谈这个典型发现的经过、典型的内涵及意义，希望报社在版面上予以支持。我从阅读体验的角度帮助他们分析，认为偏僻寂寥而又"人生出彩"是这个团队最吸引人的地方。我们越谈越激动，越谈越兴奋，本来礼节性的见面变成了一次业务探讨，谈了近一个小时。我为报纸即将推出一个重大典型而兴奋，我答应全力支持，不惜版面，让他们放开手脚，尽情挥洒，并商定了推出这个重大典型的步骤和时间。

果然，他俩不负所望，很快拿出了引人入胜的长篇通讯——《山坳人生照样出彩——记"中国麻风第一村"里的年轻医疗团队》,《光明日报》头版配大幅照片强势推出，在全国引起热烈反响，中央多位领导同志做了批示，来信、来电从四面八方飞往记者站、编辑部，麻风村典型被列入中宣部宣传计划，随后中央各主流媒体跟进报道，影响很大。浙江省、国家卫计委（现为国家卫健委）联合组成"山坳人生照样出彩"麻风村医疗团队演讲团，2014年5月13日到北京人民大会堂宣讲，时任中央政治局委员、国务院副总理的刘延东同志接见了演讲团成员。

30多年勤奋工作，叶辉获得很多荣誉：1991年、2009年两度被评为全国优秀新闻工作者，1993年获国务院特殊津贴，1998年获范长江新闻奖提名奖，2005年入选中宣部、中组部"四个一批"人才。光明日报多届总编辑如杜导正、姚锡华、张常海、徐光春、王晨、袁志发、苟天林、胡占凡等均对叶辉很器重。徐光春同志在《叶辉新闻作品集——走向光明》中称赞“叶辉是个好记者”，是“党和人民信赖的记者”，是“硕果累累的新时期新闻事业的难得的人才”。许多领导和老读者关心叶辉，见到报社同志还时常问起叶辉的近况。

在叶辉即将结束记者站生涯时，对他的新闻从业经验进行总结，使他的从业经验融入《光明日报》报业文化之中，是一项建设性工作。他的经验已对年轻的光明人产生重大影响，也必将成为我国新闻事业的宝贵财富。

叶辉答应我：退休不搁笔，继续有选择地采写重磅作品，研究社史。

我衷心期望叶辉能写出更有分量的作品，贡献更多的宝贵财富。

（作者为《光明日报》原总编辑，
此文是他在叶辉新闻作品研讨会上的讲话）

目　录

第一章　人物典型

第二章　人物大家

第三章　人物新闻

第四章 人物素描

第一章

人物典型

脑子有政治 胸中有大局

鲍洪俊

今天,《光明日报》社和浙江省委宣传部在这里共同举办“叶辉新闻作品研讨会”。作为叶辉曾经的同行和朋友，特别是作为这次活动的倡议者之一，我要向大家的光临表示衷心的感谢。

感谢光明日报社多年来为宣传浙江做出的突出贡献，感谢东平总编、春林副总编对浙江新闻宣传工作的亲切关心和有力支持。光明日报对浙江各项工作，特别是教育卫计文化体育工作的特色报道，在新闻界独树一帜、享誉遐迩，尤其是先进人物典型报道，佳作不断，捷报频传。浙江一大批英模人物，通过《光明日报》的版面，走向全国，为浙江的科教文化事业赢得了广泛的喝彩，树立了“最美”的形象。当然，在这里，也要感谢今天到会的中央新闻单位的各位社长、站长，你们个个身怀绝技，人人能征善战，都是宣传浙江的功臣。叶辉同志就是你们之中领人物报道风骚的杰出代表。

我与叶辉相识相知多年，可谓相识越久，尊重越厚。我还在《人民日报》海南记者站工作时就认识叶辉，2001 年年初调浙江工作后，叶辉是我认识的第一个浙江同行。我在《人民日报》浙江记者站工作的 8 年中，经常与叶辉一起采访，叶辉的敦厚慈善、勤业精业，给我留下深刻印象。我从心里敬重叶辉的人品、作品。2008 年，我从《人民日报》浙江记者站调任省委宣传部担任副部长，分管新闻宣传工作，6 年来，我在工作中日益深切地体会到叶辉作品的传播力、叶辉人品的影响力，可以说，叶辉其人、其作品在浙江的美誉度，不是一般记者所能企及的。

作为叶辉曾经的新闻同行，我今天想就叶辉人物典型报道谈几点想法。

第一，叶辉频繁推出人物典型的事实表明，他是一位新闻敏感特别强的记者。大家知道，新闻敏感是记者的职业生命，没有新闻敏感是当不好记者的。2009年以来，叶辉先后推出了雷云、陆立军、顾益康、钟杏菊、吴棣梅、丁列明、欧阳栋、冯洪钱、叶丽萍、吴海京等一系列先进人物典型，这些典型有的受到中央和省领导的批示肯定，有的被列入中宣部人物典型的宣传计划。在如此短的时间内如此密集地推出这么多人物典型，这在中央驻地方媒体记者中是罕见的。去年12月6日，叶辉和他的继任者严红枫发现、采写的省皮肤病防治研究所上柏住院部也就是麻风村"70后""80后"先进典型，再次为浙江"最美现象"增添一道亮丽的风景。这个典型是如何发现的？他们本来是去德清采访另外的题材，听县委宣传部的同志介绍，麻风村这个年轻的医疗团队安于山坳，把患者当亲人，获得过南丁格尔奖、马海德奖这些医疗界的崇高荣誉，马上想到当前年轻人讲求现实、实惠、不愿吃苦受累的社会状况，想起习近平总书记的一句话——"有梦想，有机会，有奋斗，一切美好的东西都能够创造出来"，还想到当前普遍紧张的医患关系，马上发现这个典型蕴含的多重新闻价值，他毅然与严红枫一起三进麻风村，通过内参和公开报道，成功采写宣传了这个年轻团队重大先进典型。正如预期，中共中央政治局常委、书记处书记刘云山同志作出批示："中央媒体要宣传这支'80后'医疗队的事迹，这是一群可敬可爱也理应大家学习的年轻人。"中共中央政治局委员、国务院副总理刘延东同志先后两次作出批示："麻风村医疗队10年坚守为患者服务，事迹感人，彰显医疗战线救死扶伤、无私奉献高尚品格，可予表彰"，"中宣部做好先进事迹的宣传工作，推动医卫系统学习他们敢于牺牲无私奉献精神，更好地为患者服务"。中共中央政治局委员、中宣部部长刘奇葆同志作出学习、宣传批示。浙江省委、省政府，国家卫计委分别作出学习决定，在全省、全国卫计系统掀起学习热潮。5月7日，麻风村先进事迹首场报告会在省人民大会堂举行，首战告捷，严红枫同志是报告团6名成员之一。报告会后，省委书记夏宝龙会见报告团成员，并给予高度评价。5月13日，麻风村先进事迹报告会在北京人民大会堂举行，他们的感人事迹赢得现场观众持续不断的掌声和泪水。国务院副总理刘延东接见报告团全体成员，要求广泛宣传学习他们的先进事迹。叶辉同志是发现、宣传这个典型的大功臣。

为什么同在一地同为记者，叶辉能发现这么多的人物典型？就是因为叶辉的新闻敏锐性。又如，2009 年雷云这个典型的发现很能说明问题。雷云是省委宣传部分管理论的老部长，一天到晚与媒体打交道，媒体与他太熟悉了，老部长德高望重、清正廉洁，为人为政在浙江政界、理论界、新闻界有口皆碑。可就是这样一个具有时代意义的理论界的楷模，却没有记者想到要来写写他，大家都熟视无睹了。叶辉想到了，新闻界处在意识形态工作的最前沿，作为发现宣传典型的主体和载体，习惯于聚焦其他行业的先进人物，却忽视了意识形态领域本身也需要典型引领，需要形象口碑，从更高层次上讲，当时正值美国次贷危机引发的金融危机向全球蔓延之际，许多人对经济发展形势趋势处于迷惘之中，渴望理论工作者的解释指引，这时，选树理论研究宣传的典型，就有了“当春乃发生”的应然和必然。所以，这个典型，被叶辉敏锐地发现、报道出来，引起中央领导的高度重视，两位中央领导做了批示，最终雷云被作为中国理论界的典型，由中央主流媒体共同进行了深入报道。

第二，叶辉频繁推出人物典型的事实表明，他是一位有着强烈政治责任感、时代使命感的记者。雷云是我国当代思想文化理论界的典范；扎根海岛 40 年的好医生吴棣梅把毕生精力都奉献给了海岛人民，唱响了一曲白衣天使的时代颂歌；麻风村医疗团队默默坚守在闭塞的山村，为这些被命运遗弃的可怜人奉献出自己的青春和生命，这些典型无一不具有这个时代的鲜明特点，正因为此，这些报道都具有较强的生命力，为读者所称道。

如何才能发现具有时代意义的人物典型？叶辉在全省总编、台长学习班上介绍经验时说，他的经验是：脑子有政治，胸中有大局。习近平总书记在中央党校 2013 年春季培训班上号召全党大兴学习之风，倡导学习型干部。叶辉脑子里政治这根弦马上绷紧了，他很快发现了一个符合总书记要求的人物典型：台州医院消化内科主任叶丽萍。叶丽萍靠刻苦自学从乡镇医院医生成为国内内窥镜技术专家。这个人物典型推出后，中央政治局委员刘延东做了批示，中宣部和国家卫计委组织中央媒体进行报道。叶辉是一个大局意识较强的记者，正是这种责任意识、使命意识使他发现了许多人物典型，援疆医生欧阳栋的发现就是一例。杭州医生欧阳栋结束援疆工作后主动留在南疆阿克苏，还动员妻子把家搬到边疆扎根。叶辉获悉后马上意识到这个人物典型的意义，因为他了解新疆的大局，“7·5事件”发生后，新疆一些汉族干部纷纷要求调回内地，在这样的大局面前，一个汉族援疆干部，不但主动要求留下，还把家搬到边疆扎根，这个典型具有很大的现实意义。结果这个典型得到了两位中央领导的批示，中央媒体在叶辉报道发出后也纷纷跟进报道。

第三，叶辉频繁推出人物典型的事实表明，他是一位有着非凡职业素养的记者。这集中体现在，叶辉的人物报道很注重人物的闪光点的挖掘。叶辉说，新闻排斥普通，拒绝平凡。写平凡的普通人，最难的是找闪光点。这就需要记者深入基层，深度挖掘，把普通人不普通的经历、平凡人不平凡的事迹挖掘出来，采访的过程就是寻找闪光点的过程。譬如叶丽萍这个典型的闪光点在哪里？叶辉采访了台州市卫生局领导、台州医院领导、与她共事的医生护士，还到她的门诊室观察，与她的病人接触。此时，写一篇人物通讯的素材完全够了，但叶辉感到意犹未尽，因为还缺乏精彩的令人叹服的闪光点。采访结束，叶辉已坐到车上准备打道回府了，但感觉还应该到她家看看，可叶丽萍没时间，叶辉就要求叶丽萍打电话让她丈夫回家。这一去，精彩的细节出现了：叶辉在她家厨房看到五六只烧黑了的铝锅、电饭煲、高压锅，在他的追问下，叶丽萍丈夫告诉他，这些都是叶丽萍边读书边烧饭时烧坏的。她丈夫抱怨叶丽萍一捧起书就忘了一切，读书入了迷，一次次把锅烧坏。讲到这里，最经典、最精彩的细节出现了：一天她边读书、边做饭，淘好米继续读书，开饭时家人却找不到饭，饭在哪里？最后掀开马桶盖，里面竟是白花花的大米。读书读得忘情了，竟把淘好的米倒进了马桶里！牛顿煮鸡蛋把手表当鸡蛋煮，陈景润思考问题撞到树上还问谁撞他了，叶丽萍烧饭把米倒进马桶，闪光点找到了，有了这样的闪光点，这个人物立起来了！

还要补充一点，叶辉也是一位不断学习、善于思考的记者。叶辉没有什么不良嗜好，不喝酒，不抽烟，不打牌，不唱歌跳舞，采访是他最大的爱好，学习是他最大的爱好。出差途中常常手持一卷，闲暇时间全在读书。正是因为他能坚持不懈地学习，才能为他的报道注入源源不断的思想养分，使得他的报道出新、出彩，启人心智，过目难忘。2007 年 7 月 13 日《光明日报》头版头条刊登通讯《杭州：发散“灵魂香味”的城市》，这篇报道影响很大。杭州市在“共建共享生活品质之城”期间被评为全国最具幸福感的城市。叶辉的报道洋溢知性的光辉，他写道：幸福是人类追求的最高境界，什么叫幸福？“幸福是一种灵魂的香味”，罗曼·罗兰的这一精辟的幸福定义被用在这篇报道上非常贴切，画龙点睛。报道刊出后，“灵魂香味”一时在社会上广为流传。

心里有多纯净，世界就有多纯净；只有退休的年龄，没有退休的人生。在这里，我要再次引用罗曼·罗兰的名言，叶辉是一位纯净纯粹、散发着灵魂香味的记者，今天的研讨会承载着所有领导、专家、同行对他的敬意和期待，我坚信，叶辉手中的笔不会退休，叶辉的职业生涯不会褪色，叶辉采写人物通讯的幸福之帆只是刚刚启航。

（时任浙江省委宣传部副部长鲍洪俊在叶辉新闻作品研讨会上的发言）

笃信马列　老而弥坚

——记杰出的理论工作者雷云（上）

5月下旬，我走进杭州市保俶山下一座普通民宅，走进浙江省委宣传部原副部长兼省委讲师团团长雷云那极为简朴的家。76岁的雷云形销骨立，颧骨高耸，两颊塌陷，厚厚的镜片后面是深凹的眼眶，一对炯炯有神的眼睛溢出慈祥的笑意。这位清虚疏朗的老人用舒缓平和的语调向我讲述了他那坎坷而充满传奇的人生经历。

记得1976年春，还在浙南农村当木匠的我，到临海县城参观一位小有名气的木匠的家具。当我为这些流光溢彩、匠心独具的家具惊叹不已时，却蓦然惊悉，这位木匠其实是理论工作者。

33年过去，当年的小城木匠而今已成为我国思想战线上杰出的理论工作者。他就是眼前的雷云。雷云研究和宣传党的理论夙兴夜寐，殚精竭虑，生命不息，战斗不止。他先后发表论文400多篇，著作6部，累计已达400余万字。他的论文曾3次获中宣部“五个一工程”奖，16次获省级理论研究成果评选一等奖，两次获特等奖。最近，中共浙江省委宣传部和浙江省委分别做出决定，号召全省宣传文化系统和全省党员干部向他学习。

夙兴夜寐殚精竭虑研究和宣传党的理论

雷云1933年出生在浙江慈溪一个贫寒之家，初中时读艾思奇的《大众哲学》，因此迷上了马克思主义学说。1954年毕业于华东师大政教专修科，从此他走上从事政治理论工作之路。

党的十一届三中全会后，历尽坎坷的雷云被调回省委宣传部，迎来了事业上的春天。

雷云感激党给了自己第二次生命，勤奋工作，发愤写作，文章又开始频频见诸报端。很快，他出任省委宣传部理论处处长，1989 年出任省委宣传部副部长，主管全省理论工作，不久兼任省委讲师团团长，后又兼任浙江省社科联党组书记、主席。

经历“文革”磨难，雷云更坚定地认为，理论是党的灵魂，没有理论和理论创新怎能成为马克思主义政党？理论的作用受到怀疑是客观事实，但这恰恰说明当前大讲理论的必要和重要。至于很多人说理论与实际对不上号，雷云认为应当划清理论本身的性质与人们对它的误解、与因工作失误而带来的消极后果之间的界限，不能把一切问题归咎于理论本身。他还以己推人：自己曾受过如此巨大的打击而为何精神不垮？就是因为有理论的力量支撑着。

20 世纪 80 年代开始，雷云开始将主要精力集中在建设中国特色社会主义理论的研究上。他将科学社会主义基本原理与中国社会主义实践相结合，每一项研究、每一篇文章都力求具有鲜明的针对性和现实性。

作为统领全省理论工作的领导，雷云潜心培养人才，狠抓干部理论教育，指导报刊理论宣传和高校理论课教学，组织各种学术研讨，出版多种理论研究成果，用理论为现实服务。他指挥若定，把全省的理论工作搞得井然有序、有声有色。

1992 年邓小平同志南方谈话发表，雷云很快写出《认真学习邓小平南巡谈话中的几个重要理论观点》一文送省委参考。原省委书记李泽民回忆说：“雷云的文章对省委完整准确地理解小平谈话，深入领会谈话精神实质及所体现的马克思主义立场、观点、方法有很大帮助，对省委组织全省党员干部学习南方谈话，进一步解放思想，清理‘左’的影响，推动浙江改革开放，起了积极的作用。”

“老雷在宣传部工作期间，对浙江高校马列主义理论课建设功不可没。”一位大学理论课教师说，“当时省委宣传部和省教委每年暑期都要举办备课会，把全省高校马列室负责人和教学骨干集中起来学习、备课，使理论教师受益匪浅。”

走上领导岗位后，雷云非常忙。但他还是挤时间学习、写作，他的大量文章就是担任领导职务期间完成的。他对领袖著作的熟悉程度使人惊讶，他的一位友人说：若要找《毛泽东选集》和《邓小平文选》中的内容，找雷云就行了，他能随口说出某一内容出自某一篇。

“老雷是个坚定的马克思主义者。”浙江省特级专家陆立军说，“他个人遭受如此大的打击，几十年历经磨难但信仰始终没变，这正是他的精神支柱之所在。他对党的三代领导人的理论都有较深的研究。从毛泽东思想、邓小平理论、‘三个代表’重要思想到科学发展观，他都能用正确的立场、观点和方法加以阐述。他研究的马克思主义是发展的，与时俱进的。”原浙江省委宣传部理论处处长、省社科联党组副书记蓝蔚青认为，雷云的著述一个明显特点是能始终注意准确性、科学性，把好政治关和理论关。浙江大学教授郁建兴说：“雷云是别人‘左’了他不‘左’，别人‘右’了他不‘右’。”

雷云思想解放，理论上与时俱进。1989 年，浙江一农民企业家在上海收购了 6 家国营商店，一时轰动全国，也引发了一场姓社姓资的激烈争论。雷云公开为这位农民企业家正名，称他是“红色资本家”。

浙江大学边鹏飞教授说，雷云是浙江省硕果累累、长盛不衰、德高望重的马克思主义中国化的优秀理论研究者、宣传队伍中的杰出代表。

硕果累累的杰出理论工作者

今年 1 月 26 日，大年初一凌晨 4 时，雷云照例起床，洗漱后，他泡了一杯咖啡，吃几片饼干，随后扭亮台灯，翻开本子，又开始伏案学习和写作。10 年了，从繁忙的领导岗位退下后，他的每个平凡的日子都是这样开头的。

谁又能知道，长年累月如此勤奋工作的这位老人却是一个身患癌症的病人！1993 年，雷云被查出胃癌，做了胃全切除手术。术后的化疗使他体重骤降 14 斤。第四次化疗后他便提出要写作，医生和家属都坚决反对，但拗不过他，只好妥协，允许他每天写作一个半小时。就这样，在继续化疗的半年中，他完成了近30万字的专著《建设有中国特色社会主义理论基本问题》。这部渗透着他心血的专著广受好评，获省政府社科优秀研究成果一等奖，被一些高校和党校选作教材，已两次再版。

此后，雷云相继出版了《论邓小平理论的历史地位和科学体系》《党的三大理论成果研究文集》等论著，最近，他的新著《社会主义理论研究文集》一书又将出版。

原浙江省社科院院长王凤贤说：雷云致力于研究邓小平理论科学体系。他不满足于对邓小平思想、观点的分类归纳，而是从邓小平理论的概念、范畴、思想原则、内部本质联系、内部逻辑结构进行系统研究。他把邓小平理论的要谛概括为“五论三线”：社会主义发展道路论、社会主义初级阶段论、社会主义本质论、社会主义改革开放论、社会主义政治保证论；解放思想、实事求是的思想主线，生产力标准的理论主线，党的基本路线的政治主线。这就把邓小平理论最核心的内容概括出来了。雷云认为“三个有利于”的基础是生产力标准，但把生产力标准与政治标准在是否有利于发展生产力和增强综合国力面前，分别加上“社会主义社会”“社会主义国家”的主词、人民利益标准（是否有利于提高人民生活水平），结合起来，体现出有机统一，从而使“三个有利于”成为衡量一切工作是非得失的标准，这就把对邓小平理论的认识从以往的思想框架中解放出来了。

中纪委杭州培训中心教育长陈武明说，雷云一直站在理论研究的最前沿，在重大问题的思考和研究中，不仅坚持马克思主义的基本立场、基本观点，而且思想解放、勇于创新，如2002年上半年就提出了党的思想路线应该包含“与时俱进”的内容，建议把与时俱进纳入思想路线；2004年提出要以科学态度对待邓小平理论，为此必须区分邓小平理论的基本原理与个别论断，破除对它的误解和教条式理解，澄清附加在它名义下的错误观点；2008年提出要进一步深化和运用实际标准、生产力标准、“三个有利于”标准，把科学发展也作为检验我们的思想观念、路线方针和实际工作的客观标准等。

他的《实话实说：用彻底的社会主义初级阶段论剖解重大理论和现实问题》一文，受到理论界的广泛关注；他的《坚持社会主义与保持共产党的先进性》一文，被20多家报刊、丛书转载。2007年他的长篇论文《社会主义市场经济的优越性就在四个坚持》在中国社科院《马克思主义研究》作为“本刊特稿”头条刊发。在2008年下半年开展的学习实践科学发展观活动中，他应邀为省委机关干部作的专题辅导报告，被全文编入省委领导小组办公室简报下发。

雷云笃信马列，老而弥坚。1994年离开副部长岗位，1999年年底告别省社科联主席职务，退休后更是全身心投入理论研究中。他不顾术后虚弱的身体，每天凌晨4点多即起床学习、写作。他说：三早抵一工。他就是以“三早抵一工”的精神争分夺秒地安排他的退休生活，争分夺秒地学习写作。因此，他在理论上也日趋成熟，在事业上走向辉煌。

（载《光明日报》2009年6月4日）

坚守信仰　矢志不渝

——记杰出的理论工作者雷云（中）

受冤屈，坎坷历尽，雷云何以能坦然面对个人遭遇而毫无怨言？反右被错划为右派，“文革”被打成现行反革命，雷云何以能始终保持坚定的信仰，忠诚于党的信念矢志不渝？身患癌症，命悬一线，雷云何以能生命不息、工作不止？是什么力量支撑着这个瘦弱的老人？“是信仰！”雷云回答，“信仰是信念的基础，信念是信仰的体现。正确的信仰和信念产生巨大的力量，决定人生的目标和道路。”

坚定的信念支撑着他度过人生最黑暗的岁月

初中时读艾思奇的《大众哲学》，雷云有感于理论竟然能如此酣畅地把道理说清楚，从此对理论着迷。

1952年，雷云被保送至华东师大历史系。因为太喜欢理论，他主动放弃三年制的历史专业而选择两年制的政治教育专业。大学期间，他给自己确立的奋斗目标是：做一个马克思主义理论家。虽然后来他认为这是“少不更事”，并将目标修正为做一名党的理论工作者，但正是这立志高远的勃勃雄心促使他努力学习理论，钻研马克思理论终生不息。

“华东师大的两年学习为我世界观和人生观的形成打下了基础。”雷云说，“我不光学到基本原理，更重要的是学到立场观点和方法，使我从根本理论上树立起对马克思主义的信仰，对共产党的信仰，对真理的信仰！”

一本好书确立了雷云的人生目标，一张报纸却彻底改变了他的命运。

1957 年 6 月初，雷云赴杭州探亲，归途中在火车站买了一张《浙江日报》，这一小小的举动竟彻底改变了他的命运。

报上有一篇理论文章，雷云读罢，不同意作者的某些观点，遂写了一篇商榷文章寄去，《浙江日报》很快发表了他的文章。

雷云不知，那篇文章的作者是浙江省的一位领导。年轻的雷云没有意识到挑战权威的严重后果，他只知人生有路，却不知人生还有墙，奋然跃起，一头向权威的墙上撞去，一生的命运立时改变。

他的文章在浙江省理论界引起强烈反响。此后他连续发表了多篇文章，引起了省委宣传部的注意。1958 年 3 月，一纸调令，他被调到省委宣传部从事专业理论工作。

同年，他的第一本论著《因果论》出版。

他与领导商榷的是理论观点，政治却来与他“商榷”他的前途命运！他因文而名，因文上调，也因文罹祸，在反右补课中，他原本属于正确的理论观点被扣上“传播修正主义”的大帽子而被划为右派，开除党籍，降 5 级工资，下放农村劳动接受改造。

受到这一严厉处分，雷云如坠冰窟。他有两书架理论书籍，他在下乡前不得不将这些曾被他视若珍品、曾给他带来巨大欢乐和力量的书籍以每斤 8 分的价格处理掉时，他忍不住流泪了。

雷云下乡后，妻子洪映霞偷偷赶去探望。尽管对农村的艰苦已有思想准备，但当她看到丈夫的生存状态时，还是震惊得瞠目结舌：雷云住的竟是一家农户的猪圈。

繁重的体力劳动摧残着雷云，困难时期的物资匮乏折磨着雷云，极度劳累加上极度营养不良，雷云得了严重的肺炎，被送医院抢救，奄奄一息，医院发出病危通知书……

然而雷云终于还是战胜了死神的挑战，活了过来。

原台州市委宣传部副部长黄小本谈及雷云蒙受的苦难唏嘘不已。他说，雷云下农村后杭州的宿舍被收回，其妻洪映霞住进了集体宿舍。雷云回杭州探亲时已没有家，夫妻俩无家可归，黄昏后只好在西湖边漫步，享受这逼出来的“浪漫”。

在人生最黑暗的岁月里，雷云没有悲观绝望，他坚信历史会还他以清白，坚信社会发展的客观规律不可抗拒，历史的辩证法终将取得胜利；他坚信寒冬终将过去，春天终将来临，马克思主义的真理迟早会得到实现。正是这种信念支撑着他，使他度过了人生最黑暗的时光。

农村改造使雷云脱胎换骨，他学会了所有农活，他插秧插得又快又直。1959 年，他被“摘帽”，1962 年重新分配到台州地委党校资料室当资料员。

坚定的信仰给了他在逆境中奋发的力量

塞翁失马，焉知非福。资料室工作为雷云提供了学习的条件，对马列主义的深厚感情被重新唤起，他更加痴心地沉溺在阅读中。好在他是只身到台州工作，妻子和女儿都在杭州，可以自由支配时间，空余时间都被他耗在阅读上。就像他的一位友人开玩笑说的：让雷云管资料室，就像让猫守鱼缸，让老鼠守粮仓。在“守鱼缸”和“守粮仓”的日子里，雷云成为饕餮之徒，饥不择食，大量阅读马恩列原著和党的文献及时政文论。

通过大量的阅读，他的思想更趋成熟。“苟利家国生死以，岂因祸福避趋之”！此时的雷云又置自身于度外，按捺不住开始写作。

1963 年 10 月 31 日，他的长文《什么是无政府主义》在《人民日报》发表。事后他才知道，人民日报曾给台州地委党校来信调查作者的政治身份及表现，校党委据实以告：曾为右派，已摘帽，现表现良好。就这样，一个摘帽右派的文章居然在《人民日报》登了半个版。

从此，一发而不可收，他在《人民日报》《光明日报》上不断刊发文章。

忽一日，雷云发现投给《人民日报》的稿件竟在《文汇报》刊出。原来，《文汇报》编辑在拜访《人民日报》同行时看到此文，索要了这篇文章。

在“四清”运动前的一年半时间内，他在北京和上海的大报大刊上连发了 22 篇文章。

“文革”中，雷云因议论庐山会议同情彭德怀而被打成现行反革命。在视知识为反动、为罪孽的岁月里，在挨批斗受迫害的日子里，造反派不许他读书，更不准他再写文章。苦闷的雷云无师自通学会了木匠和油漆，他的智慧只好在与专业毫不相干的地方流光溢彩，血液中澎湃着马恩哲学思想的学者，竟将哲学风干成一根根木料，化作一个个精准的榫头，将理性的情怀结构成一件件家具，物化成扬琴、二胡等乐器。理论工作者竟成功地脱胎换骨成木匠，这也是“史无前例”的丰功伟绩。

雷云在回顾人生的这一段历史时说：我从自己的经历中体会到，为什么被打成右派进入人生低谷的时候还是坚持学习钻研马克思主义，写作和发表宣传马克思主义的文章，即使在“文革”年代处在最险恶的政治环境中也并不绝望，更没有产生过轻生的念头，而且还反复研读毛泽东著作，说到底是因为有精神支柱，对马克思主义真理的信仰和信念未曾动摇。

坚定的信仰给了他战胜谬误的勇气

理论探索有风险，坚定的信仰给了雷云敢于冒险的勇气，也给了他战胜谬误的力量。

1976 年，历史终于翻开了全新的一页，雷云迎来了人生的春天。在右派平反之前，台州地委党校便提前将他起用，让他登上讲台传道解惑。

“四人帮”刚粉碎，整个思想战线还笼罩在“两个凡是”的极“左”氛围中。登上讲坛，该给学员传授怎样的理论？传授“两个凡是”的理论？雷云没有这样做。深入的思考使他意识到，以阶级斗争为纲的理论和指导思想是错误的，正是这一错误的理论导致了“文革”的发生，导致了国家和民族的灾难。他准备在讲课中大胆阐述自己的观点，他的讲稿在学员中引起强烈反响，学员争相传抄，甚至，他的讲稿成为手抄本在当地流传，他的讲稿成为台州地区思想解放的一个先声。

1978 年 3 月，台州地委召开理论务虚会，一位地委领导点名让雷云参加会议并在大会上发言。雷云不避风险，公然在大会上说：我国极“左”盛行连续批右的 20 年，实际上是批实事求是的马克思主义基本原则的 20 年，是丢掉了实事求是的 20 年。他的发言引发了“地震”，有的县级领导抨击他是“右派本性不改”。好在地委思想很解放，认为雷云有思想、敢讲话，反而任命他为地委宣传部理论科副科长。

雷云出任省委宣传部理论处处长、宣传部副部长后，开始统领全省的理论工作。肩头的责任更重，风险也更大了。但他没有明哲保身，而是始终坚持正确的立场，以极大的理论勇气坚持真理，与谬误展开斗争。

80年代中期，由中宣部理论局与教育部联合主编的高校教材《中国社会主义建设》一出版就受到一些人的攻击，被说成是"一本不利于社会主义建设的教材"。当中宣部理论局局长卢之超来杭州谈及此事时，雷云敏锐地意识到，这是有人要否定高校"两课"建设，他马上表示要写文章声援。

不久，卢之超回京便在《光明日报》上读到了雷云的文章，他旗帜鲜明地对否定研究社会主义建设理论的错误观点进行驳斥。卢之超回忆此事时说:"雷云是一个非常好的同志，对马克思主义理论非常忠诚，对党的事业非常认真、敬业。"

20世纪90年代初，东欧剧变，苏联解体，有人因此怀疑社会主义，而民主社会主义却受到一些人的追捧。面对这一倾向，雷云连续发表了3篇文章，大声疾呼要警惕民主社会主义思潮对中国的影响。

理论界有人对共产主义表示怀疑，认为这是遥远的甚至根本不可能实现的空想，是"乌托邦"。雷云理直气壮地回答：共产主义社会是人类最理想的社会，共产党人就是要为它的实现而奋斗一生。马克思主义的另一个名词就是共产主义。理论工作者应当对马克思主义的信仰和信念不动摇；如果说的、写的是马克思主义，心里却在怀疑马克思主义，岂不成了"两面人"？岂不是把党的理论工作这一崇高职业当作单纯的谋生手段了？

（载《光明日报》2009年6月5日）

一身正气　两袖清风

——记杰出的理论工作者雷云（下）

雷云在浙江省宣传理论界清望甚高，人们对他仰之弥高，崇之弥切，他恪守清白的为人之道、清廉的为官之道，其高尚的人格和道德操守备受人们称颂和崇敬。

他宽阔的心胸包容一切，甚至包容整过自己的人

雷云是一个心胸宽阔，大肚能容的人。他乐于助人，甘为人梯，对后学尽力提携，百般呵护；对与自己学术观点不同的人，他善于倾听，善于容人；对反对自己甚至整过自己的人，他很能宽容。

作为浙江理论界的领军人物，雷云很重视人才培养。例如，他对省委党校陆立军教授非常器重。他患胃癌手术前，组织上问他有什么需要交代，他提出的唯一要求是希望能解决陆立军等几位学者的任用问题。

“这是他的临终遗言啊，临终了还想着我！”谈及此，陆立军激动不已。

雷云对理论人才的重视和培养不遗余力。1990年的一天，他获悉嵊州有一临时工酷爱理论，写了一部30万字宣传共产主义的书稿。在许多党员干部中理论已不吃香的年代里，居然还有如此热爱理论的年轻人！雷云很是高兴。他了解到这个自学成才的青年生活窘迫，便力荐这个本无资格的青年到理论岗位工作。这一荐之功使一个临时工成长为专家，此人就是现在的中纪委杭州培训中心教育长兼培训处处长陈武明。陈武明从省委党校毕业后工作难以落实。从不为自己的事求人的雷云却四处求人，专程赴绍兴请友人帮

忙，才把陈武明落实在绍兴市社科联工作，后又调省社科联。陈武明一直不知道是谁在暗中帮他，至此才获知自己的一切缘于这位长者的默默帮助，不由得感激涕零。

如今，当年的临时工已成长为浙江理论界活跃的专家。

“雷部长是我的引路人，没有他，我绝不可能从事理论工作，绝不可能有今天！”陈武明激动地说。

何止陈武明！雷云对后学一概如此。他任省委宣传部副部长时，即使是县委宣传部一般干事、党校一般教员给他来信，他都亲笔作复，为他们的稿件精心修改，向报刊推荐发表。他对后辈推爱甚挚，期许甚切，其情感人。这也是浙江理论界对他执礼甚恭的一个原因。

雷云更有容人之量。陈武明说，一次他在雷云办公室见到雷云属下一学者与雷云就学术问题发生争论，那位学者非常偏激，上纲上线批评雷云，而雷云一点也不生气，始终面带微笑细心倾听，然后心平气和地解释。

在“文革”中的一次批斗会上，一位同事动手打了他。平反回杭州后，这位同事到杭州求见，他照样热情招待，还请这位同事吃饭。

2002年年底，雷云回母校参加同学会，与他同居一室的竟是当年反右时整他“反党材料”的同学。这位同学非常尴尬，雷云却反过来劝慰他：“历史问题应历史地看，那都是过去的事，不必介意了！”他还给这位同学留了名片，特意写上家庭住址，欢迎他有机会到杭州家中来玩。

“如果有这样的人，那应该是出土文物！”

有一次我参加浙江的一个学术活动，餐桌上众人议及学问成为商品、学者趋利之风日盛时，一学者认为也不尽然，并举例说，有一位专家，外出讲课、应邀做报告从来不收讲课费；手中有权，从不为家人亲友牟利，也不用公车办私事；单位让他用旧房换新房，但补交的几十万元钱他付不起，只得放弃，尽管这套房子市场价近300万元。

有人不信，说，若果有其人，此人应是“出土文物”。

自然，这个“出土文物”就是雷云。

雷云淡泊名利，名缰利锁很难束缚他那不羁的心。作为省委宣传部分管理论的领导，雷云经常应邀去做报告，开讲座，退休后仍如此。但无论在位或不在位，几十年来他一直坚持不收讲课费。主办单位不依，他则费尽口舌解释。邀请单位常偷偷把钱塞进他包里，他回家发现后必自己贴钱把钱寄回。

问及他为何不拿讲课费，他说：宣传马列主义是我的本职工作，这是一件很有意义的事，如果拿了钱，这个意义就变味了。又说：作为共产党员，不该拿的绝不能拿，该拿的也不一定要拿，何况这钱我拿了不富，不拿也不穷，我现在的生活已经很不错了。

他在省委宣传部任职时，根据省里要求，干部的奖金按群众评议分级，他得分最高，按规定应拿最高等级，但他却坚持拿第二档。他担任省社科联主席，关系在宣传部，因此，社科联的所有福利他都拒绝拿，不拿的理由是：不能拿双份。

有人说，现在一些专家当了领导后，利用手中权力为自己牟利的经典做法就是拿课题，因为拿了课题就有课题费。而雷云当了两届省社科联主席，手上批了多少课题？自己从没拿过一个课题，没有拿过一分钱的课题费。

一次，省社科联组织去香港考察，此时他退休在即，而他又没去过香港。作为组织者，他完全有理由参加。但他退让了。结果直到今天他也没去过香港。

退休之后，有一个单位多次主动邀请他随团访问韩国，所有费用都由这个单位出，但他认为自己已退休，再用公家的钱出国不妥，婉拒了。

他唯一的一次公派出国经历是1991年作为中国共产党工作者代表团团员赴苏联考察。就在这次考察中，苏联发生“8·19”事件，考察中途而返，这个团也就成为苏联解体前苏共接待的最后一个中国代表团。

雷云不会电脑，他所有文稿都是手写后请人打印。

省政府后门的杭州新天图文制作社是雷云经常光顾的打印店，店主杨德成说，像雷部长这样的大官，写的又是研究马列的文章，谁会自己掏钱打印？杨德成记得，一次，省社科联一位处长到店里拿材料，发现雷云在此打印论文，便告诉杨，这是我们的老主席，以后他来打印，全部挂账，我们结算。但雷云却坚持自己付账："我打字，怎能让单位付账？"

"党员干部怎能为家人谋利益？"

公私分明，对此雷云绝不含糊，他绝不为家人牟利，连他独生女儿的工作也没管。浙江省记者协会主席马雨农曾非常感慨地向我谈起他亲历的一件事。他在浙江省广电厅任职时，一次招聘记者，在审查已被录取的人员的简历中看到雷云的名字，大为惊讶，雷部长女儿报考自己主管的单位？居然不给自己打招呼？会是他女儿吗？他拨通了雷云的电话，得到证实。马雨农感慨不已。他说，在这次招考中，他接到许多说情电话或条子，却没有雷云的，而雷云不但与他私交不错，还是他的"顶头上司"啊！雷云的难友——当年同被错划为"右派"的台州地委党校叶光宇医师闻此后说，我太了解老雷了，对他来说，这类事很正常，如果他为女儿的工作找关系打招呼，那就不是雷云了！雷云妻子在郊区工作，上班、生活很不便。雷云部下分管干部的某副处长主动提出帮她解决调动问题，雷云婉言拒绝了。

雷云做了胃全切除手术后仍常应邀到外地参加学术活动，因身体虚弱需要妻子陪同照顾，他坚持一条：妻子的差旅费必须自理。为此他还与接待单位"吵架"。

雷云在位时，一次赴上海庆贺岳父80寿辰，自己买了火车票，车队派车把他送到火车站，回杭后他即去车队交汽油费。车队同志匪夷所思，开玩笑说："雷部长你大概钱多得用不完了吧？"雷云说："这是私事嘛！"

踏踏实实做事，清清白白做官，堂堂正正做人，这是雷云的人生信条。在物欲横流的世风中，这位76岁的老人更加恪守自己的道德操守和人生信条。

（载《光明日报》2009年6月6日）

南疆红柳

——记浙江援疆医生欧阳栋

他是那样的普通，普通得就像一丛南疆红柳，默默无闻，几为人所忽略；但他的举动又是如此的壮美，壮美得就如盛开在戈壁中的红柳，灿烂如火。就是这个普通人，在我国援疆史中完成了一个绝不普通的壮举——

欧阳栋，浙江省援疆医生，在结束援疆的一年半后，他选择了留下；更难能可贵的是，他还把家从美丽的西子湖畔搬到大漠、戈壁环抱的阿克苏。

在浙江省1997年以来的援疆史上，他是唯一一个主动留下并举家北迁的援疆者。

“你是一棵树，我就是缠在树上的藤”

手持话筒，矢梦婷愣住了。

“你要留在阿克苏工作？”她吃惊地对着话筒问。

丈夫欧阳栋2011年年初援疆，离今年7月结束仅一个多月了，一年半的相思苦等，等来的竟是这个消息？

矢梦婷清楚地记得，那是2011年元旦后的一天，丈夫回家告诉她，副院长何晓音找他，问他是否愿意去援疆。丈夫2003年研究生毕业至今一直从事妇科临床工作，技术好，业务精湛，工作认真负责，从未发生过一起医疗纠纷，选择他去援疆，医院是经过慎重考虑的。

她与他在大学里相识相恋。她活泼浪漫、美丽动人，娇小玲珑的身材纤巧适度，一双俏目，顾盼神飞。她是赣江大学艺术系学生会主席，校园里的活跃分子，追求者甚众。而他却以自己的才华、真诚和朴实赢得了她的芳心。他们爱得很深。她曾说过："如果你是一棵树，我愿做那树身上缠着的藤，终生厮守！"

要终生厮守诚属不易。婚后他考上研究生，她则独闯广州，在服装设计领域闯出了一片天地。2003 年他研究生毕业，谋职西子湖畔。从此夫妻分居两地，鱼雁往还，备尝相思之苦。是她最后做出妥协，放弃广州的丰厚收入来杭州与他团聚。

她才华横溢，极为能干，很快在萧山获得一服装大企业的设计师和销售总监之职，随后购房买车，开始营造温馨的小窝。她心灵手巧，他的西装是她亲手做的，女儿的衣服是她做的，随便什么衣料，经她的手就变得灵动起来。一次她随手扯下窗帘给女儿做了一件连衣裙，一穿出去就引起一片赞美声："太漂亮了！"邻家女孩对国外时装极为钦慕，她说这有何难？当这位女孩穿着她做的衣服走进单位，马上被同事团团围住："哪里买的衣服？太美了！"他们家的新房是她设计的，绿的墙壁，红的地板，白的沙发，强烈的视觉效果营造出一个温馨美丽、浓郁艺术氛围的安乐窝。

她用一双巧手裁出了姹紫嫣红的女儿，裁出了一个幸福的家庭。那是他们婚后最幸福最安定的日子，夫唱妇随，鹣鲽情深。每当她挽着他的手散步，小鸟依人的她，幸福感在心中膨胀："挽着你的手，我就挽住了家，挽住了整个春天！"

在萧山医院，他工作忙，无力顾家；她稚嫩的肩膀扛起料理家务、相夫教女的重任。他长期超负荷工作累得胃出血，她心疼他，常常做了可口的饭菜到医院给他送饭。

可婚后聚少离多的日子刚结束，他又要远赴南疆。她虽伤感，还是支持他的选择。

"妻外柔内刚，冰雪聪明。"他在博客中说，"她为我牺牲了很多，为了和我结婚，她放弃了出国深造的机会，我毕业后来萧山，她放弃了广州待遇优厚的工作随我一起至萧山打拼。我这一去就把担子和责任一起卸在妻子稚嫩的肩膀上。"

2月24日，他随浙江省第七批331名援疆干部踏上了援疆之旅。

别了聚，离了合，别离聚合间，她更珍惜这份爱情。丈夫走后的每个晚上，她都在相思中度过。他们相约每天通一个电话，但他常因太忙无法通话，听不到他的声音，她便会失眠。

5月16日深夜，她拨通了他的手机，无人接听，继续拨，继续无人接听，满腔相思无法宣泄，她就把思念敲进键盘：

“又失眠了。已记不清这是栋走后第几次失眠，尽管每一次失眠的理由都不一样，于是百无聊赖地打开电脑写了这些句子：心的思念/像爬满绿萝的高墙/一圈圈、一道道密密地纠缠/仿佛每一个毛孔都在/呐喊——想你/是如此疯狂……”

新生儿的第一声啼哭是人世间最美的音乐

就在她用诗句表达相思时，他却沉浸在紧张忙碌中。

晚上11点完成手术，他才匆匆扒了几口算是晚饭，紧接着，第二个剖宫产手术又开始了。

他援助的阿克苏市人民医院妇产科只有5位医生，却是医院的重点科室，床位57张，产妇多时加床到七八十张，一个月最多时出院病人有400余人，产妇90%是维吾尔族。他是妇产科主任，除亲自主持日常手术，还要对妇产科医生进行教学查房、专题讲座、疑难病例分析、手术指导等培训，将孕产妇危急重症的急救技术进行规范化推广，对医院原有的三级查房制度、会诊制度、急救绿色通道制度等提出了合理的改进和补充。他还对医院和科室的现状进行调研，先后起草了8个调研报告，提出了一系列意见和建议。

维吾尔族风俗，临盆产妇白天不能遇见陌生人，否则婴儿会影响生产。这一偏见造成产妇临产要熬到晚上送医院，医院经常夜班比白班还忙。为此科室除值班医生外还设有备班。备班最辛苦，病人一多就可能忙通宵，第二天还得照常上班。为照顾同事，他主动承担了周一至周五的备班，经常晚上白天连轴转。

那个晚上，一台接一台的手术忙得他无暇他顾，无影灯下，他专注地剖开、缝合，他和维吾尔族医师热孜万古丽一直忙到凌晨5点，共做了8个剖宫产。从手术台上下来，他已累得趴在办公桌上。但打了一会盹，又精神抖擞去上班。对他来说，能美美地睡上一觉常常是奢侈的事。

援疆后，病人、手术已把他的生活填满。他已习惯这样的生活，为了边疆人民的健康，他无怨无悔地把自己的生命融入每个病人每台手术中，把自己的爱倾洒在维吾尔族患者身上。他喜欢围棋，可到阿克苏后从没摸过棋子，甚至，虽然他深爱着他的妻，但却没有时间相思。

对他来说，新生儿的第一声啼哭是世间最美妙的音乐。为了每个新生命的诞生，再苦再累也值得。

去年5月28日午夜，他已沉入梦乡。突然，手机铃声爆响，他迅速赶到产房，一名维吾尔族孕妇发生羊水栓塞，已全身发紫，宫口开全，情况危急。

马上抢救！他发出指令，接着便是给氧、抗过敏、缓解肺动脉高压、抗休克。20分钟后，产妇生下一个3900克的男婴。由于羊水污染，婴儿面色青紫，他立刻口对口为婴儿清理呼吸道……

一声微弱的哭声向世界昭告：一个新生命得救了！

“主任，产妇情况不好！”助手向他报告。他立即放下婴儿，转而抢救产妇。由于大量出血，产妇子宫收缩乏力，已生命垂危。他忙指挥护士肌注缩宫素，准备输血，一边为产妇按摩子宫。30分钟过去，产妇出血并未停止。值班医生建议切除子宫，他不同意：不到万不得已，绝不能切除器官！见他累得满头大汗，助产士王娟要求替换，他说，宫底按摩须均匀有节律，最好一个人做。他继续按摩，又50分钟，出血终于止住，产妇得救了。

一高龄初产妇欲选择星期天剖宫产终止妊娠，家属跑了多家医院均因要加班而遭拒，最后找到他。他耐心讲解了剖宫产和阴道分娩的利弊，但家属坚持要求剖宫产，他只好尊重风俗，答应加班为其手术。术前患者给他送来红包，他婉言谢绝。剖宫产顺利产下一男婴。手术中，他发现患者子宫体前壁有一子宫肌瘤，经家属同意，他为其做了子宫肌瘤剔除术。术后患者很快康复，母子平安出院。患者深为感激，给他送来了锦旗。援疆一年半，这样的锦旗他收到9面。

一次，一位妊娠33周多的早发型重度子痫危重病人前来就诊，治疗难度大，同事建议转至上级医院。他认为这是一次进行技术传授的好机会，连夜制作多媒体课件，次日即为大家做了专题讲解，并将病房当教室，对病人的诊治成了教学观摩。经精心治疗，3天后进行剖宫产，术后母子平安出院。

由于太累，他病了，发烧39.6摄氏度还坚持上班，直到同事发现才进行输液。按规定，援疆专家有汽车接送，但他却买了一辆自行车上下班。他把病人当亲人。一位维吾尔族病人需要手术但缺钱，他拿出500元垫上。为了尽快与病人沟通，他学习维吾尔语，学会了跳维吾尔族舞，尽可能与维吾尔族病人沟通。

妇产科是高风险科室，原来医患纠纷多。他到任后，狠抓制度建设，抓培训，带领年轻医生钻研业务，举办学术讲座等业务探讨200多次，医务人员技术水平很快提高，医疗纠纷大幅度下降。一年半时间，他主刀手术数百例，不但自己未出一例差错，未发生一起纠纷，整个科室也未发生纠纷。随着病人对他的了解，越来越多的病人都喜欢找“杭州的专家”，妇产科月营业收入从几十万增至100多万，科室同事戏称他是“欧百万”。

鉴于他在援疆中的出色表现，阿克苏地委授予他“大爱援阿青年突击手”，阿克苏市人民医院授予他“特殊贡献奖”，阿克苏市委组织部将他评为年度优秀医护人员。

她是一个生活在情感中的女性，他不在，她便向电脑倾诉：“我不羡慕达官贵人，我羡慕那些一家同在一个城市打工的民工，能有一个小小的属于自己的窝就满足了。我曾跟你说过：只要挽着你的胳膊，就能找到家的感觉！”

而今他要留疆，她还能挽住他的胳膊，挽住这个家吗？

“你在哪里，家就安在哪里！”

今年5月，新疆维吾尔自治区、阿克苏地区和县举行三级干部公选，浙江省援疆指挥部号召援疆人员报名。

要不要报名？要不要留下？他开始认真思考。

阿克苏医疗技术太薄弱，极需人才。有一个县级医院，200多个医务人员中，有执业资格的仅十多人，阿克苏严重缺乏医疗技术人才的现状很使他忧心。医疗援疆需“输血”更需“造血”，给钱给物不如把先进的理念和技术留下来。自己若能留下，带出一个技术团队，给阿克苏留下一支永不撤走的医疗技术队伍，这才是真正的援疆！

他了解到，阿克苏地处边疆，偏远，艰苦，条件恶劣，留不住人才。当地不少人想方设法离开，离不开的，也希望下一代能到内地生活。因此，当地考上大学的很少回来。人才是最宝贵的资源，优秀人才都出去了，孔雀东南飞了，阿克苏怎么发展得起来？

到底要不要留下来？他给她打电话征求意见。那些天，他们一直在电话里探讨。香车宝马、名媛豪宅、名缰利锁销蚀了多少人的才华；而以事业为重，以奉献为乐，这才是一个有志者的追求。如果口袋满了，脑袋却空着，精神的住所在哪里呢？杭州确实是人间天堂，环境优美，生活舒适，但像他这样的医生太多，他很难有大的发展；而在阿克苏，太需要像他这样的专家了，他可以大展宏图，可以实现人生理想和人生价值。

“如果我留下能带动一批人愿意到新疆工作生活，推动阿克苏的跨越式发展，那么我愿意把我的热血洒在阿克苏这片热土上。”他在博客中这样写道。

她是一个大气的女人，一个把丈夫看得比自己重要的妻子，她在博客中写道：“我爱欧阳，这份爱让我包容了一切：我可以不计较我的任何得失。”

因此，当丈夫最后征求她的意见时，她明确回答：“你在哪里，家就安在哪里！你留在新疆，我和孩子去新疆！”

她的话如一股暖流注入他的心底，他为妻子的理解和支持激动。

笔试，面试，他在公开竞聘中胜出，被聘为阿克苏地区第一人民医院副院长，7月下旬走马上任。

一个普通人的壮举在浙江、阿克苏以及援疆人员中引起强烈反响。8月下旬，记者专程赴阿克苏采访。欧阳栋对记者说，浙江省和杭州市援疆指挥部的领导对他的选择非常支持，原工作单位萧山医院也给了他有力的支持。

目前，他已开始联系妻子的调动和女儿的读书问题。

8月的阿克苏，天高云淡，气候宜人，指挥部的同志热情地陪同记者浏览大漠风光。戈壁滩上一丛花色暗淡、细叶翠绿的灌木引起记者的注意，据介绍，这就是当地人极为崇敬的红柳，此时花期已过，可残花还顽强地留在枝头。红柳扎根沙丘，攫取少，付出多，耐旱耐热，抗风固沙，在干旱的戈壁滩上，生命依然如火如荼，盛开时一簇簇红艳似火，荒凉的戈壁顿时生机盎然。

这红柳，不正是来自祖国各地的援疆者——欧阳栋们的精神写照吗？

（载《光明日报》2012年9月3日一版头条）

拿什么奉献给奉献者

——记扎根海岛 39 年的好医生吴棣梅

从医 39 年，至今仍是助理医师；39 年中没发表过一篇论文，没承担过一个课题，业务档案里找不出任何闪光点。

但在浙江省玉环县（现为玉环市）海山乡 6900 多名居民心中，她是一个光彩照人的天使，一座巍然屹立的丰碑，一个赢得广大渔民膜拜的好医生。

玉环县委宣传部部长陈挺晨一次次向记者推荐海山卫生院院长吴棣梅，他说，宣传吴棣梅，这是给这位无私奉献者最好的奉献。

生命守护神

4 月 1 日，吴棣梅乘坐的小船一登岸，茅坦岛上的村民马上围了上来：

“棣梅娘姨，来我家坐坐！”

“棣梅娘姨，快来我家喝茶！”

“棣梅娘姨，今天一定在我家吃饭！”

165 厘米身高的吴棣梅年届花甲，容貌端庄，气质高雅，一袭白衣，背一个药箱，活脱脱一个白衣天使。她俯身向每个人嘘寒问暖，声音里充满关切，语气中饱含真诚，所有人见到她就像见到亲人。一村民拉起裤脚让她看伤口，一老太太请她看腰疼，一会儿工夫，她外科、内科、骨科、五官科看了个遍。

随她同来的记者疑惑了：她是全科医生？

“我学妇科的，但海岛哪能分什么科啊，遇到什么都得看。”她微笑着说。

吴棣梅1952年出生在海山的茅蜒岛，母亲生了16个孩子，仅活下6人。海岛缺医少药的状况使她刻骨铭心，她发誓要当一个医生，为海岛乡亲解除疾病的痛苦。

1972年从玉环卫生进修学校毕业，吴棣梅实习的玉环县医院意欲留她，她断然拒绝：“我要回海岛！”

到海山后，吴棣梅发誓当个好医生，但她不是临床医生，毫无临床经验。一次，一个病人胃穿孔大出血，血喷得满地都是，她束手无策；一个病人上消化道大出血，在她陪护去医院途中死去；一农妇喝农药来不及抢救死在她面前……她为消逝的生命而哭，为自己无力挽回生命而哭。

“海岛更需要临床医生，需要全科医生！”她追忆道。“后来我就自学，内科、外科、临床都学，边学边干。慢慢地各科都能对付了。”

“棣梅娘姨，快来我家坐坐！”81岁的余银林一把拉住吴棣梅就往家里走。听说记者采访吴棣梅，老人激动了：“棣梅娘姨是我们家的救命恩人啊！”

29年前一个雪夜，余银林儿媳产后大出血，生命垂危，他摇了40分钟的小船去茅蜒岛请吴棣梅。一听有危急病人，刚睡下的吴棣梅马上披衣而起，背上药箱。

手电筒的电光刺破沉沉夜空，光柱中，雪花飞舞。

海山乡由5个孤岛组成，交通不便，出诊只能乘船，而乘船必须候潮。此时潮位低，小船只能停在海涂上，望着厚厚的淤泥，吴棣梅毫不犹豫脱掉鞋，连着袜子就踩进彻骨的寒冷中，裤腿湿了，沾满泥浆，她马上冻得浑身发颤。

登岸后，她扒拉掉满是泥浆的袜子，光脚蹬鞋就走。

推门，眼前一片狼藉：铺着稻草的地上，产妇和婴儿躺在血污中。海岛妇女习惯在地上生产，此时婴儿已出生，但胎盘还在宫腔内，产妇已奄奄一息。

救人要紧！吴棣梅手脚麻利地开始消毒，剪断脐带，徒手剥离胎盘……

产妇得救了。

此时，婴儿已脸色青紫，她忙做按摩，人工呼吸，渐渐地，婴儿有了生命体征。

“哇！”

一声哭声划破黎明的宁静。

“阿弥陀佛，母子平安！”产妇婆婆陈富弟喜极而泣。

“啊！你还光着脚呢，冻坏了啊！”陈富弟突然发现吴棣梅那沾满泥浆的赤脚。

“快，快烧热水给她烫脚，烧姜茶给她驱寒……”

对吴棣梅来说，这样的夜晚多得数不清。

“我正月初九夜生在自家，棣梅娘姨来为我接生，接着她又去给虹田黄田钗家、南滩村陈良人家，一夜接生了3胎，她一夜没睡，连句抱怨的话都没有，到哪里找这么好的医师？”大岙村农妇郑金芬对记者说。

“我儿子的命是棣梅娘姨救的。”虹田村张金花说。她是邻居接生的，难产，接生婆叫来几个人用力压她肚子，她顿时昏死过去。是吴棣梅救了她，又救了已严重窒息的婴儿，现在张金花的儿子已34岁。

虹田村60多岁的吴昌花一谈起吴棣梅就很激动：“棣梅娘姨，亲人啊！76年我儿媳难产，棣梅娘姨救了她；孙子出生2个月，我丈夫和儿子出海遇难，我大病一场，不想活了。棣梅娘一次次上门为我治疗，掏钱为我买药，照顾我孙子，帮我渡过人生最大的难关……”

在海山，无论长幼人人喊她“棣梅娘姨”。“娘姨”是当地仅次于生母而与养母、乳母同等的尊称。1972年以来海山出生的2000多人中，1900多人系吴棣梅接生，其中有多少是难产啊！没有她，有多少人能活过来？她是这些孩子的再生母亲啊！

奉献的代价

海岛行医，常有风险。一次去小青岛出诊，归途突遇雷风暴，小船被巨浪颠来荡去，老渔民脸色骤变，只能用绳子把吴棣梅捆在船桩上，她也做好了最坏的打算……

这样的危险并非一次，但只要病人召唤，她照例背上药箱冲向大海。

1994 年，玉环遭遇史上最严重的 6 号台风的袭击，本岛一农妇临产，吴棣梅毫不犹豫冲进风暴。此时海水已漫进卫生院，院外一片汪洋，吴棣梅头顶药箱，蹚着齐胸深的水，攀着墙根前行。“那次真危险，电线杆被刮倒，电线浸在水中，如果有电，早没命了。”她笑着说。

吴棣梅对职业有着宗教般的虔诚，病人的需要高于一切。

海岛医生每年 365 天都是工作日，每天 24 小时都是工作时间，吴棣梅一年到头在卫生院，工作成了她生活的全部。卫生院与家近在咫尺，但要想全家一起吃顿饭，难。

1987 年除夕下午，吴棣梅处理好最后一个病人，迎着雪花匆匆回家。

平时很少顾家，丈夫女儿身体不好她也无法照顾，她愧疚满怀，这顿年夜饭该好好和家人一起吃了。

择菜，切肉，肉香弥漫满屋时，一男子闯了进来：“棣梅娘姨，我媳妇要生了！”

吴棣梅一愣，马上说：“好，我马上来！”她歉意地对丈夫和孩子说：“我去处理一下，你们先吃，别等我。”说罢，逃也似的往卫生院走去。

产妇李玲珠，难产，婴儿最先露出来的竟是阴囊，这在她十多年的接生经历中还是第一次。第一产程用了 3 个小时，产妇力气耗尽还生不出来。送县医院吧，除夕夜风雪交加几无可能，这样极端的胎位，婴儿很容易窒息，她果断决定手术……拆切会阴，扩大产道，手术成功了。但婴儿已中度窒息，她马上口对口把婴儿嘴里的羊水吸出……

当婴儿的哭声响起时，吴棣梅笑了。对她来说，婴儿的哭声是世间最美的音乐。虽然此时又累又冷又饿，虽然那顿年夜饭又留给了过去的一年，值！

这个得救的婴儿叫陈国，后成为解放军战士。

采访中，不少村民称吴棣梅是“菩萨心肠”，说她看不得别人的痛苦。

玉环是个富县，平均 5 人就有一个老板，而海山却是玉环最穷的乡。吴棣梅收入不高，还常常资助贫困的村民。

2001年，吴棣梅来到大青岛农民杨明球家，杨明球患直肠癌，却无钱手术，看着他无望的眼神，吴棣梅心一软，就给了他3000元，又帮他向乡政府、民政局要了8000元，使他手术顺利进行。术后她又一次次去探视，见他家太穷，每次或1000或500地给。每见到吴棣梅，杨明球都会流泪："我这一辈子还不了你的情了，来世报答你吧！"

1990年，一女子宫外孕大出血无钱手术，吴棣梅给了她2000元；一孤儿考上大学，交不起学费，她给了3000元。谁有困难她都帮，而她自己生活极俭朴。她的好心肠赢得了海山人的普遍好评，大家都把她当亲人，遇到家里有人读书、上大学、就业、生病都来征求她的意见，岛上红白喜事也都要请她。她成了岛上最受欢迎的人。

护士陈素梅告诉记者，吴棣梅从不计较个人利益，有报酬的活她让同事做，作为院长，她的收入还不如职工，2009年吴棣梅的收入5万多，而她这个护士却有6万多。

吴棣梅为了海山的卫生事业倾注了全部心血。她刚来时海山卫生院仅几间破旧平房，医疗设施只有体温表、血压计、听诊器。为改变这一状况，吴棣梅奔走筹措，3次建房，最后建起了门诊大楼和病房，建房拖欠工程款，她甚至自己掏钱支付民工工资。得到改善的卫生院开设了内科、外科、妇产科、中医科、防疫科等门诊科室，购置了B超、X光机、心电图等设施，海山缺医少药的状况得以改变。

那天离开茅埏时，渔民这个送她一袋海鲜，那个送她一兜蔬菜，她不得不逃离。

"每次到岛上乡亲们都要留我吃饭，不去吃他们要生气，吃了这家，不吃那家，也会生气；临走还要送土产，我收也不是，不收也不是，好为难啊！"她对记者说。

然而吴棣梅却常常感到愧对家人。儿子杨斌、女儿杨倩都在县城借读，哥哥考上大学后，妹妹无人照顾，饥一顿饱一顿，患了缺铁性贫血，血色素仅3点多，直到昏倒才发现。女儿病后她无力照顾，丈夫只好内退照顾女儿。

杨倩接受记者采访时落泪了：在别人眼里，妈妈是天使。她工作太投人，骨折了还支着拐杖为病人看病，晚上 12 点前很少睡觉。我佩服妈妈，但我不愿像她一样生活，上大学填志愿，我不愿学医，妈妈太苦了！

吴棣梅却感到值。金杯银杯不如老百姓的口碑，作为一个党员，一个医生，群众的称赞是对吴棣梅最好的嘉奖。39 年来，她走遍海岛每一寸土地，救起一个个生命，她那永远的微笑温暖着每个村民的心，她像一个天使，精心护卫着岛上每个人的健康。岁月消逝，青春离她远去，鬓边染霜，皱纹爬上她的面颊，她还在无怨无悔地奉献着。

奉献的代价巨大，有时，这种代价还很惨重。

天使的坚守

2003 年，吴棣梅接到法院传票，得知自己被患者告上法庭，吴棣梅震惊了。

2000 年 9 月 28 日，吴棣梅为一个产妇接生，产后婴儿有轻度窒息，经抢救恢复正常。7 个月后，产妇带着孩子来卫生院检查。吴棣梅发现男孩的神态有异，疑是脑瘫，建议去大医院检查。

检查结果是脑瘫！

患儿家属以孩子脑瘫系接生造成为由，上诉到法院，要求卫生院赔偿 103 万元。

在医患纠纷日增的今天，这是吴棣梅 39 年中的唯一。

如果当年调离海山，哪有这样的麻烦！

1980 年，县计生委来调吴棣梅，消息传开，渔民纷纷到卫生院挽留。

“你走了，我们生病怎么办？”

“我女儿生小孩怎么办？”

“我家老头的哮喘怎么办？”

老渔民、老太太、小媳妇一个个拉着她的手劝说。

乡领导也不同意：“海山留不住医生，医生走马灯地换，你是海山培养的第一个医生，怎么能走？”

海山需要她，她也离不开海山，吴棣梅一声叹息，留下来了。

计生委通过分管副县长做工作，她不为所动。

1984 年，玉环县成立计划生育指导站，县里又想调她。此时她正为儿女读书问题操心，儿子已在县城借读，女儿马上要上小学，调到县里，既能照顾孩子，又能进修业务，这次，她下决心离开。

消息传出，村民不干了，他们涌到卫生院挽留，上她家劝说，村民用浓情，甚至用眼泪挽留她。此时她已当选为县人大代表，肩头多了一份责任，她又留下了。

1988 年，当玉环县第二人民医院院长、她的老同学应根法动员她调动时，她直接就拒绝了。

“要走，我早就走了，我离不开海山，这辈子在海山不走了！”她对老同学说。

海山留不住医生，直到今天也只有两名医生。但当她培养的医生被上级看中，她又毫不犹豫地放行。

林敏 1995 年从皖南医学院毕业后就业困难，在茅坦开了个诊所，是吴棣梅把她调到卫生院。从此，她在吴棣梅慈母般的呵护下，业务迅速提高，她也全心全意为病人服务，很快成长为一名广受好评的临床医生。

2003 年，县卫生局成立防保所，局长江飞看中了林敏，但他深知海岛缺医生，培养一个安心海岛的医生不容易，吴棣梅肯放吗?

没想到吴棣梅一口答应了:“海山有困难，毕竟是局部，全局更重要，让她走吧！”

林敏闻此既激动，又依恋，她舍不得离开母亲般关心着自己的吴棣梅。

临别，吴棣梅设家宴为林敏送行。她举起酒杯:“林敏啊，你要走了，我真舍不得啊！你一走，等于砍了我一只胳膊啊！”

暖心的话，热辣辣的酒，林敏已是热泪盈眶，这对情同母女的海岛医生为即将的分离情不能抑，相拥而泣……

“她是一个好院长、好长辈、好老师，与她共事是一种福分。”面对记者的采访，林敏一次次泪流满面。

吴棣梅何曾想到，一腔心血服务群众，竟会被人告上法庭!

有人告诉她，告状者赌博输了，认为打官司能赔钱……

她就惨了，3年中，巨大的压力使她的体重从130斤下降到115斤，女儿患了严重的缺铁性贫血也没能照顾……

法律是公正的，3年后她才得到解脱。

39年中，吴棣梅风里来浪里去，哪里有病人就出现在哪里，足迹遍及每个小岛，她的笔记本上密密麻麻记满了病人的病情记录，岛上每个病人的情况她都了然于胸。她从死神手中夺回一个个生命，群众把她奉为普度众生的观音、护卫生命的天使。吴棣梅也从一个普通渔家女成长为一个技术娴熟的医生，她入了党，担任了卫生院院长。她以一个共产党员和一个医生的责任感竭尽全力地为海岛人民服务，在6000多名朴实的居民心中筑起了一座丰碑。

2004年，吴棣梅办理了退休手续。可没人接替她的位置，县卫生局只能仍聘她当院长。退而不休，她仍在继续奉献。

吴棣梅多次当选为玉环县和台州市人大代表、县党代表，获得县卫生系统先进工作者、优秀共产党员、农民健康工程双十佳责任医师、县十大巾帼榜样人物、台州市十大杰出母亲、台州优秀现代赤脚医生等荣誉。

39年了，她仍然是一个默默无闻的助理医师，她习惯于默默无闻，也从不计较这种默默无闻。可是，对这样一个默默无闻的无私奉献者，社会该拿什么奉献给她呢？

记者手记：要为奉献者不吃亏提供制度性保障

生命无价，青春无价，奉献无价。社会该拿什么奉献给吴棣梅这样的奉献者？

扎根基层、无私奉献的典型，我们宣传得太多了。社会需要这样的奉献者，也鼓励更多的人无私奉献。我们之所以宣传这些奉献者，是因为奉献者稀缺，而社会又太需要。但社会是否应考虑给这些无私奉献者应有的奉献？我们不能让这些奉献者吃亏！

吴棣梅扎根海岛39年，她的牺牲是巨大的，39年中她没有节假日，没有业余时间，她无法照顾患病的丈夫和女儿，她甚至没有任何业余生活，也没有业余爱好，工作成了她生活的全部。以至于有人说，吴棣梅这样的先进可敬而不可学，因为很难要求人们为了工作牺牲自己所有工作之外的东西。

吴棣梅是一个技术娴熟的全科医师，救活的病人难以计数，但她的职称却一直是助理医师。她没时间参加培训，39 年中只去台州医院进修过一次；也没时间参加评职称必需的外语考试。在职称与工资挂钩的制度设计中，吴棣梅的收入与城市医生差距巨大，她的贡献足以与任何一个相同资历的城市医生相比，而在精神层面上更比普通城市医生要崇高得多，她为什么不能得到最高职称和最高收入呢？在职称和收入上，她都很吃亏。

一位专家说，在对待基层技术人员的职称和报酬上，我国目前的体制存在着制度性的缺陷。吴棣梅的可贵之处是无私，她的奉献不求回报。要求所有的人都无私奉献，不求回报，这不现实。为什么吴棣梅这样的无私奉献者很稀缺？就是因为这一类奉献者得不到制度性的认可。社会应该建立一种鼓励在基层扎根奉献的制度，要给他们的奉献以制度性的保证，保证他们像城市医生一样能获得最高职称和最高报酬。社会应给这些长期扎根基层的技术人员提供专门的职称和待遇，这样才能使他们安心扎根基层，乐于在基层奉献。

（载《光明日报》2011 年 7 月 8 日一版头条，
见报标题为《海岛哪能分什么科，遇到什么都得看》）

从乡镇医院走向国际医学舞台

——记台州医院医生叶丽萍发奋学习的经历

屏幕上，一双灵动的手操纵着内镜、IT 刀，正在进行的是一台高难度的手术——异位胰腺肿瘤切除术；屏幕下，300 多双蓝眼睛、黑眼睛正用专业的目光挑剔地追随着每一个细微的动作：十二指肠肿瘤周围的黏膜被切开，肿瘤被剥离，圈套器将肿块套住，肿瘤被完整挖出……

哗！热烈的掌声在会场响起。

这是 4 月 7 日上午 2013 上海国际消化内镜研讨会暨第六届中日 ESD 高峰论坛视频现场直播手术时的一幕。

谁能想到，这位技术精湛的手术主持者却是一个从中国最底层的乡镇医院走出来的中专生——浙江省台州医院内镜中心主任叶丽萍。

一个卫校毕业的中专生，何以能登上国际医学舞台？

是 30 余年持续刻苦乃至痴迷的学习！

痴迷苦读

叶丽萍 1962 年出生在临海农村，1981 年毕业于台州卫校，随后成为临海市杜桥镇医院一名内科医生。

从农民到白衣天使，叶丽萍既激动又兴奋。她暗暗下定决心：一定要当个好医生！她工作认真，对病人热情细心。但她马上面临“本领恐慌”——卫校的知识根本不够。

她开始发愤自学。

为掌握内科知识，3 年里她翻烂了 600 万字的《实用内科学》；业余时间同伴看电视、打牌、进城逛商场，她闭门读书，连上厕所也读。于是大家给她起了一个绰号：书呆子。

在大量阅读专业著作的同时，她还利用一切机会向有经验的医生学习。老医师金吕峰新中国成立前名牌大学毕业，她一次次求教，她的勤奋向学感动了老医师，老医师倾其所有精心指点，甚至将毕生积累的医学笔记也借给她看。

1988 年，叶丽萍在台州地区士升师考试中考得第一名，遂被调入台州医院传染科。

地区医院医生业务水平普遍较高，叶丽萍再次感到了“本领恐慌”。必须系统学习医学知识！她开始参加函授。

从大专到本科，高等数学、化学深奥难懂，她基础差，只能加倍努力。她向当中学老师的丈夫学微积分，向当地化学老师任学宝学化学。任学宝也是从乡镇学校奋斗上来的名师，后成为省功勋教师、省城名校校长，他特别欣赏她发愤自学的精神，对她精心辅导。这两门最难的课她后来都考出好成绩，数学甚至考到 125 分。

此时她已结婚生子，工作家务忙得不可开交，只能挤时间，于是午休读，下班做饭捧着书读，晚上熬夜读，甚至通宵达旦读，周末节假日更是全天候读。

她读书非常投入，一捧起书本便会物我两忘。

牛顿把手表当鸡蛋煮，叶丽萍把尿盆当锅做饭：一日读书走神，淘好米做饭，然后继续读书。开饭时家人见锅台空空，饭在何处？到处找，最后掀开马桶盖，里面竟是白花花的大米。

“尿盆煮饭”堪称天下奇闻，如此巧妇，天下难觅！

枯燥的医书，她一捧起便感书香扑面，然书香里却满是焦煳味。

一次她边读书边将高压锅里的剩饭加热当早餐，竟将高压锅连外壳放到煤气灶上烧，塑料的焦煳味顿时弥漫满室；钢精锅炖肉，她忘情于书乡，直到邻居高喊“起火了”，她奔至厨房，钢精锅已通红，火焰直舔油烟机……

3 月 22 日，记者参观叶家厨房，五六只铝锅、铁锅、高压锅一色呈焦黑状，全是她边读书边烧饭的辉煌成果。

因为太用功，她1997年患突发性耳聋，从此左耳失聪。

9年时间，她读完了大专、本科和研究生。

天道酬勤

1996年，她在晋升主治医师的考试中获地区第一名；2001年晋升副主任医生考试全省第一名；2006年在主任医师晋职统考中又是全省第一名。

攀登高峰

书本学习只是叶丽萍学习的一部分，更多的学习体现在专业技术上。

1996年，叶丽萍从传染科转入消化内科，学习的重心随之转到治疗消化道疾病的新方法上。

20世纪90年代，消化内镜（ERCP）在我国医学界兴起，这一微创手术不用开腹，安全、可靠，大大减轻了患者的痛苦和经济负担。但该技术不适合女性，因手术是在X射线下进行，医生要穿上30多斤重的防护服，即便如此射线还会导致头发脱落，脸长黑斑，还易诱发癌症。

叶丽萍不理会，2000年主动请缨赴上海进修ERCP手术。别的进修医生周末假日逛大上海，她起早贪黑帮老师收集整理手术资料并录入电脑。进修医生很难上手术台，叶丽萍却用勤奋感动了老师，老师破例允许她参与手术，进修的3个月中，她参与了40多台手术。

学成归来，叶丽萍马上将这一新技术付诸实施。台州医院成立了内镜中心，她和医生毛鑫礼、护士长陈娴雅等一起组建了新科室，新技术很快在该院推开。

看过叶丽萍手术的专家都对她的医术赞不绝口。上海长海医院许国铭教授赞叹:“你这双手太巧了！你天生就是做内镜手术的料！”

台上几分钟，台下十年功——手巧是因为勤练。

一段时间，她丈夫发现餐桌上的猪内脏突然多起来，因胆固醇高而一向为她所排斥的猪内脏缘何突然为她所钟爱？直到一次看到妻子用IT刀为猪大肠做手术才明白，原来她买猪肚、猪大肠是为了在家里练习手术。

切除肿瘤前一般要注射染色生理盐水使黏膜鼓起，然后沿肿瘤四周切开黏膜进行剥离。一次在手术时看着鼓起的黏膜，叶丽萍突然灵感勃发：在老家挖竹笋，竹笋拱起使地表开裂成十字形，若在肿瘤表面鼓起的黏膜切十字，肿瘤不更容易从切口鼓出吗？一念之间，她发明了十字切除术。

医术上，她不但向专家学，还不耻下问向基层医生学。听说天台县医院丁秋龙医师肠镜做得好，她专门赶去求教。

书读得越多，她对疾病的辨证能力越强，技术练得越勤，手术台上就更加娴熟。渐渐地，她的手术进入化境。

一日为一食道癌危重病人做手术，内镜插入后，发现肿瘤在食道的主动脉附近，且不断搏动着，肿瘤动脉真假难辨。万一切到动脉，患者必死无疑。

“别做了，太危险！”同事劝她。

放弃？叶丽萍不甘心。她脑子飞速转动，突然灵光乍现：用针刺！一针下去，一股黄色的黏液涌出，叶丽萍大喜：狡猾的肿瘤，竟伪装成动脉！于是手起刀落，肿瘤被挖出，病人得救了。

叶丽萍对技术精益求精，每台手术术前都要制定方案，术中将手术全程用视频记录下来，术后观看研究总结。

在她的主持下，台州医院在浙江省内率先开展了超声内镜检查，开展乳头括约肌切开、胆胰管取石术、胰胆管良恶性梗阻的内支架术、内镜下肿瘤摘除术等 20 多项新技术，多次填补省内空白。

在她的带领下，科室的年轻医生迅速成长起来，她的学术团队已发展到数十人，去年门诊量达到 10 万余人次，手术量 2500 多台，该科室已成为台州医院业务量最大、收入最高的科室。

登上国际医学舞台

2011 年，全国消化病会议在重庆召开，叶丽萍应邀赴会。我国著名内镜专家姚礼庆教授在会上看到叶丽萍的手术录像，非常震惊：一个基层医院的医生，还是个内科医生，并且还是内镜行业中罕见的女医生，手术能做到如此精湛的程度，太不简单了！

经姚教授推荐，叶丽萍2012年应邀为上海中日ESD（内镜剥离术）高峰论坛做手术演示。在现场进行手术演示的专家中，她是唯一的女性，也是浙江省唯一在论坛上进行手术演示的专家。

她还应邀在国际学术会议上做“内镜下隧道内挖除技术治疗食管固有肌层肿瘤”手术演示，做“海博刀在治疗食管固有肌层肿瘤和早期胃癌中的应用”等学术报告。

2013年中日ESD高峰论坛再次邀请她现场做手术演示。今年现场视频直播手术是一个肿瘤异位胰腺患者，这在内镜手术中是难度最大的一种。手术开始前姚礼庆教授担心手术中发生穿孔或出血，而叶丽萍却胸有成竹。结果手术非常成功。当肿瘤被成功切除时，一直紧张注视着屏幕的姚教授忍不住对着麦克风喝彩：非常精彩！这么难的手术，没有穿孔，没有出血，太不容易了！英国专家也向她伸出大拇指。

叶丽萍在内窥镜领域的高超技术赢得了同行的认可和尊重，她和天津市一医院的李文、杭州市一医院的张筱凤被称为中国ERCP技术三女杰。

腹有诗书气自华。过硬的技术使她在外国专家面前挺起胸膛。

2004年，台州医院在浙江省第一家开展超声内镜手术，这项新技术就是在叶丽萍的主持下开展起来的。樱花盛开时节，她赴日本观摩学习超声内镜技术。一日在大阪大学医学院附属NTT医院观摩该院副院长九保光彦为一名93岁的胆总管结石老太太手术，手术进行了1个多小时未成功而被终止。怎么能不放引流管就终止手术呢？这将可能导致结石梗阻或化脓性胆管炎等严重并发症！叶丽萍当即提出自己的看法。

一个来观摩学习的中国基层医院的医生，竟对技术指导方提出批评，九保光彦甚为吃惊。他与助手认真商量后采纳了叶丽萍的意见，重新将胃镜插入，放入引流管。

近年来，这位曾经的乡镇医院中专生频繁登上国际医学舞台做学术报告，进行手术演示，她先后去美国、德国、英国、日本等国参加学术活动。顽强、持续的学习使她有底气在国内外一流的专家面前展示一个中国医生的专业风采。

“医生是一个需要终生学习的职业”

3 月 19 日，记者试图约见叶丽萍，然而这天她有 13 台手术，从早上 8 点一直忙到晚上 8 点；22 日上午是叶丽萍专家门诊，记者在护士长陈娴雅的陪同下 12 点来到门诊室，里面还有十多位病人围着她。

眼前这位中年女性，素面朝天，脸上黑斑点点，那是长期在 X 光射线下工作的印痕。

浙江省两届人大代表、浙江省医学会消化内镜分会及消化医师协会常委、全国学习型职工、台州市劳动模范、全国五一劳动奖章（正在申报），对这位荣誉满身的领导，陈娴雅的目光中闪烁的却是母鸡护雏般的怜爱：“中午经常到 1 点才能结束，误了就餐时间，就到科室的保温箱里找吃的，见了别人剩下的馒头拿去就啃，生活上太不讲究了。”

因为心疼她，后来陈娴雅每天给她准备盒饭，才使她免受饥饿之苦。

陈娴雅说，叶丽萍几乎将所有的精力都投入到工作上，每天下班后她都要到病房巡视到 8 点后才回家。她是一个全天候医生，哪怕半夜，只要病人需要，她都会赶到医院。

她无暇顾家。她丈夫李伟告诉记者，有一年的年初一，别人都是全家团聚，她却仍埋头书本。见儿子不悦，她决心奢侈一回：“明天我陪你们玩！”

为弥补“奢侈一回”的损失，是夜，她发愤攻关至凌晨。醒来已是日上三竿，丈夫儿子早不知去向。

她不懂时尚，从不打扮。成为省人大代表后经提醒才开始注意仪表，她的衣服都是闺蜜代购的。

“妈妈，我要一件 T 恤！”已是初中生的儿子一次向她要求。

她一脸迷糊：“什么是 T 恤？”

长年累月忙于学习和工作，叶丽萍可有业余兴趣？她沉吟良久，摇头。她曾喜欢越剧，工作后没闲暇喜欢；曾喜欢电视剧，也没时间喜欢。30 多年来，没有花前月下的浪漫，没有假日公园里的闲适，业余时间都被学习挤占了。

没有业余的生活是否太缺少乐趣？不！叶丽萍乐在工作中：完成一台漂亮的手术、治愈一个病人、救活一个生命，都会使她产生强烈的快感。为这种快感所驱使，她会以更大的热情奔向下一台手术，扑向下一个病人。

“她是为医学而生的！”李伟这样评论。

的确，她太爱医生这个职业，爱到骨子里去了。

“唯愿天下人无病，哪怕架上药生尘”，牺牲自己，奉献病人，这是传统医德对医生职业的要求。有什么能比拯救生命更令人欣喜的呢？与生命相比，个人的牺牲又算得了什么？只要手术成功，只要抢救成功病人，再苦再累她都甘之如饴。

“医生是一个需要终生学习的职业，不学习就会落伍。”叶丽萍说。

为了当一个好医生，她还得持续不断地学习下去。

（载《光明日报》2013 年 4 月 30 日一版头条）

登上角膜移植的世界之巅

——姚玉峰创立“姚氏法角膜移植术”纪实

2017年4月20日上午，浙江大学医学院附属邵逸夫医院眼科手术室，已全麻的患者躺在手术台上。

姚玉峰坐到手术台前，静心片刻，拉过显微镜镜头，接过助手许叶圣博士递过的“姚氏镊”，在患者角膜边拉开一道0.1毫米的口子，用平头注射器在角膜后弹力层与基质层之间注入黏弹剂……

这是世界角膜移植领域最尖端的手术！

这一被国际眼科学界用姚玉峰姓氏命名的“姚氏法角膜移植术”已被美国编入眼科教科书。

此刻，手术中的姚玉峰沉浸于自己的世界里……

排异：角膜移植的世纪性难题

1992年春天，日本大阪大学校园樱花盛开。

学术报告厅，被誉为现代眼免疫学之父的斯特莱茵教授，正在作关于眼前房关联性免疫偏差现象最新进展的学术报告。

斯特莱茵是应日本大阪大学田野保雄教授邀请前来访问的。

美国和日本都是世界上眼科学最发达的国家，而斯特莱茵和田野保雄都是世界眼科医学界巨擘。斯特莱茵后任哈佛大学眼科研究所所长、哈佛大学斯凯菲斯分校校长；田野保雄是日本眼科玻璃体手术创始人，世界首位进行眼视网膜黄斑转位手术者，亚太眼科学会主席。这次交流是世界眼科学最发达国家间的交流，也是世界两大眼科巨擘间的交流。

讲座进入互动环节。例行的提问开始不久，一位英俊儒雅的年轻人站起来，操一口流利的英语问道："如果免疫在眼前房可产生选择性抑制，那么这个机理是否可被用来治疗某些免疫增强性疾病，譬如排斥反应？请问教授是否已在这个方向进行过探索？"

斯特莱茵的蓝眼睛精光一闪，惊异地频频颔首："问题不错！之前没在这个方向上探讨过，但这个可能性存在！"

言罢，斯特莱茵意犹未尽，突然离座步下讲台，走到在前排就座的田野面前，指着年轻人说："你的这个家伙，很厉害啊！"

这个"很厉害的家伙"，就是中国访问学者姚玉峰。

姚玉峰1962年出生于温州，1984年毕业于浙江医科大学（现浙江大学医学院），眼科临床医生，1992年获卫生部笹川医学奖学金赴日研修一年，方向是角膜移植排异反应。

姚玉峰的导师和指导老师都是国际眼科学界的权威：导师田野保雄是科室主任，指导老师大桥裕一是世界上最早发现角膜内皮炎是单疱病毒感染引起的角膜病专家，而指导他日常工作的则是刚从美国学成归来、后来的日本角膜病学会主席井上幸次。

第一次与导师见面，田野用英语、日语交叉提问，他对答如流。次日，教研室就传开：刚来的中国留学生英语、日语了得。其实，他自学日语还不到一年。

一次，姚玉峰向大桥请教。他的日常日语虽流利，但深度交流专业还显吃力。大桥一点面子也不给，不耐烦地说："跟你谈不出什么东西！"姚玉峰很是窘迫。

令大桥吃惊的是，自此，姚玉峰的日语突飞猛进，连大阪方言都学会了。事实上，姚玉峰极富语言天赋，温州方言复杂，少年姚玉峰的一大乐趣，就是将各地方言学得惟妙惟肖。也因此，大学英语他学得很轻松。

岂止英语、日语好，"他中文也很流利！"这话有个出处。1997年，日本癌症协会主席访浙，新任浙江医科大学校长陈昭典发现，一年轻学者英语、日语、中文互相切换，均极流利，遂好奇发问："你的中文在哪里学的？这么流利？”在座的浙医大原校长郑树闻言大笑：“老陈啊，他是我们学校的姚玉峰啊！”顿时，满座笑成一片。

讲座上，斯特莱茵在夸姚玉峰时，并不知道，“很厉害”的姚玉峰，此时正面临窘境。

斯时中国，求知向学之风日炙，出国留学为知识界所向往。作为眼科医生，姚玉峰深知国内角膜移植还处于起步阶段，急需新知识、新技术，而世界眼科学发达的日本是攻博的理想之地。然而，当他提出要求时，导师却不置可否。对他，日本专家还不了解。

讲座上姚玉峰的精彩表现让田野刮目相看，主动要求他留下来读学位。

此后，姚玉峰的聪慧能干更得到导师的青睐。

一次，井上做病毒实验，姚玉峰主动要求帮忙。

“病毒分离很难，之前留学生做了两年都失败了。你……试试？”井上怀疑。

姚玉峰手法纯熟地操作起来。

“不错！小鼠分离血清试验也由你来！”井上放心了。

分离血清须从小鼠颈动脉上抽血，小鼠太小，要找准颈动脉颇不容易。姚玉峰针头一挑，血就涌入针管，笑意从井上脸上漾开：“手真巧！”

一双巧手对于一个外科医生来说，实在是太重要了。

姚玉峰天赋异禀，从小喜欢动手，家里的收音机、闹钟常被他拆成一地零件。

岂止手巧，此后发生的事，使导师惊叹于他的才华了。

一次门诊，井上发现一患者角膜上皮缺损，像单疱病毒感染，但把握不定，遂征求学生意见。

“病症特殊，做个培养吧！”姚玉峰建议。

三天后，井上从姚玉峰的培养皿中看到病毒斑，不禁狂喜——这是世界上第一株阿昔诺韦耐药病毒株！

此后，姚玉峰在另一病人身上又分离到一株。

研究室被震动了，这个中国留学生了不得！

研修期间，姚玉峰沉浸学业，如饥似渴阅读世界眼科典籍，夙兴夜寐，心智大开，学识大增。

1993 年 4 月，研修结束，大阪大学批准其延续读博。其间姚玉峰赴美参加美国视觉和眼科学研究学会年会，此时他已成为该学会的会员。会后到斯特莱茵的研究室学习两个月，之后才赴大阪大学正式读博，主攻方向是角膜移植排异。

这是一个困扰世界角膜界的世纪难题。

破解理查德假说

角膜病是眼科常见的致盲性疾病，全球每年有 400 万 ~500 万人因此致盲。角膜移植是解除致盲的最佳方法之一。

1700 年，埃及医生实施人类首次角膜移植，结果失败。

1840 年，爱尔兰医师萨米埃尔将羚羊眼球角膜移植到人的眼球上，也失败了。

1906 年，德国医生爱德华·泽尔施行了人与人间的角膜移植，终获成功。这是人类第一例人与人角膜移植的成功案例，这为人类避免角膜病致盲打开了一条通道。

但困扰随之而来：排异出现。因排异反应，患者不但需要长期服药，且移植的角膜很快会浑浊。

整个 20 世纪，世界角膜病专家前赴后继，试图攻克这一难关，均告失败。

排异成为世界角膜移植领域的一道世纪性难题。

1976 年，美国角膜病权威理查德成功进行了上皮移植手术，从另一角度向“堡垒”逼近了一步。

但这一成果却遭到美国另一角膜病权威考夫曼的质疑，因理查德无法从理论上阐释上皮移植的机理。

从此，证明理查德上皮移植机理又成为一道难题。

16 年过去，上皮移植仍停留在假说阶段。

姚玉峰在研究前房关联性免疫偏差与角膜移植后排斥反应之间的关系

时，有心栽花，无心插柳，无意间闯入了这个领域，竟意外地证实了这一假说。

“前房关联性免疫偏差现象，是指在外来的抗原进入眼睛的前房，身体会出现不针对这种抗原反应或抑制反应的现象，医学上称为抗原特异性免疫抑制。据此推理，若在眼睛前房事先给予跟角膜移植一样的抗原，机体对移植的角膜也会不产生排斥反应，或抑制排斥反应的可能。”姚玉峰说。

姚玉峰在实验中发现，排异发生在内皮层，如果只做上皮移植，保留内皮，那么移植的角膜就不会直接暴露到前房，这样事先用抗原诱导的抑制就非常纯粹，整个前房关联性免疫偏差跟抑制排斥反应的关系就可以被证明。

这一发现使他振奋不已。

经大量的实验，这一发现被证实。1992 年年底，姚玉峰据此写成稿子，投到角膜界最权威的美国 IOVS 杂志。

然而，稿子被退回，理由是，上皮移植理论未得到证明，前房关联性免疫偏差的理论就不能成立。

也就是说，要证明前房关联性免疫偏差跟抑制排斥反应的关系成立，首先要从理论上证明上皮移植是可行的。

破解理查德假说，已成为姚玉峰的首要任务。

姚玉峰将论文改投给日本眼科英文杂志发表。

上皮移植研究需特殊的显微镜，田野获悉后，意识到这一研究的重要性，遂调动科室力量支持姚玉峰，同时给德国医疗仪器公司打电话，出资 10 万美金购置一台显微镜。

姚玉峰开始向理查德假说这座角膜病的世界高峰进发。

姚玉峰工作极专注，一旦进入状态，便会忘掉身外世界。

一个周末，他做完实验，脑子还沉浸在研究中，在走廊上趺趺撞撞行进，不慎触动防化学品泄漏装置的急救水阀，走廊顶端水柱喷泻，走廊和两侧实验室顿成一片汪洋……

这种如醉如痴的情景绝非一次。给老鼠角膜做上皮移植实验，角膜界认为绝无可能，因老鼠角膜仅 3 毫米，难以操作。但姚玉峰却做成功了。实验中因为太投入，他错把别人的实验小鼠抓来做实验……

在小鼠角膜上做上皮移植很难，稍一动，手术就可能失败。而给小鼠打麻药，打多一点会死，打少了会动。姚玉峰克服重重困难，手法越来越熟练，一天最多能做 12 只小鼠的角膜移植手术。

经数千只小鼠的实验，姚玉峰在世界上第一次证明了角膜上皮移植理论是成立的，即将别人角膜缘上皮部分移植过来，就可以完全重建病人完整的角膜上皮，按这样设想设计的治疗方法是可行的，上皮移植还能用来治疗一系列的角膜上皮病。而且，他还把前房关联性免疫偏差的现象跟角膜移植排斥反应的关系彻底搞清楚了。

1992 年年末，在田野主持的业务交流会上，姚玉峰首次播放了上皮移植实验过程的幻灯片。当田野和大桥看到他在小鼠角膜上成功地进行上皮移植手术时，惊喜莫名，困惑世界角膜病领域的理查德假说被中国留学生证实了！

姚玉峰据此在眼科最顶尖杂志发表了 5 篇原创性论文。

此时，姚玉峰在大阪大学医学院已成名人。阪大教授委员会破例特聘他为兼职客座研究员，在读博士生兼任客座研究员，姚玉峰是阪大历史上第一个。

学生才华频显，导师爱意日浓，田野欲让姚玉峰改读自己的专业，大桥马上抗议：“先生，这可不行啊！”

从专业方向上，姚玉峰与大桥一致。

上皮移植理论被证明后，姚玉峰开始向世界角膜移植的巅峰发起进攻。很快，成功的曙色透过一个世纪的云翳，洒落在这位优秀学子身上。

光明与黑暗的距离：6 微米

上皮移植实验的成功，使姚玉峰搞清了角膜移植的机理。人类的角膜厚度约 0.5 毫米，由上皮层、前弹力层、基质层、后弹力层、内皮层组成。实验同样证明了免疫性机理问题，即内皮层厚度是 6 微米，排异主要是针对内皮层产生，角膜移植时只要将这 6 微米完整保留，逻辑上就不会产生排斥反应。

如何完整保存这6微米，不使其在手术中破损？这成为破解角膜移植手术排异问题的技术难关。

6微米，这是光明与黑暗间的距离！

6微米，是人类攻克世界角膜移植排异难题的制高点！

6微米，也是横亘在姚玉峰面前的最后难关！

为攻占这一制高点，人类已进行了一个世纪的努力！

那么，如何在手术中将内皮层完整保留不发生破损呢？姚玉峰尝试了三四十种方法进行试验，均未成功。

牛顿观苹果落地而悟出万有引力定律，姚玉峰的苹果何时才能掉落？

失败，坚持！再失败，再坚持！姚玉峰艰难地攀登着，他将一次次失败焊接起来，编成攀登用的绳索，一步步艰难地向上攀缘。

1995年3月的一天，姚玉峰生命中的苹果终于掉落了。

那天去食堂用早餐，神思仍沉浸在研究中神游八极。

照例有水煮蛋。他将鸡蛋轻轻一磕，随手剥开一片蛋壳。

咦？蛋壳剥落，蛋衣竟完好保留！他两眼直愣愣地盯着蛋衣，思维在捕捉那个似有似无飘忽不定的闪光点，如果……如果……

突然，他脑子里雷鸣电闪，醍醐灌顶：若将后弹力层与内皮层之间开个小口，让“蛋壳”与“蛋衣”分离，而后再剥“蛋壳”，剥破“蛋衣”的概率不就可明显降低吗？

姚玉峰顿时激动得浑身颤抖起来！

3年来苦苦寻觅，众里寻他千百度，蓦然回首，困扰世界角膜移植领域的世纪难题瞬间有了解决办法！

1995年5月，由姚玉峰主持的世界上第一例采用最新剥离术进行的角膜移植手术在浙医大附属第二医院完成，术后未发生排斥反应，患者三个月后视力达到1.0。

接着是第二例、第三例、第X例……

所有移植均实现零排异！

成功了！中国医生终于登上了角膜移植的世界巅峰！

这一年，姚玉峰33岁。

“姚氏法”誉满全球。

33岁的姚玉峰，浑身罩满荣誉光环的姚玉峰，人生的路已是一片辉煌！

阪大的博士学制为5年。按此规定，姚玉峰要到1997年才能毕业。实际上，他1995年的研究成果就足可提前毕业。经田野提议，学校为他举行了博士论文答辩。

毕业之后是留在国外还是回国？姚玉峰面临选择。

田野态度明确：留日本！这里工作、科研、生活各种条件都比中国好，留下来，前程可期，甚至可能获诺贝尔奖。

“我们打算聘你为非常勤讲师。现在回去，太可惜了！”田野说。阪大临床非常勤讲师还从未授予外籍人士，对姚玉峰是破例。

斯特莱茵已多次向姚玉峰发出邀请：来美国，来哈佛，来斯特莱茵研究室！无论以何种方式来都欢迎！

大师们的殷殷之情，使姚玉峰深受感动。但他的态度很坚决：回国！

“实现自我，体现价值”，这是姚玉峰的座右铭。他认为，自己的最大价值在国内。改革开放中，祖国医学突飞猛进，个人应顺应潮流，为国奉献，岂能为己谋私？

姚玉峰渴望回国搭建自己的平台，组建中国的学术医疗团队，向世界医学的前沿挺近，让更多的华夏子孙享受现代医学的成果，这是一个医者的责任！

1995年4月，姚玉峰提前2年完成博士学业回国。

经过多年的实践和不断完善，2002年5月，姚玉峰的论文《深板层角膜移植联合自体角膜缘移植治疗眼烧伤》，在美国眼科科学院《眼科》杂志刊出。这是该杂志第一次发表中国专家的论文。

论文在世界眼科学界引起强烈反响。美国眼科科学院发出快讯，称此是“该领域治疗方法的一个突破性的成就”。这是中国人首创的“全植床深板层角膜移植”的概念，以及自己独创的手术技术和手术器械，并成功应用于临床。

国际权威专业杂志对这一成果进行专题评述，高度评价。

这一技术被国际同行命名为“姚氏法角膜移植术”。

美国眼科教科书将姚氏法作为独立章节收录其中。

在创立姚氏法的同时，姚玉峰研制完成的整套手术器械终于定型，他因此获得两项国家专利并交由中国厂家生产。

他还对手术进行规范，完成了整套姚氏法手术步骤。

1998 年，首届世界华人眼科大会在北京召开，会上从 100 篇论文中评选出 10 篇优秀论文，姚玉峰名冠第一。

2004 年，日本角膜病学会召开世界角膜病大会，特邀姚玉峰和哈佛大学教授两人做一小时讲演，这是该领域的最高礼遇，一次只允许两位顶级专家做演讲。会场正中还高悬姚玉峰的大幅照片以及他的姓名、演讲题目、演讲内容摘要。

此时已出任日本角膜病学会主席的井上，对姚玉峰做如下评论：“姚玉峰教授既是国际上最年轻又是国际上最智慧的角膜病专家，在角膜移植领域他做出过许多创造性的工作。这次大会有幸邀请到他，他将给我们奉上由他独创的最新的深板层角膜移植技术，将让我们听到国际角膜移植技术最尖端、最前沿的内容。”

此时，姚氏法经多年实践已炉火纯青，姚玉峰在演讲中将之讲得出神入化，赢得了天下角膜界英才的广泛赞誉。

弟子的成功乃导师之荣耀。会议结束当晚，大桥邀请旧雨新知及世界角膜界名流去卡拉 OK。兴奋的大桥即兴将“姚氏法”编入歌中，击节吟唱，手舞足蹈，气氛达到高潮。

2005 年，“国际眼科学学术会议和国际视光学学术会议”在上海举行，复旦大学附属眼耳鼻喉科医院褚仁远教授邀请姚玉峰做邀请讲演，“姚氏法”在国内角膜界推开。

2010 年，世界角膜病学会在日本京都举行年会，会上展出从 1700 年开始的世界角膜进展长廊。长廊中，“姚氏法角膜移植术”赫然在列，这是中国人第一次出现在世界角膜病历史长廊中。

姚玉峰在角膜移植领域取得的巨大成就，奠定了他在国际同行中的地位。他多次在世界角膜病大会或角膜学会年会上被选为大会主席，如 2016

年亚洲眼科学会年会，他与美国眼科科学院院长理查德艾博特教授同台担任会场主席。

成功已使姚玉峰跻身世界顶尖专家之列。美国视觉及眼科研究学会是世界上最大、水平最高的眼科学会，姚玉峰已是这个学会的终身会员，推荐他的是世界角膜界三巨擘：斯特莱茵、田野和井上。

让更多的患者重见光明

手术室里，麻醉机的鸣叫声中，姚玉峰只用50分钟就完成了手术。记者在现场看到，患者移植上去的角膜被缝合了16针，缝合处从中间向外呈放射形整齐排列，漂亮如向日葵。这是医学的诗意表达，还是美术的医学呈现？

在一次观摩姚氏法手术时，欧洲眼科权威卢西奥布拉图忍不住惊叹：“太完美啦！太了不起啦！”

刚从美国学习回来的许叶圣告诉记者，她在罗马琳达医院观看过美国一位专家用传统方式做的角膜移植手术，切割角膜组织就用了一个多小时，缝合又是一个多小时，整台手术耗时3个多小时，还专门备有替补角膜以备移植失败时用。美国专家认为，全植床深板层角膜移植难度大，失败率为50%，一旦破了，只好改用穿透移植，而穿透移植就会产生终身排斥，角膜寿命最长也只有10年。

目前，姚氏法已在许多国家推广。

为使更多角膜病患者免遭失明之痛，姚玉峰2009年开始姚氏法的普及工作。他每年举办培训班，吸引全国各地眼科医生前来学习。鉴于每次举办培训班都发生争抢名额现象，姚玉峰不得不每期限额500人。参加的学员大都是各地医院的主任医师、科室主任甚至是院长。8年来，接受培训的学员已超过4000人。姚氏法已惠及国人。

迄今，姚玉峰已出版专著5部，发表论文50多篇，其中41篇系原创性论文，均发表在世界顶尖的刊物上。

姚氏法获2010年浙江省科技进步一等奖。

回国后，姚玉峰致力于姚氏法的推广，全国已有1.5万名角膜病患者接受姚氏法角膜移植手术；他还组建了一支拥有27名医生的邵逸夫医院医疗和学术团队，专业涵盖眼科的角膜病、近视激光屈光、晶体老视屈光、青光眼、斜弱视、视网膜玻璃体等。

“我们都是‘姚粉’‘峰蜜’！”许叶圣对记者说，“姚老师思维严谨，逻辑缜密，在专业上、思维方式上甚至做人上对我们影响都很大，他的粉丝遍布全国。”

博士后谢加文个子虽比导师高，但他说自己一直在仰望导师。他上大学时就仰慕导师，从美国拿到博士学位后，回国便拜在姚玉峰门下做博士后。

“姚老师精力很旺盛，时间总是排得很满，门诊雷打不动，挤出时间搞科研。我常常在凌晨收到他发来的邮件。”

博士张惜雪对记者说，追随姚老师，不但在医术上得到进步，而且还在人文的滋养、人格的熔冶、仁心的养成上收获颇大。

记者发现，无论是面对下属还是患者，姚玉峰永远和颜悦色，脸上永远挂着谦和的姚式微笑。虽已置身世界顶级权威行列，他却仍然低调、谦谨，从不张扬。

在积极推广姚氏法的同时，姚玉峰还致力于引进国外先进成果和技术以服务大众。

老视是人类共同的生理现象，传统的处理方法是戴老花镜、双光眼镜、渐变眼镜以改善视力，不方便，不美观。

2015年，姚玉峰从德国引进一次性治愈老视、近视和白内障的三焦点人工晶体，通过光线衍射原理，把三个焦点设计在一个晶体中，看远、看中、看近均可。

2015年12月7日，第一例手术成功完成，48岁的患者术后12小时即自己开车回家。

2016年6月，浙大医学院附属邵逸夫医院与德国卡尔蔡司公司联手，成立中国首个三焦点人工晶体老视手术培训中心。这是中国首家专为培训屈光性老视人工晶体植入医生的手术培训中心。

至此，姚玉峰回国前设想的三大目标均已完成：建立一个现代学科，带出一批具有国际眼光能共同推动学科发展的专业人才，建立与国际接轨的眼库。

登上眼科角膜移植世界巅峰的姚玉峰，留学后毅然回国，20 多年来，治疗过 30 万病人，经他手术复明的病人有近 3 万人。

姚玉峰还带出了 17 名博士研究生，28 名硕士研究生。

眼睛是心灵的窗户。为了擦亮心灵的窗户，姚玉峰仍在孜孜矻矻地探求。职业生涯 30 余年，他没休过一次年假。每年手术 1500 台左右，一天最多 26 台。

不少人说他是工作狂，姚玉峰却总是报以姚式微笑："我不是工作狂，我是在享受工作带来的乐趣！"

（载《浙江日报》2017 年 5 月 26 日，
刊用时有删节，与严粒粒、王家玲合作）

一群皮肤黝黑的农业科学家

——记浙江嘉兴农科院南繁育种团队的五十年、四代人

“中国人的饭碗任何时候都要牢牢端在自己手上。我们的饭碗应该主要装中国粮。”

——习近平

4 月 28 日下午，海南省陵水黎族自治县椰林镇溜坡村，嘉兴农科院南繁水稻育种基地，育种专家姚海根将收获的稻种做上标签，逐一登记，一直忙到 6 点，换了一件干净衣服匆匆赶到三亚机场。

像往常一样，他利用晚上时间赶路。

4 月 29 日，浙江省科学大会在杭州召开，作为获得这次大会最高奖——浙江省科学技术重大贡献奖中的 3 位科学家之一，姚海根受到了省委省政府的表彰。

大会一结束，他又赶到机场，乘晚上的航班赶回南繁基地。

姚海根是嘉兴农科院水稻育种团队中的一个杰出代表。50 年来，这个中国革命红船首航地的育种团队，候鸟般迁徙到天涯海角南繁育种，他们离别家人，栉风沐雨，风餐露宿，蚊虫叮、蚂蟥咬，四代育种人年复一年，创造了一个地区农科院在中国水稻育种史上的奇迹。

为追寻这个团队的足迹，记者 4 月 25 日赴嘉兴农科院采访，却扑了个空，6 个水稻育种课题组全部去了南繁基地。

4 月 26 日，记者辗转三亚赶赴陵水采访……

一群皮肤黝黑的准农民，却有着硕士、博士学历或中高级职称，四代人50年间创造了中国水稻育种史上的奇迹

26日下午6点，记者走进嘉兴农科院南繁基地。

院子里一片忙碌，在椰树、杧果树的遮蔽下，到处堆着刚收获来的水稻种子。光膀的、穿短袖的、赤脚的，忙碌着的汉子们皮肤一式发散着“农民色”。他们正在给稻种脱粒、装袋、贴标签。

“农民色”掩盖不了他们的真实身份，他们都是拥有硕士、博士学位或中高级职称的嘉兴农科院农业科技专家。

所谓“南繁”，就是冬季利用海南独特温暖的气候条件加种一季作物，一年内南方、北方交替种植，以此加速繁殖，加快品种培育速度。

姚海根是第一代南繁成员的领军人物、中国水稻育种界赫赫有名的“江南水稻育种大王”。

6点30分，一壮汉骑一辆“电驴子”直冲到房前猛地停下，但见他敦实，健旺，皮肤黝黑，一头浓密的头发已斑白，灰色衬衣，迷彩裤，光脚板蹬着一双凉鞋，裤腿上沾着泥巴。

“姚老师！”几个声音同时响起。

姚海根！活脱脱一个农民！

他的同事爆料说，一次他从田头直接去市政府开会，背一旧帆布包，胡子拉碴，脚蹬拖鞋，腿上沾泥，在市政府门口被门卫拦下。

“我是来开会的！”他说。

开会？门卫满脸疑云，怎么也不让进，直到他从帆布袋里掏出全国人大代表证。

姚海根，第八、九、十届全国人大代表，全国劳模，享受国务院特殊津贴，浙江省特级专家，浙江省常规水稻首席专家，曾任嘉兴市农科院院长、嘉兴市政协副主席。

“半个多月了，白天下田选种，晚上整理登记，每天忙到凌晨一两点，70岁的人啊！”姚海根的妻子陈胜利直摇头。

南繁除收获季节外，水稻抽穗后的去雄阶段也非常紧张。第二代育种专

家李金军说，水稻花期短，样本量大，必须赶在父母本植株盛花期内完成人工辅助授粉。因水稻是雌雄同花，去雄就是将雄花去掉，这一工作必须赶在上午 10 点到下午 2 点扬花时进行，这正是海南阳光最厉害的时候，育种人要把每个稻粒剪开，用镊子把雄花夹出来，还不能伤到雌花，再用牛皮纸袋将去雄后的稻穗套住防止其他花粉侵入，次日再把需要杂交的稻穗剪来，拿掉牛皮纸袋撒上雄花粉。一个手脚麻利的人，一天也只能做三四十个稻穗，中午饭往往要延至下午两点以后才能吃。

傍晚 7 点，这群黝黑的“农民”赤膊上阵开始吃饭。人群中有一个显得稍白，他就是杨尧城。

“从年轻到现在，怎么晒都晒不黑，哈！”70 岁的杨尧城笑着解释。

“他是男人中的优良品种！”有人调侃。

确实，杨尧城的“优良”不仅表现在晒不黑上，他的育种成就同样骄人：他已育出 30 多个新品种。

记者在嘉兴农科院见到院长程旺大，他介绍这个团队时说，该院进行南繁始于 1965 年，是浙江省最早开启南繁的单位。50 年间，形成了以姚海根、杨尧城为第一代，以李金军为第二代，以富昊伟、黄海祥、姚坚为第三代，以蔡之军、蔡金洋、李友发等为第四代，齐齐整整的四代育种人。这个团队在全国水稻育种界很有影响，育成的杂交水稻水平全国一流，常规稻在中国粳稻区保持全国领先水平，籼稻两次突破了长江流域纪录，共培育出 140 多个水稻新种，累计播种面积 6 亿亩，增产 90 多亿公斤，这样的业绩堪比国家级科技机构，为全国地区级农科院所罕见。

中国农科院院长李家洋院士曾经为南繁题词：“传承南繁精神，再铸育种辉煌。”“杂交水稻之父”袁隆平院士题词：“培育良种，服务三农”。

小育种迷给大科学家童第周写信请教得到回复；一个讲座改变了一个人的生命轨迹。这些被梦想燃烧的育种人像候鸟一样迁徙、工蜂一样忙碌

晚饭后，基地灯火通明，走廊上，一张 50 厘米高的特制工作台，姚

海根坐在一把矮凳子上开始工作，一台外表斑驳的MP3正在播放程琳的《风雨兼程》：“今天你又去远行 / 正是风雨浓 / 山高水长路不平 / 愿你多保重……”

“这是我最喜欢的歌，就像是为我们育种人写的。”姚海根说。

姚海根的育种梦与饥饿有关。1944年出生在浙江嘉善一农民家庭的他，从小就经受过挨饿的滋味。上高中时遇到大饥荒，是班上非农户口的女同学省下口粮接济了他。缺粮的切身感受使他刻骨铭心，梦魇般的饥饿也成了他日后育种的巨大动力。

1965年，姚海根从浙江农业大学毕业，被分配到中国农科院从事水稻育种研究，因夫妻两地分居，1973年调回嘉兴。

离京时，导师鲍文奎临别赠言：无论在什么情况下都不能放松学习，无论何时都不能忘记育种人的责任；一个育种人光有为农民做事的心愿不够，还得有技术；别看现在知识无用，今后国家发展还是要靠知识。

鲍文奎是著名作物遗传育种学家，中科院学部委员，新中国建立初期为响应祖国的号召，与钱学森、赵忠尧等科学家冲破阻力从美国回来。导师的爱国情怀和科学精神深深影响着他。

嘉兴是浙江的粮仓，农田面积不到全省14%，粮食产量却占全省总量的48%。“嘉禾一穰，江淮为之康；嘉禾一歉，江淮为之俭。”可见嘉兴粮仓地位的重要。

“文革”期间，鱼米之乡的百姓却吃不饱饭，这让姚海根忧心忡忡。他在深入农村调查中发现，江南稻瘟病严重，水稻品种抗病性差，一旦染上稻瘟病便会枯死，甚至绝收。他育种的目标便锁定在培育抗稻瘟病新种上。

1974年，他首次踏上了南繁之旅，此后40年从未停过。

1978年，嘉兴农校二年级学生李金军收到中国科学院副院长、著名生物学家童第周的亲笔信。原来，李金军写信向童第周请教如何才能将野稗和水稻杂交以达到增产。此事在学校引起轰动。

李金军1954年出生于浙江海宁农村，初二就追随邻村一个痴迷育种的土专家学育种，并自学育种知识和英语。1977年，仅初中学历的他考入嘉兴农校。

对一个青年育种迷的狂想，大科学家报以善意的鼓励。童第周在信中说，他提出的是一个世界性难题。但世界上所有难题都值得科技工作者去攻克，希望他能在科技路上不断探索，取得成功。

童第周的回信更坚定了李金军的育种梦。1981 年，他毕业后来到嘉兴农科所，正式开始育种生涯。

黄海祥是第三代育种专家。他的育种梦始于一场演讲。1987 年，嘉兴农校举办讲座，主讲人就是姚海根。其时姚海根已是育种界的一颗新星，他 1979 年通过审定的“秀水 48”成功制伏稻瘟病，引发了早稻种植的一场革命；1987 年的双季稻新品种亩产突破 400 公斤，再次引起轰动。

当时国人追星追的是科学家。在黄海祥眼里，姚海根是一座山，是他人生的坐标高度。一场讲座改变了他的人生轨迹：1989 年毕业分配留校，他谢绝了，毅然投奔姚海根，成了南繁育种人。同学笑他是“少了一个教授，多了一个农民”。直到今天，这个“农民”仍干得如火如荼，毫无悔意。

70 岁的杨尧城与姚海根同年且同学，不过他高考时的梦想是当医生，却意外被浙江农业大学录取。对这一代人来说，服从是天职，国家利益高于一切。当不成医生，就当中国的米丘林吧，杨尧城坦然接受了“被选择”的事实。

嘉兴农科院 6 个水稻育种课题组共 30 人，年纪最大的 70 岁，最小的 28 岁。他们的梦各有不同，目标却一致，年年候鸟一样迁徙，工蜂一样忙碌，却人人甘之如饴，乐在其中。

“来也匆匆 / 去也匆匆 / 就这样风雨兼程 / 明天我也要登程。”歌声在基地回荡。

乘火车睡座位下臭味扑鼻，住田头守夜寂寞难忍。然而有理想，地狱也是天堂；有希望，痛苦也是欢乐；心不累，身累也轻松

4 月 27 日下午 2 点多，灼人的阳光白晃晃的，记者来到溜坡村九田冻，在椰林和槟榔林的包围中，一方田垄稻香浓郁，姚海根头戴草帽，赤足在稻

田里选种，选中稻穗便用镰刀割下，用稻秆缠住扎紧，交给身边的科辅工何淑琴，然后从何手中拿过一本绿色封面的记录本一一记下。

4月底的海南陵水已是夏季，姚海根的衬衣早就湿透。

姚海根说，南繁之苦，开头尤甚，当时交通条件差，火车很挤，一票难求，上下客不得不爬窗户，车上厕所里都挤满了人无法使用，虽天热口渴，他们却连水都不敢喝，吃的是炒米粉就榨菜。从嘉兴到广州，火车、轮船、汽车来回倒，行程最快要7天，慢的时候要10多天。

旅途的艰苦，李金军深有体会。1981年首次南繁，他没买到座位票，只能站着，太累，就钻到座位下面想躺一会，谁知一股浓烈的尿骚味扑鼻而来，厕所无法用，乘客只能在车厢就地解决。不过对育种人来说，这尿骚味却别有一种亲切感，尿是好肥料啊，育种人能从尿骚味里闻出稻香，他便常在这“稻香”中安然睡去。

南繁基地没房子，只能租农民的，甚至租的是牛棚，填点沙土就成了居所，自己垒灶做饭，吃的是咸菜，点的是煤油灯。这种状况直到2008年基地建了新房才得以改善。

杨尧城的首次南繁是1971年12月3日，3天前他儿子刚满月，妻子依依不舍，他还是硬着心肠上路。当时陵水落后荒凉，条件恶劣，“海南十八怪，三只老鼠一麻袋，三个蚊子一盘菜，一条蚂蟥当腰带”，猪牛是放养的，唯一的一条街上常常可见猪牛旁若无人地漫步，满大街都是猪粪牛屎；蚊子肆虐，老鼠横行，蚂蟥成群，更可怕的是还有钩端螺旋体，一旦沾上便会传染。

一次因蚂蟥叮咬引起感染，杨尧城发高烧不得不去住院。一个人躺在医院里寂寞难忍，还不敢跟妻子说，怕她担心。他南繁的第一个春节便是在凄苦寂寞中度过的。

那时通讯很落后，只能靠写信。育种人一旦接到家书犹如节日，一封信翻来覆去不知要读多少遍，真是“家书抵万金”啊！姚海根南繁40年，有20多个春节是在海南过的，他至今还保留着女儿5岁时写给他的信：“亲爱的爸爸，你在海南，我想你……”

虽然老一代经历的那种恶劣的条件已不复存在，但寂寞对今天的“80

后”青年仍然还是一种煎熬。

4 月 28 日下午 7 点 30 分，育种基地武仙坡。夜幕初垂，疏星高悬，田野里一片蛙虫的鼓鸣。一块十多亩的稻田，一木棚孤悬于稻浪中，几块石棉瓦作盖，几块木板搭成床，昏灯如豆，28 岁的李鹏正在守夜。

“这是我们与中国农科院李家洋院士合作培育的品种，可不能出问题！”李鹏说。

李鹏是南繁团队最年轻的成员。他告诉记者，值班是为防范猪狗捣乱。因为当地的猪习惯放养，鲜嫩的秧苗和青青的禾苗成了猪的最爱。

海南的狗也比别的地方多司一职——捉老鼠。“三只老鼠一麻袋”的海南，老鼠多而大，狗常在夜间到稻田里追耗子，乐此不疲。一条狗一晚上可以毁掉一片田。

猪狗自由，育种人便不得自由。无奈，只好守夜。

姚海根说，田头守夜，草棚里一住半个月，稀松平常。

然而，这“稀松平常”的事对今天的年轻人却很残酷，尤其是像李鹏一样与新婚妻子离别后的守夜。

夜已深，野更静，无边的寂寞将李鹏包围，他拨通了妻的电话：“王曼，听到了吗，这里的天籁声！”他将手机对着田野。

“听取蛙声一片”，古人的浪漫，对这对新婚夫妻却是无边的孤独与寂寞。

“这些育种人，干的活比农民累，生活比当地最底层的农民还苦。”中国农科院南繁办主任谭兴良对记者说。

第四代育种人蔡金洋没想到，育种的工作量会这么大，任务会这么重，生活会这么辛苦。他 2006 年研究生毕业后到嘉兴，正是双抢季节，报到的次日就下田了，此后两个月没休息一天，身上被晒脱了两层皮。

跟随姚海根 35 年的科辅工何淑琴是当地人，看着这些育种人如此辛苦，她感叹：“读了那么多年的书还要干这么苦的活，如果是我的孩子，我会心疼流泪的。”

男儿有泪不轻弹，即使有泪，也往心底流。

如此辛苦为何能坚持？答案几乎都是：为了理想与希望。是啊，有理想的地方，地狱也是天堂；有希望的地方，痛苦也成欢乐；心不累，身再累也感到轻松！

几公里外的家，十八年来每年回不了十次；亲人去世或患病不能侍奉，育种人忠孝难两全

接到助手姚坚的电话，姚海根哭了。

母亲的突然离世让姚海根痛不欲生。

2008 年 3 月 17 日，姚海根赴陵水南繁。18 日晨，人们发现他母亲躺在地上，已因高血压突发未被发现而离世，临终身边没有一个亲人。

这种刻骨铭心的痛，姚海根已经历过一次，没想到，老天爷还要让他经历第二次！

姚海根 1993 年担任院长后，工作更忙，他干脆搬到单位住。从此，10 公里外的家很少回了，其妻陈胜利说，当了 18 年院长，每年回家不超过 10 次，实在想外孙女了，就回一次家，饭后马上让女儿把他送回单位。

姚海根是孝子，为照顾双亲，1998 年，他租了单位的房，把父母从农村接过来同住。谁知仅过了 3 年，父亲便患癌症宣告不治，他只好把父亲从医院接回家静养。

那天他去杭州出差，临别见父亲胡子已长，遂亲自给父亲刮，剃刀从父亲瘦削的面庞刮过，悲伤已从心头涌起，患病后父亲急剧消瘦，风烛残年的父亲已来日无多，父亲为子女一生辛劳，自己却很少能尽孝于老人家膝前。他暗暗发誓，回来后一定要多陪陪父亲。

然而他已没有机会，此去竟成永别。

“务农一生，勤俭本分”，父亲的墓碑上留下他的题词，这是他对父亲的评价，也是中国农民的真实写照。

“两个老人去世我都不在身边，不孝，不孝啊……”谈及双亲的离去，泪水在他眼眶里打转。

农科院副院长顾掌根说，姚海根爱育种胜过爱家，把育种看成人生的全部，嘉兴商场大门朝哪边开他都不知道，父母去世不在身边，女儿没照顾好

未考上大学，工作又不理想，有人多次主动为他女儿换工作，他却拒绝了。不谋私是他的底线，为了事业，他牺牲了家庭。

陈胜利说，老姚患有高血压、低血糖、颈椎病和严重的鼻炎，工作忙，他不顾身体。市政协、市委组织部、农科院给他送来体检表，他却没时间去。

因心疼丈夫，陈胜利48岁就提前退休，也搬到单位，以便照顾。

然而，本该照顾的是丈夫的生活，结果却成了丈夫的助手。记者采访她时，她正忙于将选好的种子装入牛皮纸袋中并写上编号。

“今年光是育种袋就给他缝了6万多个。”陈胜利说。这些牛皮纸袋是用缝纫机缝的，中间还扎着成排的针眼，为了透气。

从此，他南繁，她也随同迁徙，他忙碌，她也跟着忙碌，这个助手越当越称职。

“在天愿做比翼鸟，在地愿为连理枝”，一对老候鸟，夫唱妇随，鹣鲽情深，共同为育种忙碌着。

而今候鸟已老，快飞不动了啊！

飞不动还得飞，还在飞！

2003年夏，杨尧城拿到体检报告，一下子愣住了。

尿常规检查，小便三个+。

“肾炎，马上住院！”医生对他说。

“住院？我哪有时间！”杨尧城说。正值“双抢”时节，数千个育种材料还在田里等待收获整理，此刻住院，岂不前功尽弃！

育种人，忙得连生病的时间都没有！

“命重要还是工作重要？”肾内科主任警告他。

当然是工作重要！但身体不行确实无法工作，杨尧城为难了。晚稻选种后，他还要赶去南繁，实在没时间住院。软磨硬泡，医生才勉强同意他半天治疗，半天工作。

谁知服药出现过敏反应，医生不得不给他用激素。各种手段都用了，尿蛋白仍高。后改看中医，才逐渐稳定下来。

海南去不成了。如此熬了几年。2006年，他熬不住了，遂向医生要求去海南。医生说，你能在这里边上班边治疗已不错了，还想去海南？休想！

可让他放弃育种？休想！

2006年3月17日，他带着整袋的中药偷偷来到海南，还篡改了医嘱，每天两包中药被他压缩成一包。

花甲之年的杨尧城至今仍带病坚持育种。

为育种牺牲亲情，牺牲家庭，这在育种人看来太平常了。

“父病危，速归！”20世纪90年代初的一日，一份电报使李金军心急如焚。电报是堂兄拍来的，他忙跑到邮局挂通了堂兄的长途电话。

独居在家的老父一日整理厨房，忽见一个酒瓶，里面还有少许黄色液体。老人颇喜杯中物，以为是酒，拿起来就喝，及至发现味道不对，已喝下去两口，竟是剧毒农药！药力很快发挥作用，老人口吐白沫，倒地昏迷。

是堂兄偶然路过发现才将老人送到医院急救，医院马上发出病危通知书。

“现在情况怎样？”他对着话筒焦急地问。堂兄答，现已苏醒，生命无虞。

回不回家？李金军心中纠结。他是独子、孝子，父病危岂能不回？可回去一趟光旅途来回就要半个月，肯定耽误育种。一边是工作，一边是病重的父亲，他分身乏术。既然父亲已生命无虞，这里育种又离不开，就不回去了。父亲啊，儿子不孝，对不起您了！李金军悲从中来，泪湿衣衫。

蔡金洋母亲2007年患癌症开刀，2011年复发。因参加南繁，他无法照顾母亲。今年春节终于回家。晚上，母亲拿掉假发洗脸，他一下子惊呆了：化疗使母亲满头乌发完全脱落，60岁的人已苍老得像70多岁，他顿时失声痛哭。

忠孝不能两全，育种人愧对亲人的事何其多啊！

育种人明白，保证中国粮食安全，把饭碗始终端在自己手里，让饭碗里装的主要是中国粮，这是中国育种人的责任

1994年，美国经济学家布朗发表一篇《谁来养活中国？》一文，文章认为，中国经济高速增长，耕地面积锐减，势必造成粮食大幅度减少，中国人难以养活自己，不得不大量依靠进口，中国将成为世界上最大的谷物进口国，这将引起国际粮食市场的波动，世界因此将进入粮食短缺时代。布朗预言，中国粮价上涨将引起世界经济崩溃，引发全球生态危机，引发世界性的经济崩溃和政治动乱，因此，"谁来养活中国"的背后将是"一个养活不了自己的中国将如何危害世界"的问题。

文章在世界引起强烈震撼，国际媒体纷纷转载或报道。

以占世界7%的耕地，养活占世界22%的人口，这一直是中国这个农业大国的骄傲！而今中国竟然不能养活自己？

"布朗低估了科技进步对提高生产力的巨大潜力，更低估了中国育种人的爱国热情。"追忆这场引发世界关注的争论时杨尧城说。"布朗只看到粮食消费，没看到科技对粮食的贡献率。"

习近平总书记说："中国人的饭碗任何时候都要牢牢端在自己手上。我们的饭碗应该主要装中国粮！"

何为国家粮食安全？姚海根认为，一个国家，任何人、任何时候、在任何地方都能买得到、买得起可以放心食用的粮食。总书记说得太好了！粮食问题是一个战略问题，吃饭问题始终是国计民生的头等大事，解决13亿中国人的吃饭问题，只能依靠科技进步。粮食安全的关键是要发展民族种业，种子技术绝不能控制在外国人手里，只有把种业牢牢控制在中国人手里，中国人才能把饭碗牢牢端在自己手里！

身处江湖，心怀庙堂；身在田头，心雄天下！这些育种人是战略家啊！浩瀚的心胸中激荡着的是对国家的责任！

南繁基地贴着一条姚海根写的标语："一颗种子可以改变世界。"为了这粒种子，四代育种人已坚持了50年。这种坚持，体现得更多的是一种对国家的责任。

为了国家的粮食安全，育种人孜孜矻矻履行着自己的责任。

50年来，姚海根已培育出水稻新品种89个，促成浙江等地晚粳稻主栽品种5次更新，他选育的“祥湖84”“秀水11”“秀水63”是国家南方晚粳稻区连续三代对照品种，这些品种已在长江中下游稻区累计推广种植3.2亿亩，新增稻谷54亿公斤，直接经济效益94亿元。

45岁的黄海祥是南繁团队的中坚力量。随着温饱问题的解决，人们生活水平的提高，“吃好”已成为人们的普遍追求，育种人有责任满足人们的这一追求。

为了这一责任，黄海祥1997年开始独立育种确定的目标就是：培育水稻里的“高富帅”——优质米。

一粒良种，要从几千甚至上万个材料中进行筛选，要经历成千上万次失败。黄海祥育种旗开未能得胜，一次次南繁，结果却都不理想。春去秋来，南繁北育，失败一次次光顾，而成功却像梦中的情人一样难以企及。

失败面前，黄海祥不气馁，不停步，顽强地坚持着，艰难地将研究一步步推进，2004年，成功姗姗来迟，“嘉禾212”通过审定，这一水稻中的“高富帅”成为浙江省第一个通过审定的长粒型优质晚粳新品种，被称为粳稻种的泰国香米，最高价卖到98元一公斤，被列为国家计委优质水稻品种产业化示范工程项目重点开发品种，并先后获浙江省农博会金奖、中国优质稻米博览会金奖。

此后，“嘉禾218”“嘉禾555”相继通过审定。今年，“嘉禾218”已推广100万亩。

谈起失败，富昊伟深有感触。2001年，他的杂交中籼稻“嘉优99”参加浙江省区试因纯度不够未能通过审定，这意味着他多年的努力没有结果。浙江大学农学系舒庆尧教授提议通过辐射诱变改良育性，按照这一路径，富昊伟带着经诱变的种子再次赶赴陵水进行新的南繁。

寒暑数度，失败频至，屡败屡战。在经过成千上万次失败之后，他终于找到了一株突变体，难题终于迎刃而解！

“嘉优99”2012年在江西与福建同时通过审定，这一新品种从立项到通过审定先后竟达15年！

李金军的育种生涯已逾40年，近几年进入成果喷发期，浙江省每年推广10个水稻示范方，2012年他独占7个，2014年他独占5个。2012年，他被评为全国粮食生产先进工作者，受到总理温家宝接见，今年他又获国务院政府特殊津贴。他的成就引起隆平高科的关注，该公司多次希望他加盟。但他谢绝了。作为第二代育种人硕果仅存的一员，他担心这个团队人才断层。

36岁的蔡之军属第四代育种人，课题还刚起步，每年南繁，因科研经费少乘不起飞机，只能乘火车；请不起科辅工，田里的农活只好自己干；33岁的蔡金洋日子也不好过，为照顾幼子已辞去工作的妻子又患病须手术，事业家庭难以兼顾，他只好让妻子回娘家手术。

谈及70岁为何还不退休，姚海根和杨尧城都回答，希望能培养出新一代领军人物再交班。在他们看来，工作与生活、生活与工作已难以分清，生活中不能没有育种。

“为了大地的丰收，为了农民的欢笑，为了国家的粮食安全，这就是我们工作的意义所在！”姚海根说。

（载《光明日报》2014年6月8日一版头条，与严红枫合作）

丁列明团队的“中国梦”

——中国第一个靶向抗癌药研发纪实

2012年4月27日，北京人民大会堂，中央组织部召开的“海外高层次人才回国创新创业座谈会”被赋予一个很富有诗意的题目：“我的中国梦”。八位“千人计划”专家代表做了发言。

“……感恩中国，我们做了一件在美国做不到的事！假如不回国，凯美纳（盐酸埃克替尼）这个项目在美国不可能独立完成。我们回来了，祖国的人才政策和对创新项目的扶持给了我们机会，使我们实现了梦想，我们成功了！”

发言者是个中年人，一脸憨厚，近视眼镜后闪烁的却是睿智的光。他就是“千人计划”专家代表、海归博士、浙江贝达药业公司董事长丁列明。

的确，他做得非常成功。他和他领导下的海归博士团队用10年时间，研发成功世界第三个、中国第一个小分子靶向抗癌药，从而结束了我国小分子靶向抗癌药完全依赖进口的历史。凯美纳的上市是我国癌症治疗史上的里程碑，它标志着我国抗癌药研究已处在世界领先水平。

卫生部部长陈竺曾称赞这一成果“堪比民生领域的‘两弹一星’”。

座谈会上，中央领导对丁列明“做老百姓吃得起的抗癌药”表示赞赏，称赞他为祖国的医药事业做出重大贡献。

此时的丁列明心情激动，思绪飘向了逝去的岁月……

抉　择

丁列明清晰地记得，那是2002年8月13日，美国阿肯色州小石城机场，他将告别拼搏奋斗了10年的美国，登上泛美航空公司的飞机登程回国。

对他来说，这是一个人生的转折点，出国梦圆之后“中国梦”圆梦的开始。

1979年，高中毕业还没有出过县境的丁列明考上了浙江医科大学。这个1963年出生于浙江嵊州的农家子弟，第一次见到火车，第一次来到杭州，第一次接触到说普通话的同学——当时他连普通话都不会说——激动、感慨之余，脑子里冒出一个强烈的梦想：外面的世界太精彩，有机会一定要出国见见大世面！

1992年，已获传染病学硕士学位的他，作为访问学者负笈东渡。在美国的日子里，他以农民的朴实和勤奋为自己铺平了通向学术高峰的路：1996年，通过美国医学博士考试；2000年，完成严格的病理科住院医培训，成为病理科执业医师。此时的他，事业有成，职业稳定，家庭美满，年收入20多万美元，专业上得到美国同行的承认和尊重，一条宽广的学术青霄路已坦然于面前。

生活稳定，心却越来越不稳定。学术上成就越大，地位越高，对祖国的思念越强烈。就这样在美国生活下去？他心有不甘。学成之后，他越来越感到祖国的召唤，越来越渴望回国报效。出国梦圆，绵绵的“中国梦”却常使他梦魂牵系。

在小石城，丁列明的家是中国留学生的据点，一帮志同道合的朋友常聚集在一起，时不时会做起同样的中国梦。在国内时都曾渴望出来，到了他国异乡，对祖国的思念不可遏止地澎湃在心中。身在异乡，心系祖国，何时能报效祖国母亲的养育之恩？

丁列明的同学和挚友王印祥、谭芬来都是其中的一员。

2002年7月，丁列明与已在耶鲁大学做博士后的王印祥和医用化学博士张晓东聚集在一起，共同商讨由张晓东设计、多位博士共同参与的抗癌新药项目的推进问题。这是一个国际尖端项目，已有较好的实验结果，但要往前推进却遇到资金和人员等困难。下一步该如何发展？是在美国研发，还是回国创业？三位博士掀起了头脑风暴。

“在美国，要想把一个新药项目完整做下来，太难！”张晓东说，“美国的新药都是大制药企业在做，小公司只能早期开发一段，最后还是要卖给大公司。而在中国，新药研制却是一个处女地。”

的确，中国新药研发还很落后，翻开新中国成立以来的药品目录，绝大部分是仿制药，自主研发的新药寥寥，堪与国际竞争的尖端新药更是罕见。面对祖国医药研究的落后现状，作为这个行业的专家，几位博士的心头都沉甸甸的。是祖国培养了自己，现在自己已具备研制新药的专业知识，为何不为祖国雪中送炭，却要为医药发达的美国锦上添花？

“当今中国正在成为全球瞩目的创新创业的热土，经济高速发展，资本日益雄厚，有能力进行高科技项目的投资，市场很大。美国的生活好是好，作为中国人，心里总觉得缺了点什么……”谈及此，丁列明动情了。

“我们是中国人，学成之后理应回国报效！”王印祥说。

把项目带回祖国开发！中国人研发的新药要首先给中国患者享用！虽然，他们知道，回国创业会遇到很多困难，但他们义无反顾，毕竟，他们的血管里流淌着华夏儿女的热血。他们毅然做出决定：回国创业！把自己的成果献给祖国和人民，这是一个学人最有意义的事！

一个月后，丁列明告别家人，登程归国。

开创中国抗癌新药新纪元的壮举却由几位海归博士悄然地进行……

攀　登

埃克替尼项目针对的是肺癌。

肺癌是各种恶性肿瘤中的第一杀手，肺癌死亡率高居所有癌症之首，全球每年有 200 多万名新增肺癌患者，死亡 100 多万人；我国每年新增肺癌患者 50 多万人，死亡 30 多万人；而在丁列明的故乡浙江，每半小时就有一个肺癌病人去世。

肺癌被称为“静悄悄的杀手”，早期、中期发病很难发现，一旦发现便已到晚期，所有的医疗手段均无明显效果。

二十世纪五六十年代，化疗药出现。“宁可错杀三千，不能放过一个”，化疗药在杀死肿瘤细胞的同时，良性细胞也被大量杀死，副作用极大。许多病人不是死于癌症，而是死于化疗。

能否发明一种只杀灭癌细胞，对良性细胞无伤害的药?

选择性抗癌药的研究进入科学家的视野。

1960年，美国科学家Stanly Cohen首次发现表皮细胞生长因子（EGFR），这是世界抗癌史上的重大突破，选择性治疗癌症药物——靶向抗癌药成为世界医药界研究的目标。

1986年，Stanly Cohen因这一发现获诺贝尔医学奖。

丁列明他们瞄准的就是这种靶向抗癌新药。

此时，多个发达国家的科学家都在从事靶向抗癌药的研究，其中英国和美国的研究已取得重大突破。丁列明他们的研究也成效卓著，他们的第一个专利便是针对EGFR的一组化学分子，根据靶分子的结构，从化学角度合成特定化合物进行前期筛选并获得成功。但这个化合物对肿瘤有没有作用?合成选择何种路线?选择何种剂型?临床如何确定用法和用量?每一道工艺都需要创新，都需要通过研究来发现、来证明。

丁列明很清楚，新药研究风险极大。美国开发一个新药一般需10年，需投入10亿美元。无数科学家在新药开发上时间金钱消耗了，最后是无果而终。

新药开发，高科技，高投入，高风险。谓其高，一旦失败，摔得也惨。

为了祖国，冒再大的风险也值得！海归们有决心和信心。

2003年1月，丁列明和王印祥在杭州市余杭区创办浙江贝达药业有限公司，目标就是从事抗癌、心血管疾病和糖尿病新药的研究开发。他们提出的口号是“Better Medicine，Better Life”，即“做好药，让老百姓生活得更好”。第一个产品就是国家一类新药盐酸埃克替尼，这是我国第一个小分子靶向抗癌药。

此后，张晓东、谭芬来、胡邵京、康心汕博士先后加盟。以六博士团队为核心，丁列明高擎大旗，众“海龟”纷纷游奔麾下。大旗下，一批肿瘤药、心脑血管、糖尿病类新药等领域的博士云集，他们互相配合开展新药研发。

攻克民生领域“两弹一星”的战役打响了。

危 机

就在丁列明回国创业的2002年，由英国阿斯里康医药公司发明的世界上第一个靶向抗癌新药吉非替尼（易瑞沙）在日本上市。

2003年，美国FDA批准吉非替尼在美国上市。

这是人类肿瘤治疗的新纪元，世界为此轰动了。

2004年，世界上第二个靶向抗癌药厄洛替尼（特罗凯）在美国问世。

在靶向抗癌药的研发上，发达国家捷足先登了！

两种抗癌新药的上市对丁列明博士团队的研究既是有力的推动，又是挑战和压力。中国的抗癌新药能否成功？中国能否登上世界抗癌新药研究的高峰？

余杭贝达公司。

简陋的实验室，租的；瓶瓶罐罐，凑的；资金，筹的。与在美国相比，条件之简陋简直恍若霄壤。更要命的是，人们并不相信就这么几个人能搞出世界尖端的抗癌药来。研发过程中，人们的猜疑、不解与资金、技术、设备、工艺、人才的缺乏等困难接踵而至，“海龟”们负重前进，夜以继日加紧研发。

到2005年年底，他们在合成出能对抗肺癌细胞的化学物质的基础上，完成了制剂、药学、药效、毒性评估等20多项临床前研究。

对这批热血归国博士，国家给予多方面的关爱和支持：埃克替尼项目被列入科技部“科技型中小企业技术创新基金”“火炬计划”“863计划”“国家重大新药创制专项”、浙江省和杭州市“十一五”重大专项等支持，余杭区更是为他们提供资金、土地、政策等优惠条件，还给丁列明核心团队的博士每人一套人才专用房和一笔安家费。

2006年6月，令人兴奋的消息传来：国家药品食品监督管理局批准盐酸埃克替尼进入临床试验！

这是中国第一个进入临床的化学类靶向抗癌药。

“海龟”们为自己的成果起了一个很好的名字：凯美纳，拉丁文的意思是：肺的健康食品。“肺的健康食品”由一个个小分子组成，它们对肺癌细胞疾恶如仇，一旦进入体内，对健康细胞视而不见，对癌细胞就会上穷碧落，穷追不舍，发现并歼灭之。

临床试验需要成批的凯美纳。为此，丁列明收购了当地一家药厂作为新药生产基地，建起了新厂房，生产临床试验所需的药品。

临床是新药研发的关键环节，需要一个既懂药学又善于公关的行家里手来主持。

丁列明拨通了还在美国的老友谭芬来博士的电话："新药上临床了，老谭，该你出马了！"

谭芬来，医学博士后，先后毕业于美国阿肯色大学医学院、克利夫兰临床医学研究中心和密歇根大学医学院，系美国临床肿瘤学会会员。有意思的是，他是继丁列明、王印祥后的又一任小石城州中国留学生联合会主席。

祖国在召唤，老友在召唤，谭芬来毅然冲破家庭的温情、儿女的缠绵，抛妻别子回到祖国，挑起了临床试验的重担。

临床试验必须在权威的大医院进行。然而大医院接受临床试验必须经过医院伦理委员会审核同意。对一个名不见经传的小制药企业，大医院的门槛很高。当谭芬来打电话联系时，一听说要接洽新药试验，对方不是马上拒绝，就是话没讲完就搁了电话。

一次，王印祥找到北京某权威医院伦理委员会负责人。

"贝达药业？没听说过！"专家用眼睛的余光扫了王印祥一眼冷冷地说，"我现在没空！"

专家没空，王印祥不能没空。他耐心地等在门外，一直到下班。

"咦，你还在？"专家开门发现了他。

王印祥马上奉上笑脸："能不能给我 15 分钟？只要 15 分钟，我把我的新药介绍一下！"

专家目光缓和了。

15 分钟，半个小时，一个多小时过去，专家的脸由眉头紧锁，到表情肌舒展开来，再到兴奋和激动。最后，他拎起电话："……我看接了吧，他们不是商人，是干实事的专家！"

"也难怪这些大医院，来找他们的药厂太多，他们烦不胜烦。"王印祥说。

一、二期临床得到了北京协和医院和浙医一院的支持，试验到2008年上半年顺利结束。接下去就是在全国范围铺开的三期临床试验。

博士核心团队经认真研究，决定率开先例，在中国第一次选择国际品牌专利药易瑞沙为阳性对照进行头对头的随机双盲试验，他们对自己的产品有足够的信心。这是一个风险极大的试验，一旦失败，将前功尽弃。但他们决定冒这个风险。他们选择27家国内著名医院的400个晚期肺癌患者进行双盲比对试验。

三期临床试验由我国肿瘤内科泰斗、中国医学科学院肿瘤医院孙燕院士领衔。

临床试验是新药烧钱的阶段，给患者服用的药品全部免费，还要给医院支付费用。400个患者被分成AB组，一组服用进口的易瑞沙，一组服用自主产品凯美纳，病人跟医生都不知道服用的是什么药，直至试验结束才能揭盲。

这样，给病人服用的易瑞沙和凯美纳都需贝达药业无偿提供，易瑞沙每片要550元，仅三期临床就要2600万元，整个三期临床需要4800万元。

攀登世界医药巅峰需要巨大的付出，他们决定上。

然而，就在他们信心满怀准备负重攀登时，灾难却悄然逼近：席卷全球的金融危机爆发了。

2008年10月的一天，丁列明接到一个越洋电话，电话是承担三期临床费用的跨国风险投资公司打来的，对方告诉他，该公司投资凯美纳三期临床的计划因金融危机取消了。

手拎话筒，丁列明愣住了……

风险基金公司的毁约顿使贝达陷入资金链断裂的危险之中。此时贝达药业前期投入的资金已告罄，企业既要承担还贷利息，还要正常运转。一旦资金链断裂，不但进行中的临床试验将中途夭折，企业也将面临破产的危险。

丁列明一边发动博士们抵押房产，出售个人股票用于维持企业运转，一边四处找钱，寻求投资。

然而，金融危机下，外向型经济发达的浙江备受冲击，部分中小企业已面临倒闭，老板纷纷跑路……

丁列明陷入绝境，企业已难以支撑……

就在他感到绝望时，党和政府向他伸出援手——

余杭区政府通过下属的创投引导基金为他们解决了1500万元；2008年启动的国家重大新药创制专项基金也给他们有力的支持；浙江省、杭州市也以不同的方式予以扶持。在贝达最困难的时候，从国家、省、市、区各级政府通过各种途径先后为贝达药业解决资金缺口5000余万元。

雪中送炭，丁列明绝处逢生！

2009年2月，三期临床试验启动。

头对头的双盲比试将会是怎样的结果呢？

揭　盲

2011年6月15日下午，余杭贝达药业总部，丁列明在办公室里坐立不安。

他在等待着一个决定命运的时刻。这个时刻，将决定他以及他的博士团队的命运。

这一天，三期临床将公布揭盲结果。

同一时刻，中国医学科学院肿瘤医院孙燕院士办公室，凯美纳三期临床揭盲仪式在此进行。贝达药业参加揭盲的是王印祥和谭芬来。

三期临床的盲底委托第三方公司上海泰格医药有限公司著名统计专家、中国医学统计学会主委苏炳华教授设计，两组外观一样的药物，每盒药有号码，号码掌握在第三方公司手里。

“当时我确实有点紧张。”谭芬来说，“我们已做好打算，成功，新药上市；失败，卷铺盖走人！”

掌握这成功与失败命运信息的孙院士，此刻端坐在计算机前，等待着盲底的到来。

事实上，孙院士心里已明白，计算机里的分组已完成，两组效果虽有伯仲，但效果均不错。但孰为伯仲？须揭盲确认。

2∶30 时，泰格公司将盲底郑重交给孙院士。

孙院士将信封打开，盲底是每个病人对应的号码，第一次揭盲揭出 AB 组，疗效指标显示：无进展生存时间 A 组为 137 天，B 组为 102 天，A 组疗效优于 B 组。

谁是 A 谁是 B？这要第二次揭盲才能知晓。

在电脑上输入数据，敲击回车键，结果赫然呈现：“啊，你们是 A！”孙院士激动地站了起来。

双盲比对研究表明，凯美纳疗效和安全性优于进口药易瑞沙，安全性更好，给药剂量和方案更适合中国人！

这是一个激动人心的时刻，揭盲的结果显示，中国终于登上世界抗癌药研究的最高峰！

激动的孙院士忍不住与谭芬来和王印祥热烈拥抱。

杭州，贝达总部。

丁列明案头的座机终于爆响起来。

强压住狂跳的心，丁列明拿起了话筒。话筒里传来谭芬来略带湖南口音的普通话：“老丁，酒准备好了吗？打开酒瓶吧……”

一阵灼热滚过心头，丁列明感到喉头一阵发酸发紧，他的眼眶湿润了……

“我不会喝酒，但是，那天我们公司好多人一起到西湖边狂欢，我也喝了！”丁列明对记者说。

他在中组部座谈会上说：“我们这群‘疯子’和‘傻子’给中国的医药界带来了惊喜：十年拼搏，终于让中国的第一个小分子靶向抗癌药凯美纳横空出世，我们在美国没能完成的梦想在祖国完成了！”

中国科学家在靶向抗癌药研究上取得的成就引起国际同行的高度关注。2009 年 7 月 31 日，一、二期临床试验结果在美国旧金山召开的第十三届肺癌大会上公布，国际靶向抗癌药权威、美国耶鲁大学肿瘤中心主任 Thomas Lynch 教授称赞中国科学家自主研发的抗癌新药与国外产品有同等的抗癌疗效，而且毒性更小，具有更好的安全性。三期临床研究结果分别于 2011 年 6 月 7 日和 7 月 4 日在美国临床肿瘤年会和世界肺癌大会上公布，再度引起了国际临床肿瘤专家的热情赞扬，这在我国创新药物研发的历史上前所未有。

阴霾过去，阳光普照，凯美纳良好的疗效吸引了世界500强企业的关注。2010年4月，贝达在完成三期临床后增资扩股，世界500强企业美国礼来制药公司成了战略投资伙伴。

走出困境，贝达开始走向辉煌。

2011年6月7日，凯美纳获得国家食品药品监督管理总局颁发的新药证书，成为我国首个具有完全自主知识产权的小分子靶向抗癌创新药。

奇　迹

2011年8月12日，北京人民大会堂，新中国成立以来规格最高的新药发布会在此举行。全国人大常委会副委员长桑国卫、卫生部部长陈竺参加会议并发表讲话，全国政协原副主席徐匡迪发来贺信。

全国人大常委会副委员长、中国药学会理事长、“十一五”重大新药创制科技重大专项技术总师桑国卫院士认为，凯美纳的成功为实现我国从仿制向创新、从医药大国到医药强国的历史性转变做出了重要贡献。卫生部陈竺部长说：“这项重大突破，我认为是我们民生领域内，堪比‘两弹一星’成果的重大突破！”

凯美纳对肺癌的作用究竟有多好？

对浙江建德的肺癌晚期患者郭美娟来说，凯美纳是鲜活的生命，是生活质量，是一个完整的家。

2009年被确诊为“晚期非小细胞肺癌”后，郭美娟先后接受了两次化疗，第一次化疗便花光家里所有积蓄，第二次化疗是在亲戚资助下才勉强完成的。2011年6月病情恶化，她已无力医治，此时的她已卧床不起，遂决定放弃，等待死神的光临。绝望中，得知凯美纳上市的消息，几经周折联系到贝达，她有幸成为浙江第一位使用的患者，经1个月的服用，她奇迹般站了起来，能下床独立行走。3个月后，她已能生活自理，6个月后恢复病前的生活。

更令人称奇的是，今年1月24日，郭美娟的丈夫突发脑血管意外，意识丧失，郭美娟承担起照顾丈夫的责任。两个月后，丈夫已能独立行走。主治医师连称这是医学上的奇迹！夫妻俩千恩万谢，感谢贝达公司救了他们，救了这个家庭。

原国家药监局政策法规司司长马丁患肺癌于2010年8月手术，术后口服特罗凯后出现中度皮疹，一年20多万的费用也使他感到无法承担。一年多后改服凯美纳，连续用药至今，无任何不良反应，至今病情稳定。

这样的例子太多了。

北京协和医院，一个60多岁的晚期肺癌患者已卧床不起。服用凯美纳7天后，一次家属回来发现人没了，焦急万分。顷刻，只见她手拿麦当劳边吃边走悠然回来了——原来她偷偷溜出去犒劳自己去了。

今年3月，厦门第一人民医院的一个肺癌患者已被宣告不治。当地风俗，人不能死在医院，回家后也不能死在卧室里，只能死在厅堂。就在他绝望地静卧床厅堂等死时，天降福音——凯美纳上市了。患者开始服用，吃着吃着，病人开始站起来，于是又搬回卧室……

奇迹！

奇迹！

一个又一个奇迹，发生在凯美纳上市后的中国癌症治疗史上。

“上市至今，已有6000多名晚期肺癌病人服用凯美纳，疾病控制率79%，治疗有效率34%，不良反应明显低于进口药。”丁列明在中组部座谈会上说。“上市7个月，销售一亿。目前月销售3000万，今年将实现销售3亿，创税6000多万。感恩中国，是中国给了我们实现自身价值的平台和机会。我们的事业完全符合祖国的需要，满足人民的需求。对未来的发展，我们充满信心。”

凯美纳不但给广大肺癌患者带来生的希望，也使医学工作者兴奋不已。2012年2月24日，全国120位肺癌专家齐集海南三亚，共同发出《凯美纳中国临床使用经验专家共识》：作为世界第三个靶向抗癌药，凯美纳比其他两个同类药安全性更好，治疗窗口更大，更适合老年晚期肺癌患者，中国应大力推广这一新药，让更多肺癌患者受益！

记者在贝达药业车间看到一行标语:“创业改变命运，行动成就梦想。”这个海归博士群体用自己的行动成就了他们的中国梦——一个华夏儿女的科技强国梦。

（载《光明日报》2012 年 5 月 3 日一版头条）

山坳人生　照样出彩

——记“中国麻风第一村”里的年轻医疗团队

浙江湖州，离德清县城约13公里处，葱茏的金车山，拱卫着一个寂静之所——浙江省皮肤病防治研究所上柏住院部，人称“麻风村”。

曾有7位大学生分到这里，几年后，全部离开；后来，又有13位中专生奉调而来，走得一个不剩。几十年中，分配来的学生来了走，走了来，队伍始终不稳。

现在，一支以12位“70后”“80后”为主的年轻医疗团队，在这寂寞的山坳已坚守10年。来自英国、日本、印度的麻风病专家考察后惊叹：如此偏僻的麻风病院，医护水平竟然这样高！

南丁格尔奖、全国麻风防治先进工作者、中国十大职业女性、国家级“青年文明号”、浙江省卫生系统“最美天使”十大感动事迹……一连串荣誉，为这个年轻团队的坚守作了完满的诠释。

“麻风村”怎样成就出彩的人生？亲爱的读者，不管你现在是憧憬还是犹疑，是闲散还是忙碌，请听下面的故事。

美丽的风景。畸残的病患。误入麻风村的游人惊恐而逃。一个高素质的群体坚守在这里，涌现出国内和国际上有影响的专家和模范

初冬时节，丽日当空。记者从杭州出发，沿杭宁高速到德清口下，横穿

德清县城，进入 104 国道，向南约 10 公里转入一条小路，车子朝金车山开去。山渐深，绿渐浓，见一村落，林木森森，竹影婆娑，香樟树遮天蔽日，合抱的水杉直钻天际。绿荫深处，几排红瓦黄墙建筑时隐时现，有“中国麻风第一村”之称的上柏住院部到了。

浙江省皮防所所长严丽英和党委书记于杭跃已等在这里。当我们盛赞风景优美时，他们苦涩地笑笑。

的确，金车山麓风景如画，令很多房地产开发商觊觎。因为有麻风村，他们只能遗憾地放弃。

严丽英告诉记者，前不久，一位杭州市民驱车来此，一路欣赏美景，不觉已进入麻风村，兴正浓时，忽见一群鼻塌眼陷、断手残足的人，不由得惊慌失措，掉头狂奔而去。当得知遇到的是麻风病人时，这位市民更加惊恐，忙打电话询问：“我们车窗开着，会不会被传染？”

“麻风病人服药一周后，就基本失去其传染性，而且目前驻村休养员是已治愈的麻风畸残养老者，根本不具有传染性。”严丽英说。

麻风病，伴随人类已有 3000 多年。麻风病会导致严重的肢体畸残，断手残足，眼盲鼻塌。历史上各国处置麻风病人，有的是驱赶到荒郊野外，有的是放到船上任其漂流，有的甚至火烧、活埋。

20 世纪初，中国有 50 万名麻风病人。新中国成立后，麻风病人得到人道治疗，到 2012 年，治愈存活者约 21 万名。目前，全国 90% 的县、市基本消除麻风病，每年新发现麻风病仅 1600 多例。我国摘掉了“麻风大国”的帽子。

上柏住院部是我国最早的麻风病院之一，也是浙江省卫生厅直属单位中唯一不在省城的医疗机构。“村”里现有 84 位老人，其中一、二级残疾 45 人，三、四级残疾 39 人，平均年龄 74 岁，平均居住时间 30 年。

麻风村几乎与外界隔绝，同样被隔绝的还有 12 位以“70 后”“80 后”为主体的医疗团队：4 位医生、7 位护士、1 位后勤服务人员，他们中党员 5 人、团员 7 人。

这是一个高素质的群体——他们开展心理咨询服务，其成果被中国科协列为麻风病学科重大成果之一。他们在全国首推医务人员 24 小时值班制度，被誉为最具人性化、最具人文关怀的措施。他们还倡导直接和患者肌肤接触，这里因此成为我国麻风歧视及干预理论的发源地……

海军潜艇部队转业的于杭跃说："他们的工作，常让我想起自己在潜艇上深海工作时的压力。"

长期在疾病控制与预防战线工作的"疾控"专家、浙江省卫生厅厅长杨敬说："婚姻法曾规定，麻风病人不能结婚，他们无家、无亲人，是真正的弱势群体。为他们提供良好的医护服务和生活环境，对维护社会稳定、体现人类尊严具有非常重要的意义，也是我们政府、社会、公共卫生机构的职责所在。而政府的职责是由这些年轻人来完成的。我深深感谢这些年轻人。"

中国麻风防治协会会长张国成评价：这是一个十分优秀的青年团队，在如此艰苦的条件和有限的资源下，这些年轻人长期坚持为麻风残疾者服务，涌现了在国内和国际上有影响的专家和模范，对国内麻风病防治的发展发挥了学术引领、政策影响和服务榜样的作用。这个团队充满活力，在中国整个麻风防治界也不多见。

麻风村远离家庭。医务人员24小时值班。他们做不了孝子慈父好配偶，愧对家人。但他们无愧于患者，无愧于人生！

当夜，我们在麻风村住下。值班医生、住院部主任喻永祥把我们带到一间空病房，熟练地抹桌子、整理床单、打开水、点蚊香。

个不高，皮肤黝黑，过早谢顶的喻永祥，是麻风村的最高"领导"，大家都叫他"村长"。为接待偶尔来"村"里探视患者的亲友，他经常抹桌铺床。

麻风村的夜，很宁静。喻永祥说，这里的麻风休养员都是早晨三四点起床，晚上五六点睡觉。

但是，也有难得的例外。

2009年10月27日，护士长潘美儿赴京接受第42届"南丁格尔奖"，得知晚上《新闻联播》可能有颁奖新闻，"村民"们一直等在电视机前。

"阿美！阿美！"当电视上出现潘美儿，当他们的"阿美"从时任中共中央总书记的胡锦涛同志手中接过奖章时，“全村”人欢叫起来。这一刻，有手的鼓起掌来；没手的，用胳膊击打，用脚跺地；还有些坐在轮椅上，躺在床上，兴奋地欢叫……

“这一夜简直成了麻风村的节日。”喻永祥说。

说话间，喻永祥的手机响了，是他爱人打来的。接罢电话，“村长”脸色凝重起来。

原来，喻永祥 65 岁的父亲半年前查出肺癌晚期，生命进入倒计时。他只好把父亲接到家里进行安慰式治疗。

喻永祥家在农村，1989 年考上湖州卫校，因家庭困难，父亲毅然把准备造房子的材料卖掉，使他得以完成学业。现在日子刚好起来，操劳一生的父亲却病倒了。

那天是喻永祥夜班。下午，他照例给父亲量血压、喂药、吸氧，进行“多索茶碱”静脉注射，他静静地坐在父亲床边，他多想就这样陪着父亲走完已为时不多的最后岁月！

但是，他要去值班。

“你……去吧。”父亲嘴上这么说，却紧抓他的手不愿松开。看着父亲无助的目光，他突然悲从中来：父亲为自己操劳一生，临终前，自己连多陪陪父亲都不能！他转身夺门而出，忍不住泪流满面。

喻永祥说：“我是个不称职的儿子，也是个不称职的丈夫。”

2011 年，当教师的妻子突发神经性耳聋，杭州、上海的大医院都看了，没能治愈。病休一年后，今年 9 月，妻子只好重返讲台。她已无法听到学生的声音了，怎么传道解惑？

喻永祥很想帮妻子调换个合适的岗位，但一直未能如愿。

喻永祥愧对的还有女儿。2010 年 10 月，上初中的女儿发高烧 40 多摄氏度，喻永祥值班脱不开身，妻子也正好上班。是他的同学背着女儿看病，办理住院手续。接连两个夜班后，他赶到医院，女儿已由高烧转为肺炎住院了。

他们愧对家人，但他们无愧于患者，无愧于人生！

“村长”的叙述让我们唏嘘。此时，传来一阵优美的歌声，是谁在歌唱？

大年初一。大雪封山。公交车停了，白衣天使踏雪而来。麻风村的“音乐王子”诗意奔涌：“灯光下有你们的身影，风雪中有你们的脚印……”

徐小童，一位60岁的麻风病人。

“是您用真情的烛光，点燃我们的人生；是您用爱的双手，荡起我们生活的双桨。啊，天使……”徐小童唱的是《天使之歌》。

令人惊讶的是，这竟是徐小童自己填词作曲创作的歌曲。

“他可是麻风村里的‘音乐王子’啊！”喻永祥介绍说。

“像这样的歌曲他已创作了20多首。他还会吹口琴，拉二胡，弹三弦。”

闻此，徐小童面露腼腆之色。他告诉我们，他家在农村，6岁患病，9岁进“麻风村”，没上过一天学，他的文化知识和才艺都是在麻风村自学的。

徐小童从抽屉里拿出抄得工工整整的一叠歌词曲谱，又为我们唱起了他创作的《麻风天使颂》：“灯光下有你们的身影，风雪中有你们的脚印……”

优美的旋律，把我们带回到他激情创作的场景。

2010年，大年初一，大雪封山，进山的公交车都停了。这些白衣天使还能来吗？

徐小童倚窗而立，仰首翘盼。蓦地，窗外一袭白衣飘动在银白世界，是护士归婵娟！他没想到，这位“80后”姑娘竟然步行而来！

此时，徐小童正在构思《麻风天使颂》。放眼望去，银白的世界又出现了一个天使，是护士孟好薰。突然，小孟一个踉跄摔倒在雪地上，徐小童一声惊叫，脑子里却灵光闪现，歌词奔涌而出：“灯光下有你们的身影，风雪中有你们的脚印。炎炎盛夏汗水湿透你们的衣裳，冷冽冬天您和我们一起抵御严寒。我们的心您能读懂，我们的病痛有你们关爱，党的温暖有你们时时传送……”

“你的血是那么的热，你的情是那么的真，盈盈的笑脸，带来的是温柔，细心的呵护，带来的是感动……”这是他创作的《金车山中》。

在2012年的世界防治麻风病日慰问活动上，一台由麻风休养员和医护人员编创的演出在麻风村举行。面对来自省卫生厅、财政厅、民政厅、红十字会以及省慈善总会、省残联等部门的领导，徐小童自拉自唱表演了自己创作的歌曲。

节目进入最高潮。当曹素风、周小梅、董小华，这三位加起来只有2只手、3条腿（另还有2条腿丧失功能）的重度畸残者坐在轮椅上，被“村长”“阿美”“归归”、虞斌、汪萌萌、妙建芬、吴进等推上舞台，一起唱起《爱的奉献》时，全场无人不动容。

谈到这台节目，杨敬后来在接受我们采访时还很激动，“当时的场面，真的震撼人心。若不是亲临其境，这种感受是无法想象的。我好几次感动得流了眼泪，许多人都流泪了。”

徐小童的歌声融入自然，成为天籁，久久回响在我们的耳畔，成为我们夜宿麻风村的催眠曲。

接触麻风患者的肌肤。吃下病人送上的食物。在这样的细节中，歧视冰消。心与心贴近了……

凌晨4点多，记者借住的病房外已是人语声声。5点，记者推门而出，麻风村薄雾轻笼，但见驾轮椅的、拄拐棍的，一个个患者已在户外活动。

麻风村的新一天开始了。

8点刚过，医护人员陆续到来。8点半开始，一天中例行的查房开始了。我们随护士长潘美儿走进一间病房。住这间的老人叫朱洪福，84岁，余杭人。

“朱大爷，有哪里不舒服吗？”潘美儿漂亮的脸上盈满亲切和真诚。

“阿美，我眼睛有点刺痛。”老人回答。

“我看看……呵，睫毛又倒生了。”

麻风病导致“兔眼”，易致使睫毛倒长，必须拔掉。潘美儿当即为他拔掉倒长的睫毛。老人咧嘴笑了：“阿美，舒服多了！”

潘美儿又蹲下，撩开老人的裤腿。老人的皮肤已变黑且呈鱼鳞状，这是因为麻风杆菌导致周围神经受损，皮肤干燥不会出汗，前不久老人刚做了个手术，把大腿的皮肤移植到脚腕上。此时，“阿美”用手毫无顾忌地直接去触摸老人那又黑又糙呈鱼鳞状的皮肤，动作是那样的自然。她的手指传达给病人的，是温情，是爱意，是白衣天使的神圣责任。

“朱大爷，你溃疡大，愈合慢。”结束了检查，潘美儿直起身子，拍着老人的肩，凑近他耳根轻柔地说，“莫急，要耐心啊，会好起来的！”

跟随潘美儿查了几个病房，我们转而随王景权查房。作为团队中仅有的“60后”，1968年出生的王景权是麻风村唯一的主任医师，他既是医生，也是这里的学术领头人。他大学毕业后先在江苏东台麻风病院工作，10年间，骑自行车遍访全县1800多名麻风病人，写了多篇论文，很快就成为业务骨干。2004年，他主动要求调到“中国麻风第一村”，因为在这里，他擅长的麻风反应和神经炎治疗能得到更好的发挥。

走进张爱凤的病房，王景权小心地将这位74岁的老人从椅子扶到床上，为她掖好被子，轻轻地拍拍她的肩，两人便会心地相视而笑。老人对我们说，她已在床上躺了3年，有7个月大小便失禁，每天要换短裤、被单，都是王医生、“阿美”“归归”他们照料她。

得知我们是来采访的，一个个患者都忍不住向我们倾诉：曹小英全身多处溃烂，是护士汪萌萌为她擦洗全身、清洗伤口；76岁的钱彩娥大便拉不出，是潘美儿帮她一点点抠出来；双目失明的范金英一次次大便拉满衣裤，归婵娟、汪萌萌等护士帮着擦身子、换短裤、洗衣服……

每天做这样的工作，受得了吗？

这些年轻人回答：“刚开始难受，后来就习惯了。”

“青年文明号”号长归婵娟，1981年出生，嘉兴医学院毕业，2004年1月到麻风村工作。

读大学，医学教科书中，有关麻风病的内容就那么薄薄的一页纸，甚至连考试都没有涉及。归婵娟万没想到，自己会成为麻风病院的护士。

上班第一天，她用手套、口罩把自己裹得严严实实。

第一次给一截肢患者输液，手上找不到静脉，在脚上找，一捧起脚，便嗅到一股扑鼻的腐臭，差一点呕吐，忙屏住呼吸跑到病房外透气。

“那天，我一口饭也没吃下。”她回忆道。

“归归”说，患者为表示感激，有时会给护士送吃的，不吃，他们会感到疏远、排斥他们；吃，看着这些病人，心理上又严重排斥。

第一次，患者送她食物，她拒绝了；第二次，患者送她苹果，她不要，对方就直接塞进她衣兜里，她一出门就扔掉了。

但是，渐渐地，面对患者真诚渴望的目光，她感到无法拒绝。终于有一次，有患者端着热腾腾的饺子，对她说："归护士，吃个饺子吧。"这一次，归婵娟已不忍拒绝，她闭上眼睛，夹起一个塞到嘴里，突然，她惊呆了，震撼了——患者见她能吃自己的东西，竟然感动得声音发颤："谢谢你，归护士！你肯吃我的东西，我太高兴了！"

"面对对方的幸福和感激，我不知道自己被对方感动，还是被自己感动，那一瞬间，我百感交集，真想抱着他们大哭一场。"归婵娟道。

此时，她深切地理解了，这些饱受麻风歧视的患者，是多么需要平等对待。这种理解给了她勇气，她第一次吃下了患者送的食物。

心与心的距离就在这样的细节中缩短了，贴近了。"村民"们对她的称呼，也从"归护士""小归"变成了"归归"。

当初寻短见的姑娘病愈出院结了婚。老年人安度晚年还有积蓄。麻风村不见"红包"，医患之间水乳交融

下午的麻风休养员座谈会开得很热烈，患者对医务人员的感激之情充盈在他们的述说中。

胡成贵瘦小的身子蜷缩在轮椅上，稀疏的白发铺陈在他苍白的额头。这位 1954 年进麻风村的耄耋老人，在麻风村已度过了近 60 个春秋。

"我都死过几回了，是他们把我救回来的！"胡成贵抢着向记者述说。

去年，他得了尿毒症，到了这把年纪，又得了这么讨厌的病，此时的他已了无生趣，拒绝治疗。医生护士反复劝说，精心护理，还送他到杭州治疗，帮他渡过了身体和精神的难关。

正说着，一位高个子护士推门而入，顿时，一个个患者脸上布满阳光。"国丽，国丽！"他们亲热地呼唤。

沈国丽，1981 年出生，是麻风村力气最大的护士。85 岁的患者张彩宝

因“兔眼”术后视力不佳，都是她背进背出。“国丽比我亲孙女还亲啊！”张彩宝感叹。

面对大家的热情招呼，沈国丽微笑着向大家颔首，她推着胡成贵的轮椅，俯下身子轻声对他说：“走，我们去透析。”

像无助的孩子见到母亲，胡成贵目光里满是顺从和信任。

座谈会上，患者激动地讲了六老集体生日聚会的故事。

2010 年，白衣天使中有人提议为 85 岁以上老人过一次集体生日。这一提议马上获得通过。

通知送达 6 位老人。“麻风病人也能过生日？”89 岁的张彩宝闻讯流泪了。

这一天，麻风村活动室里，生日蛋糕摆上了。6 个加起来只有 6 条腿、8 只手的老人坐着轮椅被推到活动室，他们都穿上最好的衣服，其他病友也纷纷前来助兴。

烛光摇曳。掌声响起。徐小童拉起了二胡。伴随二胡的旋律，大家唱起《祝你生日快乐》。6 位老人围拢来，对着蛋糕上燃烧的蜡烛吹去……

民政厅每月给每个病人发放 675 元生活费，医疗费全由财政厅承担，有些患者还有了积蓄。

吃着蛋糕，老人们脸上洋溢着幸福的笑容。这些年轻的医务人员不是自己的子女，胜似自己的子女。

3 年前，胡杏春老人去世。临终前，她对医护人员说：“几十年了，你们照顾我这么好，我连自己的生日都不记得，你们把我的生日记住了，有子女也没有这么好，我死都瞑目了！”

白衣天使不但解除患者的痛苦，还拯救患者的生命。

娇小俏丽的小徐是贵州人，来德清打工时与男友恋爱，两人即将步入婚姻殿堂时，小徐不幸得了麻风病。未婚夫把她送到麻风村后，从此人间蒸发。小徐意识到，自己被遗弃了。想到自己将与麻风病人在一起，她绝望。入院不久，她借故回家拿东西，寻了短见。

幸好，她被救起，又被送回麻风村。去意已决的她，积攒安眠药准备再次自杀。是王景权和阿美在查房时发现了她的异样，及时予以制止。在她住院的日子里，医生护士天天来开导她：“这个病不可怕，痊愈后还可以结婚生孩子！”医疗团队成员还为她捐款，并一次次与她未婚夫联系，动员说服。3个月后，未婚夫终于出现在小徐病床前。小徐的心结从此解开，希望重燃，两年后康复出院，与未婚夫举行婚礼。

结婚次日，她带着喜糖赶到麻风村，见到医生护士时哭了：“没有你们，就没有我的今天！麻风村是我的娘家啊！”

医患矛盾是当今的社会难题，而在麻风村，医患之间却水乳交融。

麻风村没有“红包”——患者全是需要救护的困难户，医生护士经常给患者送东西。肺癌晚期患者杨加才需要提高免疫力，王景权送他薏米、红豆、黑米；重度残疾的汤金初、蔡海球夫妇喜欢小吃，护士孟好薰经常自己掏钱给他们买小笼包和馄饨。汪萌萌、妙建芬、刘盾、王超霞、陶亦帆、章森尔、俞秀娟，哪个医务人员没给患者送过东西？黄炳鑫有膀胱癌，需长时间服用中药进行治疗，每次配药他都爱找“阿美”，“阿美”都利用自己的业余时间到县城帮他买药。老黄已经与癌共存三四年了，这可有“阿美”的一份功劳。

67岁的患者李永水伴有精神疾病，特别依恋王景权，每当王景权值夜班，他就会缠住王景权诉说自己离开家人、被亲人抛弃的痛苦，这样的倾诉常常要持续到深夜甚至凌晨，直到他聊累了，王景权才将他送回病房。但常常是王景权刚躺下，他又来了。凌晨三四点，他来敲值班室的窗户，还说自己是怕王景权寂寞来作陪的……

在这些麻风病人眼里，麻风村就是他们的天堂，医护人员是他们的天使。谈起在外地医院住院40多天的经历，胡成贵感慨万分。“外面哪有这里好啊！与外面比，这里太好了！”老人感动地说。

这里确实是麻风病人的天堂。近年来，有5对已经痊愈但丧失生活能力的老人幸福地结合。

在村民眼里，麻风村是天堂，在小曲曲（化名）眼里更是天堂。

小曲曲是“村”里生、“村”里长的孩子，直到8岁，她都没有离开过麻风村。她害怕离开妈妈，害怕离开麻风村，离开“村”里的爷爷奶奶，离开可爱可亲的叔叔阿姨。

但是，孩子总得要读书，要走上社会，怎么办？

麻风村团支部一方面和孩子农村老家所在的学校联系孩子读书事宜，一方面捐款为小曲曲筹办读书、生活等费用。

去年8月，小曲曲要去上学了，在村里的百年香樟树下大家欢送她时，小曲曲抱着香樟树哭着不肯离去。叔叔阿姨安慰她说："小曲曲，你不能一辈子待在这里，你放心，我们会来看你的。"

"村"里的12位年轻人向小曲曲履行着庄严的承诺，想到小曲曲是麻风病人的孩子，在学校难免受到歧视，他们和老师联系，请他们多多在心理上关爱，他们还经常给小曲曲打电话送去温暖。季节转换，该添衣了；节假日，该改善生活，他们捐款寄物，还利用节假日、团员活动日到200多公里外看望小曲曲；过年了，他们还把小曲曲接回"村"里，让她与妈妈团聚。

在这些叔叔阿姨的关爱下，小曲曲健康地成长着。

面对优厚待遇不动心。大医院挖不走。是什么信念支撑这些年轻人？是对人生的彻悟，是与患者对比中产生的幸福感、奉献观

曾有多个单位来挖王景权。上海一家大医院欲调他，连同他妻子，报酬当然是优厚的，他谢绝了。

"阿美"获南丁格尔奖后，大医院挖她，母校要她，她谢绝了。

谭又吉曾有机会到大医院做门诊医生，但他选择留下。

归婵娟的父亲在县卫生局当干部，在常人看来完全有机会挪个好地方的，"归归"却拒绝离开……

是什么信念支撑着这些"70后""80后"在麻风村甘守清贫、耐住寂寞？面对提问，年轻人一个个沉吟着，竟找不到合适的答案。

"看到病人受苦，心里难受，他们需要帮助！"虞斌说。

"病人需要我，他们担心我走，我不能让他们失望啊！""阿美"说。

"总得有人为他们服务，不是我们，就是别人。""村长"说。

怎么没有一句豪言壮语？

王景权沉吟良久之后回答："张爱凤整天躺在床上，出来晒晒太阳，呼吸呼吸新鲜空气都成奢望，真可怜！我把她抱出来，她笑了，笑得很灿烂。我忽然很感动，我意识到，她的笑包含了我工作的全部意义！那一瞬间，我真想流泪！"

原来，人生的意义可以这样理解！原来，对崇高精神的坚守可以这样表达！患者一瞥信任的眼光，一个会心的微笑，一句温馨的问候，都是对他们的最高褒奖！这些年轻人，生命的底色是如此单纯、清澈、敞亮！

夜宿麻风村时，我们和"村长"在夜色中散步，他敞开心扉，谈了自己的幸福观。

"我常常和第一代、第二代麻风医护工作者相比。当年他们住草棚、宿破庙，下乡巡查旅馆不让住，农家不让进，人们避之如瘟疫，一些医护人员连对象都找不到。相比之下，现在各方面条件、环境都好了很多，我们应该满足。幸福是一种比较，看你和谁比。与富人比，我们太穷；与同行比，我们收入也不如他们；但与麻风病人比，我们健全、健康，有家庭，有子女，有安定的工作和稳定的收入，这样一比，我们常常会有幸福感。在这个喧嚣的社会里，麻风村是宁静的。这里没有红包，也没有被曝光的担忧；这里待遇不高，没有优厚的物质享受，但能使人心境安宁；这里环境幽僻，交通不便，却把喧嚣的烦恼隔离，夏听蝉鸣，冬看雪景，空气清新；在这里工作无法建立更多的社会关系，但这里的医患关系单纯和谐。"

"更主要的是，我们被病人需要。被人需要不是一种幸福吗？"喻永祥说。

心态平和，懂得感恩，这也许是这些年轻人能坚守的又一个理由吧。

"阿美"说，当她从北京领奖回来，老人们坐着轮椅，拄着拐杖围上来欢迎，这些肢体残缺的患者所表达的爱意让她十分感动：他们拍打着轮椅扶手，"嘭嘭"地用拐杖敲打着地，有手的与她握手，没手的用手腕、手臂拥抱她；没手没臂的，用身子蹭她。大家还一个劲地问她："和胡锦涛总书记握手时说了什么？"阿美告诉他们："我对总书记说：'我是来自浙江省皮肤病防治研究所的麻防工作者潘美儿，很高兴能见到总书记！'总书记亲切地对我说：'恭喜你获奖！'""阿美"介绍到此，大家由衷地欢呼起来。

“阿美”在接受采访时动情地说，此情此景，她永生难忘。倘若人生的幸福和痛苦有比例的话，哪怕有 99% 的痛苦，只要有这 1% 的幸福，她也感到值了！

对医生来说，最幸福的莫过于病人的信任和尊重。王景权说，2011 年春节，大雪封山，麻风村停电，喝不上水，吃不上饭，患者杜丙生给他送来热腾腾的面条。他感叹，这是他平生吃过的最好吃的面条。喻永祥说，每年除夕夜值班，和哪个患者一起吃年夜饭居然会是个难题，患者们互不相让，他分身乏术，只好大年夜在高佛海家吃，年初一在徐小童家吃……他父亲住院，高佛海、周仲梅、郑建松三位老人竟瞒着他，悄悄买了甲鱼、保健品，跑到医院去探望……

王景权很爱自己的工作，很爱麻风村的环境。他在随笔中将麻风村称作“依山傍水的人间仙境”。他喜欢麻风村宁静的夜，喜欢这里宁静的世界，喜欢这里的清风朗月。他可以在宁静中做他的学问，和英国麻风救济会专家、国际抗麻风技术委员会主席沃森进行网上交流。麻风村的夜是他学术上的黄金时间。他通过自学，英语达到了 6 级。他现在不但是中国麻风病协会的兼职学术秘书，帮助协会进行材料、论文审核和资料翻译，还成为治疗麻风反应和神经炎的专家，在麻风残疾康复以及防治管理方面有较高造诣，以第一作者发表论文 60 余篇，出版专著 3 部，主持和参与课题 18 项。在 2013 年 11 月初举行的全国麻风协会常务理事会会议上，王景权以总得票第二的成绩当选中国麻风防治协会青年专家委员会委员，成为全国麻风青年专家委员会的 18 位成员之一。张国成教授称他“是我国麻风病领域年轻的学术权威，在世界麻风病防治领域也有一定的影响力”。

麻风村的年轻人钻研业务已蔚然成风，谭又吉、虞斌、潘美儿、归婵娟等，他们都在专业刊物上发表了论文。

赠人玫瑰，手有余香。麻风村里，每个医生护士都有自己的幸福感受，他们的幸福感是那样的单纯、朴实、毫无虚饰。

其实，牺牲和奉献不也是一种幸福吗？当皮防所老书记姚建军身患肺癌，还坚守岗位为麻风病人服务时；当第一代麻风防治工作者高鲁，将含有麻风杆菌的组织液注入自己体内，把自己的身体当试验品时；当所长严丽英

1982 年分配到麻风村，同一批大学生全走了只留下她一个时，他们可曾痛苦、后悔？在付出和奉献的过程中，他们也品尝到一种幸福！因为自己的付出、奉献，使患者解除了痛苦！

心有多干净，世界就有多干净！

这是一种职业的幸福感。这些充满幸福感的年轻人，在远离县城、环境偏远、待遇偏低的麻风村孜孜不倦地努力着，用他们的默默奉献，书写着精彩的人生。

在今天这样的伟大时代，在祖国广袤的大地上，他们无私付出，他们辛勤耕耘，山坳里的人生照样出彩！境遇良好的人们，请深思。

（载《光明日报》2013 年 12 月 6 日，与严红枫、林莉合作）

“乡村郎中”父子演绎的传奇

一个半农半医的乡村郎中，其独特的骨伤疗法经传承发展竟代表中国骨科的最高水平，被列入国家非遗保护名录；

一个仅有小学学历的乡村郎中，却荣登中国中医骨伤最高殿堂，成为中国中医研究院骨伤研究所的特聘研究员；

一个乡村郎中创办乡村诊疗站、乡镇医院，直至把医院办成闻名全国的三甲医院，与河南洛阳、广东佛山、山东文登中医骨伤医院并称为“中国中医骨伤四强”；

面对“最美妈妈”吴菊萍断成5截的手臂，骨科权威都认为除手术别无他途，就是这个郎中的传人用家传的骨伤疗法不留疤痕地治愈她的臂伤……

浙江省富阳市（现为杭州市富阳区）中医骨伤医院张氏骨科两代传人将祖传的正骨绝技无私地奉献出来，继承不泥古，发展不离宗，堪称我国中医传承发展的成功典范。

2011年7月2日下午，杭州某小区，一2岁女童从10楼坠落，一女子奋勇上前惊世一托，举国震惊，“最美妈妈”吴菊萍的名字顷刻传遍全国。

“最美”的代价却很惨重：吴菊萍的左臂桡尺骨被摔成多段粉碎性骨折并严重移位，伤势严重！

最美妈妈的义举震动全国，吴菊萍的伤情也惊动了省内外骨科专家，专家们的意见高度一致：如此严重的伤情除手术别无他途！

然而吴菊萍终于没有开刀，3个月后，她痊愈出院。使最美妈妈玉臂上不留任何疤痕的是一个县级医院——浙江省富阳市中医骨伤医院。

其实，最美妈妈背后隐藏着一个最美医生的传奇——富阳张氏骨伤疗法传奇的发展经历。沐浴着五月和煦的阳光，记者走进了这个最美医生的传奇中……

大医院治不好的病乡镇医院给治好了

XXX 在富阳新登镇开有一家药店，数月前从楼梯上摔下跌断腿骨，经浙江几家大医院诊治无效，下肢已失去知觉，医生结论：必须截肢。

二十七八岁就失去一条腿，今后该怎么生活？她崩溃了。

找张绍富啊！他可是“富春江畔活华佗”！有人提议。

像暗夜中闪出的一豆灯火，XXX 看到了希望。

20 世纪 60 至 90 年代，富阳接骨圣手张绍富有着“活华佗”的美誉，他医术高超，祖传的正骨绝技治好了许多被现代医学宣判不治的骨伤患者，患者视他为神医；他医德高尚，贫贱无欺，经常为贫苦患者义务治疗，被患者视为医圣。

富阳东梓关骨伤医院，张绍富柔和的目光抚慰着焦虑的患者：“你的腿能治好！但断骨已经错位，必须敲断重接，你……行吗？”他边摸诊边对她说。

XXX 的目光突然被点亮。只要不截肢，再大的痛苦也能忍受！

张绍富与她东拉西扯，聊着聊着，突然发力，已长上的骨头被折断，他敏捷地用张氏手法进行复位，然后是用百草膏外敷，再用杉树皮夹板固定。

次日，XXX 的断腿就有了知觉。

数月后，她痊愈了。满腔的感激化作贴在自家药店门口的告示：“上图山有个神医，大城市看不好的病能在他那里手到病除……”

大医院治不好的病而在这家小医院“手到病除”的又何止她一个！

杭州钱江航运公司职工孙玉其被轮船铁链碾断左脚，踝关节处骨头完全断了，仅寸余皮肤连接着，脚底向内朝上翻转，伤势极其严重。杭州大医院明确告知只能截肢。

他不同意截肢，遂找到张绍富。

“只要有百分之一的希望，就要做百分之百的努力。”这是张绍富常说的话。

清创，结扎血管，手法整复，缝合肌腱和皮肤，外敷百草膏，杉树皮固定……一年后，孙玉其已能行走自如。

这样的例子实在太多了。

哈尔滨医科大学教授吴楠，“文革”期间受迫害导致腰椎压缩性、粉碎性骨折，四处求医均告不治。偶然听说富阳神医的传奇，遂到富阳求医。

在为吴教授做了仔细的检查后，张绍富说：“放心，你的病能治好！”

老教授闻此，突感眼眶发热，喉头发酸，老泪已盈满眼眶——还没有一个医生如此肯定地对他说能治好他的病！

14帖中药之后，吴楠的腰能动了……

吴楠康复回去后，不久，这家江南医院里操东北口音的患者忽然多起来，那是吴楠广告的效应：大医院治不好的病，一个乡镇医院给治好了！

岂止国内大医院，连国外名医无法对付的疑难疾病，在张绍富手里也手到病除。

美籍华人罗先生患股四头肌神经性萎缩，两腿无力，一迈步就膝盖发软。在美国遍觅良医无果，最后不远万里来富阳求医。张绍富接诊后十副中药下去，罗就感到两脚有力了。回美国后，罗按时拨通越洋电话，张绍富就在电话里如此如此、这般这般，随后将中药寄往美国，直至罗完全康复。

“大医院治不好的病，小医院能治好！”张氏祖传的正骨术治愈了一个个疑难重症患者，创造了一个个奇迹，“富春江畔活华佗”的名声越传越远，吸引了全国、港澳地区及美国、加拿大、日本、东南亚等国家的患者前来求医。

从乡村走向最高医学殿堂

昔日的乡镇医院，今日已成恢宏的园林式医院。眼前的富阳市中医骨伤医院已是国有三甲医院，呈“合”字形的建筑彰显的是“天人合一”的中医理念。

步入医院大门，医圣张绍富的铜像巍然挺立在五月怒放的杜鹃花丛中，他那微蹙的双眉下略带忧郁的目光凝视着邈远的世界。

应浙江省卫生厅和浙江省中医药管理局领导的极力推荐，记者来到这家医院。医院院长、张绍富的儿子张玉柱和医院党委书记柴小平向记者介绍了张氏骨伤的传奇经历。

张绍富 1922 年出生于富阳东梓关上图山村一个中医世家，是江南骨伤重要流派张氏骨伤的第四代传人。只有小学学历的张绍富，13 岁随父学医，他深谙“自古医家出经典”的古训，发愤攻读《黄帝内经》《伤寒论》《金匮》《本草纲目》《伤科大成》《伤科补要》等中医经典，行医中每遇难题，便到经典中寻找良方。受中医文化浸淫，承祖传正骨绝技，张绍富得手法整复、杉树皮夹板加固和外敷百草膏秘方之真传，加上他虚心好学，博采各骨伤流派之长，很快青出于蓝而胜于蓝，将祖传的正骨绝技发展成“整体辨证、手法整复、杉皮固定、内外兼治、筋骨并重、动静结合、功能锻炼”的诊疗体系。

1954 年，张绍富结束了半农半医的游医生涯，组建了乡村诊疗站；1960 年又在东梓关建立骨伤医院。张氏独特的正骨术远近闻名，东梓关已成为骨伤患者朝拜的圣地。

在当地政府的支持下，1986 年，医院搬迁至县城，改名富阳中医骨伤科医院，医院改制为国有，张氏正骨术传承和发展开始进入全盛时期。

张绍富医德高尚，他身上洋溢着传统文化的光辉，一生除治病救人别无他求，淡泊名利，超然物外，先患者之忧而忧，后患者之乐而乐，生活上粗衣简食，一张铺着稻草的硬板床睡到临终。职业便是他人生的全部，他将全部精力都放在患者身上，白天在医院看病，晚上回家后还要对付上门求医者。他规定，凡上门求医者一律分文不取。据医院统计，1989 年，上他家看病的患者竟达 3000 多人次。

张绍富心里只有病人，唯独没有自己。一次，他因长期超负荷劳累病倒，发烧 40 摄氏度，一患者上门求医，他马上挣扎着坐起来，靠在侄孙女张剑英身上坚持为患者正骨。

随着他治愈的疑难疾病患者越来越多，他的名声也引起业界的关注。

1986 年 4 月，卫生部副部长兼中医管理局局长胡熙明来富阳考察，目睹张绍富治疗骨折的全过程，副部长惊叹这一民间医术的高超和神奇，回京后即指示有关部门总结张氏骨科的经验以便推广。

1986 年 9 月 20 日，张绍富应邀赴京参加全国骨伤科外固定学术会议，这是中国骨伤界顶尖专家的一次大聚会，全国 300 多位骨伤专家云集，张绍富应邀做《旋前屈肘法整复治疗肱骨髁上伸直型尺偏形骨折的体会》的学术报告，并现场做了演示：为两位骨折患者进行手法整复。在专家们挑剔的目光下，他将张氏拿手绝活演绎得淋漓尽致。当 X 光片验证断骨已完全复位时，全场掌声雷动，专家们深为这位民间医生的高明技术折服。

中国中医研究院骨伤研究所名誉所长尚天裕称他的报告使人“耳目一新”；研究所副所长孙树椿宣布：聘请张绍富为该所客座研究员！

一个非科班出身的乡村郎中被中国中医骨伤最高研究机构聘为研究员，这在共和国医学史上实属罕见。

从此，张氏骨伤在中国医学界声名鹊起，被公认是江南的重要流派。

1992 年，张绍富因劳累过度患病去世。他儿子张玉柱接过了传承张氏骨伤疗法的重担。

张氏骨伤疗法被列入国家非遗名录

“张氏骨伤以创伤骨科见长，以手法整复、杉树皮夹板外固定、中药内服外敷治疗为特色，以其悠久的历史、独特的疗法和满意的疗效成为中国中医骨伤科重要流派之一。”这是中华中医药学会副会长兼骨伤分会主任委员、中国中医科学院首席研究员孙树椿的评价。

张氏骨伤发展的百年历史中，中医曾备受质疑和冷落，“取消中医”的声浪不时响起，2006 年还曾发生网上万人签名取消中医事件，中医衰落成需要保护的“活化石”。

在这样的背景下，富阳中医骨伤却逆势而上并迅猛发展，这里凝聚着张绍富、张玉柱父子的巨大心血。

“没有张绍富，富阳骨伤离不开东梓关；没有张玉柱，就没有富阳骨伤医院的今天。”浙江省中医药学会会长、原浙江中医药大学校长肖鲁伟教授对记者说。

张玉柱1948年出生，初中毕业随父学医，他继承祖传接骨技法，融汇百家流派精粹，吸收现代医学成果，紧追时代潮流，把祖传的医术推向了新的高峰。

张玉柱执掌医院之后，对张氏骨伤疗法的经验进行梳理，总结出50余种徒手正骨方法，并研制出艾火薰针及益肾糖浆、丹参蔓荆散等10多种内服外用的中药。

继承不易，发展更难。在临床中，张玉柱将继承与发展结合，在张氏正骨技术基础上取得了牵引治疗小儿股骨干骨折、中医药治疗脊髓损伤、脑挫伤后遗症、手法整复杉树皮外固定结合等方面的重大突破和创新。

与父亲相比，张玉柱更具现代意识。他深知，中医要发展，不能固守传统，还要面向现代。他与浙江中医药大学密切合作，将医院作为该校的附属医院，借助浙江中医药大学的品牌、医疗技术、人才培养、科学研究、国际交流和医院管理优势，提升该院各方面的水平。

民间中医的传承一般局限在家族或特定群体内，医术、技法秘方、验方都是秘而不宣，被局限在小范围内不向外泄露。由于传承的局限，许多绝技和秘方随着中医的衰落而失传。

师徒传承是中医尤其是民间祖传医术的传统传承方式。张绍富突破家族传承传内不传外、传男不传女的羁绊，带出了18位张氏子弟和35位外姓徒弟，这些张氏骨伤传人已成为富阳及全省14家医院的台柱子。

张玉柱继续发扬传统传承方式，他是中华中医药学会第四批和第五批“中医名师”的传承老师，已带出已是主任医师的副院长孟春。孟春是张绍富最后一个徒弟，张绍富去世后，他又成为张玉柱的徒弟。孟春出身内科，是张氏父子手把手教他，使他成为张氏正骨疗法的主要传承人。作为第五批“中医名师”指导老师，张玉柱目前正在带的是杨力、郎永两位年轻医生。

张玉柱还参与国家中医药管理局首批中医临床路径制订工作，完成了30多项国家和省市科研项目，每年在国家级专业杂志发表论文数十篇。他撰写的《中药分期治疗外伤性截瘫的临床分析》等10多篇学术论文分别在

《中国骨伤》《中医正骨》等杂志发表，还出版专著《张氏骨伤诊疗技术》。目前他兼任中华中医药学会中医骨伤专业委员会常委、杭州市中医药协会副会长、浙江中医药大学兼职教授。

张玉柱对张氏骨伤的重大贡献还表现在把医院推向巅峰——建成国有三甲医院。2008 年，占地 214 亩、投资 1.8 亿的富阳市中医骨伤医院投入使用。目前这个由家族传承发展成的医院已成为浙江省唯一一家三甲骨伤专科医院，浙江省中医正骨医疗中心，该院已与河南洛阳、山东文登、广东佛山并称中国骨伤四强，张氏医术还被列入国家临床路径，目前已在广东、四川、重庆、山东、江苏等省的 11 家医院推广。

“富阳骨伤医院的发展离不开张绍富、张玉柱父子，他们德艺双馨，技术精湛，仁术仁心，忘我地为患者贡献着自己的生命。”富阳市卫生局党委书记汪轶平对记者说，“如果张玉柱自己开医院，每年可收入几千万甚至上亿元。这些年富阳骨科走出许多人，出去的都发财了，但张玉柱和他父亲一样，仍然坚守着张氏的家训：用爱心去治病，视病人如亲人，不为利诱，不为名惑，忠诚于职业，这样的品德是目前医疗行业所需要坚守和倡导的。”

2010 年，“张氏骨伤疗法”被列入第三批国家非物质文化遗产名录。

似乎是为了更好地检验张氏正骨技术的效果，在被列入非遗名录之后，“最美妈妈”吴菊萍的伤情把这家县级三甲医院推到了全国人民的面前。

最美妈妈后面是最美医生

张玉柱是在北京参加全国中医临床重点项目专家评审会议时获悉吴菊萍伤情的。7 月 2 日，吴菊萍为接住高空坠落女童而造成手臂严重骨折，旋被送进杭州一家医院。医院诊断：必须立即手术！

吴菊萍及家人不同意手术，她被送到富阳中医骨伤医院。顿时，富阳骨伤医院被置于聚光灯下而成为全国关注的焦点。作为院长，张玉柱前所未有地感到了压力的沉重。

吴菊萍的 X 光片被发到北京，张玉柱和一起与会的肖鲁伟分析伤情。吴菊萍左臂桡尺骨粉碎性骨折，左臂已断成五截且严重移位，作为著名骨伤科专家的肖鲁伟认为，如通过手术植入钢板固定，比较保险，但若采用张氏骨伤疗法，感到没有把握——五截中只要有一截出现骨桥、骨不愈，都须重新开刀。而一旦发生这样的情况，张氏骨伤疗法名声就会受损。

肖鲁伟与张氏父子已有二三十年的交往，对出身民间的父子俩充满敬意。此时治疗“最美妈妈”的问题已不再是一个简单的医疗问题，而上升到政治的层面，一旦治疗上有闪失，该如何向全国人民交代？

“不做手术，有把握吗？”肖鲁伟问。

“最美”事件发生后，曾有一位骨科权威严肃地向肖鲁伟指出：“不手术是对患者严重的不负责任！”肖鲁伟知道这句话的分量，因此也替老友担心。

张玉柱以他惯常的憨厚微笑着颔首：“尊重病人选择吧，如果病人坚持不手术，我必须给她治！”

同样为张玉柱担忧的还有汪铁平。

“大医院的专家都认为，吴菊萍是粉碎性骨折，不手术绝对不行，而用传统张氏正骨术治疗，风险很大，一旦治疗失败，不仅影响吴菊萍个人的幸福，也影响了富阳骨科的形象。”汪铁平对记者说。

似乎是为了给张玉柱增加压力，浙江省委书记和杭州市委书记都来到富阳骨伤医院看望吴菊萍，卫生部一位副部长还带着骨伤专家来到富阳探视。

压力在升级！

5日，张玉柱提前结束北京的工作赶回富阳，当晚就到病房探望吴菊萍。

出于女性爱美的本性，吴菊萍的要求非常明确：她不希望因为手术而给手臂留下永难弥合的伤疤。

张玉柱召集医院专家会诊，最后决定不开刀，用张氏骨伤疗法治疗。

6日上午，张玉柱在金登峰和张玉明两位副院长协助下为吴菊萍进行手法整复。此时，吴菊萍手臂的肿胀高峰期已过，正有利于整复。两位副院长牵引住吴菊萍的手臂，张玉柱开始用手法整复：拔伸牵引、挤捏分骨、回旋折顶，一系列娴熟的动作，复位很快成功。接着是外敷金黄散膏药，用杉树皮夹板固定，整个过程5分钟就完成了。

经过近 3 个月的治疗，9 月 27 日，吴菊萍康复出院。经测试，吴菊萍手臂功能恢复达到 95%。

值得一提的是，“最美妈妈”的治疗验证了张氏骨伤“不开刀、外敷内服中草药、康复快、花钱少”的特色。柴小平算了一笔账：吴菊萍如进大医院开刀，费用起码要 5 万元以上，而且还须二次手术把钢板取出。而在该院治疗的 15000 多元中，接骨治疗和中药的费用仅 3800 多元。

“吴菊萍的康复是中医的巨大成功！”浙江省卫生厅副厅长张平兴奋地说。

（载《光明日报》2013 年 6 月 23 日一版头条，与严红枫合作）

人物典型的发现和采访

人事部让我给大家谈谈采访体会。我都退休3年了，落伍了，不合时宜了，只能谈谈过时了的体会，如果说错了，请大家批评。今天我想谈谈人物报道方面的体会，供大家参考。

先简短回顾一下本报在人物报道上的特色与传统。

人物报道是《光明日报》的传统和特色。

在本报历史上，人物报道有过两个高峰，第一个高峰是1978年到1988年，这是本报人物报道最辉煌的10年。在这10年当中，本报的人物报道可以说是登峰造极，刊登的人物报道数量之多、影响之大，是所有其他中央媒体无可比拟的。

从数量上看，10年间，本报仅仅在一版头条刊登的人物报道就有650多篇，其中1982年到1983年达到顶峰，1982年一版头条95篇；1983年则达到巅峰，120篇。一张中央大报，一年365天有120天在头版头条上刊登人物报道，每3天就有一篇人物报道发在头版头条上，中央哪家大报有这样的频率？

从影响力来看，当时许多人物报道都引起轰动。

1981年影响最大的是樊云芳、丁炳昌的长篇通讯《追求》，这是樊云芳的成名作，一炮打响，樊云芳也一举成名。

1982年是上海谢军采写的韩琨事件，这篇人物新闻提出了一个非常重大的社会问题：科技人员业余兼职收取报酬是否合法的问题。报道引发了一场全国性的大讨论，后来国家出台了政策，允许科技人员业余兼职收取报酬。一篇报道推动了国家出台政策，推动了社会的进步，像这类报道本报发了很多，譬如樊云芳写的《一个工程师出走的反思》，提出了人才流动问题，也引起全社会的大讨论，最后也促使国家出台政策允许人才流动。

本报人物报道的第二个高峰是 2011 年后的几年。这里不说了。

浙江站的人物报道延续了本报的传统。

人物报道是浙江站的一大特色，尤其是从 2009 年开始更加突出，先后发掘出省委宣传部退休副部长雷云、扎根海岛 39 年的医生吴棣梅、自愿举家定居边疆的杭州医生欧阳栋、勤奋自学从乡镇医院登上国际医学舞台的台州医院医生叶丽萍、长年坚守山坳为麻风病人提供精心服务的麻风村医疗团队、长期为日本细菌战受害者服务的万少华医疗团队等几十个人物典型，其中有十多个人物典型得到了中央领导的批示，被列入中宣部人物典型进行报道。

那么浙江站这些人物典型是怎么发掘出来的？下面我谈第二点。

做一个善于发现的记者。

对新来的记者来说，你们马上面临的一个问题是：你们要成为什么样的记者？记者有很多类型。

第一类是新闻型记者，这类记者有一个非常鲜明的特点，有强烈的新闻敏感，中央今天下发了一个文件，今天他就会写出解读这个文件的报道，反应非常神速。

第二类是文艺型记者，譬如新华社的郭玲春，能把会议新闻写得漂亮极了，文笔特别优美。

第三类是专家型记者，譬如本报老记者李家杰，在写中医报道上非常权威，权威到中央领导研究中医问题都要请他参加。

第四类是大师型记者，譬如本报的樊云芳，写什么都是精品，还能创造新的报道模式，她的中性报道在 80 年代影响巨大，后被载入中国新闻年鉴。

你们在今后的新闻工作中将逐渐形成自己的特色，自己适合哪种类型，如果能在人物报道上形成特色，成为人物报道的大家也不失为很好的选择。每个人对自己的特长也有一个发现的过程，适合哪种类型就朝哪方面发展。

说到发现，在人物典型的发掘过程中，第一步，也是最关键的一步就是发现。如果人物典型就在你身边，你发现不了，怎么去报道？因此，发现是先决条件。

一个合格的记者，起码必须具备三种能力：发现能力，采访能力，写作能力。3 点中最关键的是发现能力，如果你发现的是一个毫无新闻价值的人物，你隔壁有个王木匠，能作为人物典型来写吗？当然不行。

有关人物典型的发现，我谈五点：

一、必须具备高度的政治敏感

新闻敏感是记者的职业生命，没有新闻敏感的记者，他的职业生涯将会变得暗淡无光。而新闻敏感的核心是政治敏感。缺乏政治敏感，发现新闻就会很困难。我讲讲发现人物典型叶丽萍的过程。

2011 年，我采写了扎根海岛 39 年的浙江玉环医生吴棣梅这个典型，李长春和刘云山做了批示，这个人物被列入中宣部的人物典型进行报道。这个典型打响之后，省委宣传部责成文化厅把这个典型搬上舞台，编一台现代越剧，让浙江省小百花越剧团来演出。编剧的任务落到了我的好友、著名编剧余青峰身上。2013 年春天，余青峰和担任主演的浙江小百花越剧团副团长王滨梅一起到海岛体验生活，让我陪他们去。这样我就到了玉环。回来我顺便到台州市卫生局寻找新闻。卫生局局长周春梅向我介绍了一些线索，其中有一个人物引起了我的注意，她就是台州医院消化内科主任叶丽萍。他们向我提供了叶丽萍的材料。基层有关先进人物的申报材料有一个共同特点，骨头多肉少，比较枯燥。但记者读材料可不是读小说，决不能因为枯燥就忽视，一定要善于从枯燥的材料中发现有价值的东西。我在认真研读这份材料时发现了其中的一句话：叶丽萍只有中专学历，原是一个乡镇医院医生，她通过自学成为全国行业内公认的专家，而且还登上国际医学舞台为外国专家做手术示范。我一下子兴奋起来，我当即判断，这可能是一个很好的人物典型。判断的依据是什么？那就是政治上的依据。2013 年 3 月 1 日，习近平总书记在庆祝中央党校建校 80 周年大会上的讲话中指出，中国要成为学习大国，中国共产党要成为学习型政党，党员干部要成为学习型干部，只有不断学习，我们这个民族才有希望。这条新闻，我当时就记住了，因为我认为，总书记的号召肯定会成为党报报道的重点，这将是党报报道的一个重要依据。叶丽萍虽然不是干部，但她能从乡镇医院走向国际医学舞台，肯定有不平凡的学习经历，她刻苦自学励志成才的经历值得党员干部学习。我马上决定采访。后来国务院副总理刘延东在我的报道上作出批示，叶丽萍被列入中宣部的人物典型进行报道。

二、记者要有大局意识

政治敏感是新闻敏感的核心，而大局意识则是判断新闻价值的基础。记者要有政治家的胸怀，要站得高，看得远，要了解大局，把握大局，视野决定一个人认识事物的广度和深度，站得多高，就会看得多远，视野越广阔，眼光就会越深邃。任何新闻事实只有放到全局里才能衡量出价值。

2012 年夏天，我在当地报纸上看到一则报道浙江援疆工作成就的消息，消息很短，其中有这样一句话：杭州医生欧阳栋结束一年半的援疆工作后决定留下，他还动员妻子把家搬过去在边疆扎根。

好题材！看到这两句话，我一下子激动起来，我马上判断，这可能是一个可以推向全国的人物典型！

为什么我敢这样判断？因为我了解新疆的大局。《人民日报》浙江分社社长王慧敏曾在新疆工作多年，他是一个新疆问题专家，他曾向我介绍过新疆“7·5 事件”的原因、经过和后果。“7·5 事件”后，部分汉族干部不安心工作，要求调回内地。在这样的背景下，一个汉族援疆干部，而且还是来自天堂杭州的医生，不但自己决定留下，而且还把家搬到西北边陲，扎根边疆，这是多么难得的正面典型！

对新疆大局的把握有助于我对这个题材的判断。后来的事实证明，我的判断是准确的。因此，我马上向报社申报了报道选题，得到报社的批准，随后就飞阿克苏采访。五天时间完成了 4000 字的通讯和 2000 字的内参。稿子发回，第三天就在一版头条刊出。几乎同时，我的内参得到两位中央领导批示，中宣部把欧阳栋列入全国重大典型进行宣传。

当地报纸一则几百字消息里的一句话，却成为中央媒体的重大典型，并且我的报道刊出后，《浙江日报》全文转载。其中一个原因是，省报记者只从全省出发来看这个人物，而中央媒体则从全国的大局来衡量，这个人物放到全国的大局里就显得重要了。

这里我顺便讲一下，要善于在平凡的小人物中发现非凡的典型：今天的人物报道与 80 年代已完全不一样了，80 年代媒体少，竞争不激烈。而今天，媒体间的竞争已到惨烈的程度。80 年代新闻非常多，本报大部分的人物报道都是独家的、原创的。今天是网络时代，信息共享已成常态，原创和独家新闻已越来越少。所以今天发现一个好的人物典型要比 80 年代困难得多。今天我们能接触到的更多的是身边的普通人，媒体大量报道的是这些平凡而意义非凡的小人物。相比而言，写平凡的小人物要难得多，因为发现这些小人物难度更大。

新闻发现中有一个司空见惯的现象，对一些司空见惯的东西，许多人包括一些记者会忽略，会熟视无睹，这时候就很能考验记者的敏锐性。大家都看到，但不等于看见。我写的人物典型，大多数都是大家熟视无睹的普通人，海岛医师吴棣梅、刻苦自学的医师叶丽萍、麻风村医疗团队（与严红枫合作），都是普通得不能再普通的人，并且也是一些媒体曾经报道过却被他们忽略的，浙江省委宣传部副部长雷云就更典型了。雷云是一个分管理论的学者型官员，他与媒体打交道太多了，浙江媒体老总几乎都认识他，而且非常熟悉，雷云的口碑非常好，为人非常正派，这一点已经成为浙江政界、新闻界和学界的共识，但是却没有人想到要报道他。认识、看到，不等于看见，更不等于发现。如何发现？这就需要记者的敏锐，需要独特的眼光。我与雷云也很熟，但开始我也没想过要写他。其实，每个人物典型的发现都需要一个契机，这个契机就是，他的什么东西触动了你，这个触动记者的东西就是一种契机。

我是在采访浙江省经济学家陆立军时才开始注意雷云的。为了采访陆立军，我接触到一批在浙江很有名的理论权威，只要一提到雷云，他们都对这位老领导充满了崇敬。这使我很惊讶，一个早已退休的学者，一个离岗十多年的领导干部，人已走，茶未凉，还有这么多人把他记在心里，赞美他，崇敬他，并报以如此热情的颂扬！在今天，这太难得了。就是这一点触动了我，我开始对他感兴趣，最后写出来了，这个与浙江媒体老总都很熟悉的人，却成了《光明日报》推出的原创的大典型。

三、做一个充满激情的记者

我曾犹豫要不要讲这一点，因为我们这一代人选择职业的机会太少，常常是一选定终身，并且许多人的职业不是自己选择的，而是被选择的结果。

像我，我最理想的职业是当老师，但最后却是记者这个职业选择了我，让我这个最不适合当记者的人当了记者，并且还当了一辈子记者。而你们选择职业的范围就大得多，今天当记者，明天也许就当公务员了，经商了。像我这样的人，被职业选择了，从一而终，干了一辈子，还认为自己这个职业非常好，可能你们会觉得不可思议。但这却是我们这代人的宿命。我确实认为记者是社会各行业中最好的职业。我曾经说过：如果当记者不搞发行，让我当皇帝都不去！这句话曾被我的好多同行传播。

正是因为我非常喜欢自己的职业，我才会有一些也许别人认为非常可笑的体会。

我觉得，记者是一个需要充满激情的职业，没有激情，甚至没有热情，肯定是当不好记者的。

（一）发现重大新闻题材需要激情

不久前，记者部老主任王茂修来浙江，王茂修是80年代的名记者。我问他，当记者最快乐的是什么？他的回答很使我震撼，他说：记者最快乐的不是稿子发表引起关注，产生影响，甚至引起轰动，也不是稿子得了奖，当然稿子产生轰动，得奖也是快乐的，但还不是最快乐的。记者最快乐的时刻是什么时候？是发现重大新闻的刹那间，尤其是，当许多记者一起面对同样的题材，同样的线索，其他记者无动于衷，而你已经发现这个线索，并且判断这是一个重大题材时，这一刹那会激起人的极度快感，甚至使人激动得发抖。这种快感是一种巨大的精神愉悦，是从灵魂深处发散出来的令人陶醉的馨香。这种愉悦一般人是体会不到的。

发现重大新闻时会激动得发抖，这一类记者可以称为猎犬型记者。电影里经常有这样的镜头：猎人牵着猎犬去捕猎，一旦发现猎物，猎犬就会狂躁不安，不断地跳起来企图挣脱绳子扑向猎物。猎犬型记者的特点是，一旦发现重大题材就会躁动不安，激动得吃不下睡不着，会不顾一切地扑向现场去采写。这类记者有的时候会表现得缺乏理性，不管不顾，只要发现好新闻就会丢掉手上的一切投入采访。这种强烈的采访冲动是写出好新闻的前兆。这种发现重大新闻时的强烈的快感和随之而来的冲动会成为记者采访写作的巨大动力，推动着记者写出好新闻来。

为什么发现重大新闻会激动得发抖？首先是因为爱新闻这个职业，如果对自己的职业根本不爱，或者把新闻工作当作一个饭碗，那是不可能产生这种激情的。

80年代，王茂修一次到四川巴中县（现巴中市）采访，巴中县委报道组的一个通讯员陪同。一路上两人聊天。巴中有个特点，穷，小偷猖獗。王茂修就问这个通讯员，现在小偷还很多吗？通讯员说，农村家庭承包责任制推行后，这一现象彻底改变了。接着他就讲了一个故事。他说最近县里开了一个农村联产承包后的冒尖户现场会，一个小偷成了冒尖户，他在会上向所有被他偷过东西的农户道歉，并表示，要把以前偷过的东西还回去。王茂修绝对是猎犬型记者，一听就激动得跳起来，原来打算要去的地方不去了，马上调转车头直扑这个村采访。

记者的职业特点是，每天面对新事物，新闻线索纷至沓来，面对很多新闻线索，记者该怎么办？我们平时总是批评一些人做事像狗熊掰玉米，掰一个扔一个。其实当记者就应该像狗熊一样，只要发现比手里更大的玉米，就应该毫不犹豫地扔掉手里这个，掰更大的那个。如果你很理性，我手里这个也不错，舍不得丢掉，你一犹豫，那个大玉米就可能被别人掰走了。所以一旦发现好线索就要毫不犹豫地去抢。

王茂修很快地写了一篇人物新闻，刊登在1982年11月13日一版：《实行生产责任制以后农民觉悟正在迅速提高——鼎山公社“冒尖户”周朴由后进变先进》。

四川巴中县农民周朴三十岁，是个小偷，偷遍乡里，可是分田到户后，他致富了，在一个冒尖户的现场会上，他上台发言，说偷过生产队的谷子，偷过群众的鸡婆，全场哄堂大笑。周朴表示要把偷来的东西还回去，一共还了150元。同时再拿出400元来救济困难户。

“现在政策真的变了，我要好好干，把我的恶名声改一改！一个人活在世上，虽不能流芳千古，但也不可遗臭万年！现在，把我选为‘先进’，我如果不把自己的老底揭出来，我对不起大家。”

一个小题材却反映出时代大背景，通过一个小偷的变化反映改革开放给农村带来的巨大变化，这个报道太精彩了。

稿子刊出后反响异乎寻常的大，新华社四川分社社长召开全社大会时说，这样的新闻为什么新华社发现不了，光明日报的王茂修能发现？你们都说没有新闻，你看看王茂修，他为什么能写出这么精彩的报道来？

猎犬型记者的一个特点是充满激情。激情是新闻敏感的催化剂，也是记者采访的驱动力。有一次，王茂修采访结束归来，途中停车到农户家讨水喝，只见这个农户家的墙壁上有一幅照片，他就多问了一句照片里的人是谁，这个农户就说，这是他爸爸，是个老红军。王茂修出于礼仪对老红军表示崇敬，可是这个农民说：老红军有什么用？孙子都被人贩子拐卖了，报案也没人管。

王茂修一听，立即决定不走了，采访这个题材。因为当时四川乃至全国拐卖妇女儿童成为一种非常普遍的现象，但因为这是“社会主义阴暗面”，不准媒体报道。王茂修采访后很快写了一篇内参。内参发表后，钱学森给总编辑杜导正打了电话，说自己看了内参一晚上没睡好。社会主义国家出现这样的事，太痛心了。老杜也是一个猎犬型的新闻工作者，见到好新闻就会非常激动。他有个特点，不在办公室待着，喜欢串门，记者部的人都知道，他经常来串门，一来就问：有什么好新闻？一旦听说有好新闻就会非常激动，常常会问，别的新闻单位知不知道？一定要保密！接到钱学森的电话，老杜马上决定把内参修改后公开报道。结果这篇报道引起轰动，全国妇联专门开座谈会，康克青亲自主持会议，还把王茂修请去发言。报道的直接后果是，有关部门成立打击拐卖人口办公室，全国性的打击拐卖妇女儿童运动由此揭开序幕。

与猎犬型记者不同，绅士型记者显得非常稳重，做事情有条不紊，不急不躁，布置的任务都能较好完成，稿子写得也好，不大挑得出毛病。但从记者这个职业要求来说，还是欠缺点什么，那就是激情，发现了重大新闻不会激动，不急不躁，热度上不去，就像高原上烧开水，总是缺那么几度。可能就是因为缺乏这几度，采访和写作总是无法达到最佳效果。

（二）采访时要投入感情

采访人物须投入感情，只有当被采访者觉得你投入了感情，对他是真诚的，他才能敞开心扉，讲心里话。在我采访的人物典型中，譬如雷云、吴棣梅、钱梅洁等，在采访和写作中我都流泪了。但是，正因为人物的事迹感动了记者，记者才能写出感动读者的报道来。

2011 年国庆长假我回老家探亲，在亲友聚会的餐桌上，当地电视台正在播放一台特殊的晚会：400 多名学生从全国各地甚至从国外赶来，向已经弥留的老师献上一台老师缺席的晚会。这位老师是一个平凡的小人物，她叫钱梅洁，浙江省温岭市中学的音乐老师，一个已退休 30 多年的老教师，即使在退休的 30 年中，她仍继续教学生。我边吃饭边看电视：台上，她的学生在唱；台下，她的学生在哭。看着看着，我掉眼泪了。一个退休老师，竟然有那么多的学生记得她，为她付出真诚和泪水，我越看越激动，此时什么探亲、什么长假都已退居次要地位，采访已成为我迫不及待的首选。

当晚，我终止一切拜访和聚会，开始上网收集素材，并联系好次日的采访。长假当然泡汤了，我推掉预定的一切应酬，第二天就赶到温岭钱梅洁老师的家中采访。但我已无法与这位老师对话，她已处于弥留之际。采访这个老师我投入了很大的感情，在采访和写作中一次次忍不住流泪。这篇人物报道在本报发了一个整版，新华文摘全文转载。

采访人物，切忌冷漠。一个记者在采访人物典型时，如果有激情，有热情，投入了感情，就不会轻易放弃。记者这个职业很容易使人滋生出骄娇二气，而骄娇二气是会成为采访障碍的。

四、做一个裤腿沾满泥巴的记者

2016 年，《新京报》报道了四川凉山悬崖村的故事引起轰动，悬崖村的孩子每天上学都要从悬崖峭壁上攀缘，非常危险，场面非常震撼。如果不深入基层，深入现场，怎么可能发现这么精彩的原创性报道呢。

新闻现场是记者的战场。我刚进报社时，对老记者的一句话印象特别深刻：不到现场不写稿。深入基层，深入新闻现场，这是一个记者的职业底线。当然，并不是说所有的新闻都要到现场，网络时代，每条消息都到现场已不可能，但重要的特别是需要现场描写的稿子，不到现场是绝对不行的。

所谓裤腿沾满泥巴，就是说记者要深入基层，深入现场。这有两层意思，第一是发现新闻需要深入基层，深入现场。有一句话叫：官越往上越好当，饭越往下越好吃，新闻是越往基层越多。

人物报道离不开现场描写，只有深入到采访对象生活和工作的现场，才能写出生动的有生命力的稿子来。好的人物报道，必须有现场感，这就决定了记者必须深入现场才能采访到直观生动的情节。

譬如刻苦自学的医生叶丽萍。我先后采访了台州市卫生局领导、台州医院领导、与她共事的医生护士，到她门诊室观察，与她的病人接触。按说采访这个人物我也到现场了，采访也算比较深入了，况且写一篇人物通讯的素材完全够了。如果到此为止，后来精彩的细节就错失了。

那天上午在台州医院采访到午后1点才结束，我下午回杭州。我在医院旁边的小面店吃了一碗面，已经上车准备走了，总感到不能就这么走了，还应该有更精彩的东西。我马上给叶丽萍打电话，我说我要上她家看看，最好能见见她丈夫。叶丽萍说她没空，下午还有手术，没有时间。我坚持要去。她就给丈夫打电话，然后告诉我她家的地址，我就去了她家。幸亏去了，不然我会非常后悔的，因为最精彩的细节就是在她家采访时发现的。

大家知道，一篇比较扎实的长通讯必须具备几个要素：第一是有一个好的主题。第二，必须要有三五个生动的故事，没有故事，读者不愿意读，通讯也立不起来。第三，光有故事还不行，还必须有几个精彩的细节。没有细节的通讯肯定是不成功的。我这一去去对了，她丈夫是临海回浦中学的老师，一见面就抱怨自己的妻子，说她一天到晚脑子里想的全是工作，家里的事管得一塌糊涂。一个有大成就的人肯定有与普通人不同的特殊禀赋，在叶丽萍家我就发现了她的特殊禀赋，那就是忘我。一段时间他们家天天吃猪大肠，一个医生，难道不知道猪大肠胆固醇高，吃了会诱发高血脂？她当然知道，为什么吃呢？是因为她为了练习自己的缝合技术，天天在猪大肠上缝，练完了又舍不得扔掉，就自己吃。这个细节不错吧。精彩的细节还在后头：一般采访一个人，我会了解他的兴趣，到一个人家里去，我会看看他的书房，都有哪些书，他有哪些业余兴趣和爱好。如果是女人，我要看看她在生活上有什么特点，我就会去看看厨房，干净不干净。那天我参观她家厨房，看到五六个烧黑了、烧坏了的铝锅、电饭煲、高压锅。她丈夫说：你看你看，全是她边读书边烧饭时烧坏的。叶丽萍是个非常投入的人，一捧起书本就入迷，甚至完全忘了书本之外的世界，这就是忘我，忘我是她取得惊人成就的主要原因。她丈夫抱怨妻子一捧起书就入迷，一次次把锅烧坏了。临海人早餐常常吃泡饭，就是把头天吃剩下的米饭加水烧开当早饭。一次，叶丽萍就把高压锅里的剩饭放到煤气炉上烧，这样比较快。本来是应该把高压锅的内胆直接放到煤气炉上烧，她呢，看书入了迷，脑子里全是书，就把高压锅连外面的塑料壳一起放到煤气炉上烧，点着后又去看书了。一会儿，他们家的门被擂得山响，邻居来敲门了，这个时候电饭煲的塑料壳已经完全烧着了，满楼道的塑料臭味，差一点引发火灾。她丈夫谈起这一点既无奈，又心疼。从此不许她下厨做饭。这个细节很精彩吧？还有一个最精彩的细节呢！一天她边读书边做饭，淘好米继续读书。丈夫回家准备吃饭，却找不到饭，饭在哪里？叶丽萍说我淘好米已经烧下去了啊。在哪里？找不到。最后掀开马桶盖，里面竟是白花花的米。原来她满脑子是书的世界，竟然把淘好的米倒进马桶里了！马桶是什么？是当地人晚上没有厕所解决排泄物的工具。听到这个细节，我心花怒放，太精彩了！牛顿煮鸡蛋把手表当鸡蛋煮，陈景润思考问题撞到树上还问谁撞他了，叶丽萍把米倒进马桶里煮饭，这样的细节简直是不可多得，有了这样的细节，这个人物立起来了！

2011 年我去玉环采访扎根海岛 39 年的医生吴棣梅，我跟随她一起到岛上出诊。当天下午，她到一个小岛去巡诊，一上岛，那些朴实的渔民一见到她便两眼放光，神采飞扬，近距离接触到她的生活，我发现了许多精彩的细节。一次，一个小岛上的孕妇难产，可是那天风很大，出诊非常危险，但是她还是去了。她说的一句话我很感动，她说，如果我不去，就可能是两条人命，我去了如果掉到海里，只有一条人命。用一条人命换两条人命，值了。那天海上狂风大作，小船随时都有倾覆的危险，为了防止船翻了不至于找不到尸体，她把自己捆在桅杆上……如果没有深入海岛，我不可能发现如此精彩的细节。

五、做一个勤于积累的富记者

我们那个时候，绝大部分报道要靠自己去发现。“笼鸡有食汤刀近，野鹤无粮天地宽”，喂的食物不好吃，像快餐，而自己去找的是野味，好吃，新鲜。我们常听到一些记者抱怨没东西写，一般来说，没东西写的都是穷记者，而富记者则有写不完的题材。所以，一个真正的记者，最好不要依赖领导布置的题目写稿，一定要自己去发现新闻。

那么如何成为一个富记者？我的笨办法是积累。

我有一个信息库，教育、科技、文化、卫生，分门别类，都是各类报道线索，各门类又分人物、事件、热点问题、各类信息等。信息库里有许多线索，光是人物信息就有几十个。每当发现一条人物新闻线索，我马上会建立一个文件夹，以后发现与这个人物有关的素材，就全部装到这个文件夹里，很实用，容易操作。

浙江省委党校的经济学教授陆立军是我积累了十三四年后才报道的。1994 年，我在义乌采访时认识了陆立军，当年他在义乌挂职担任市长助理，目的是更好地研究义乌市场。我马上就把他作为我候选的报道对象。十多年的积累，这个人物逐渐丰满，但采访他的机遇直到 2008 年为写浙江应对金融危机的稿子采访他时才到来。陆立军的报道在一版头条加评论推出，浙江省委领导批示，省委党校做出决定，号召全省党校教师向他学习。

你们这一代人，有着远比我们当年更优越的条件、更广博的见识、更成熟的内心、更高的起点。新的环境需要你们去适应，但也不能都去适应，有些东西还是需要坚守，譬如《光明日报》的优良传统。《光明日报》不缺乏名记者，缺的是能够坚守的名记者，就像马克思说的，法兰西不缺少有智慧的人，但缺少有骨气的人。互联网时代的传统媒体，可以说一路悲歌，断崖式的坠落，美国最近评选十大最差职业，记者位居倒数第一，成为最差的职业。你们将面临最严峻的考验，振兴传统媒体的重任需要年轻的生力军，需要有理想、有信仰的你们去努力。我相信你们能担当重任，我对你们充满信心！

（2017 年 7 月 11 日与报社新记者座谈）

第二章

人物大家

人物“底片”的时代质感

胡　振

我与叶辉交往多年，“用典型说话”是叶辉最大的职业贡献，尤其是人物典型。

一个个原本埋头红尘的普通人或团队，在叶辉的笔下成为人物典型，就像山间的竹笋拱出地皮，在央媒的聚光灯下白鹤亮翅，孔雀开屏，载入了一个时代的群英谱。叶辉收获的却是人物肖像的“底片”——也就是我们今天要研讨的人物典型作品。

多少年过去了，这些弥足珍贵的人物“底片”，时至今日还保留着当年的新鲜感，还保持着生命的热度，其中不少可以成为传媒界常谈常新的经典案例。

重新翻阅这一叠叠人物“底片”，我从这些用文字构成的肖像或群像中，再次领悟到人物身后那辽阔的改革背景纵深，感受到社会现实投射在人物身上的“感光”，而细微之处又透出平实质朴的亲和。每个人物的命运“色差”、感情“层次”、形象“影调”，无不展示了叶辉对人物典型采写所孜孜以求的时代“质感”，而这一切的“镜头构图”，又来自他高出一筹的“焦距”，也就是说，正因为他近距离甚至零距离采访的人文情怀沟通，才精准切取了人物生命年轮中的某一横断面，恰到好处地在主题宣传中产生有的放矢的传播指向，真正产生了全国重大典型的广泛影响。

叶辉是《光明日报》驻地记者，采访足迹遍布全国，但精耕细作的地盘还是生于斯、长于斯的浙江大地。我们常说“典型在于发现”，“始于发现，终于感动”，而对叶辉而言，也许不在于寻寻觅觅的“发现”，准确地说，叶辉比别人有更多的机缘，一不留神就有人物典型“闯”进了他的生活，“闯”进了他的笔下。因为，叶辉从业近三十年的新闻生涯，正是改革发展风云际会的年代。他奔走于浙江各地城乡，采访作风踏石留印，抓铁有痕，在全省尤其是知识界留下了秉笔直书的口碑和新闻爆料的资源。所以，往往一个新闻事件采访完了，与其关联的新闻人物迎面走来（世界华人第三届数学家大会——丘成桐）；一个新闻人物采访结束，另一个人物典型相约出现了（陆立军——雷云）……不管你发现没发现，人物典型就在叶辉的眼前——他的生活圈与工作圈叠合在一起，环顾望去，那就是“遍地英雄下夕烟”的媒体视界。从这个意义上说，叶辉的人物报道之所以硕果累累，正是他深入生活、深入基层的必然回报。

叶辉的每一幅人物“底片”里，多多少少蕴含他个人的思考结晶与情感融入，在某一个典型中兴许还寄予着他未能如愿的精神夙愿。我知道，在早年芒鞋草履的磨难中，叶辉阅人无数，善解人意，却在苦苦思考着人生的真谛，思考着人与自然、人与社会、人与自我的矛盾，萌发“为天地立心，为苍生立命”的人生信念。叶辉常说：“我更乐意当一个平民记者。”这就不难理解，为什么叶辉作为记者走进被采访人物时，总会有一种感同身受的角色认同与哲理切入，不动声色地打开洞察人物内心的“无影灯”，立体展示“这一个”的爱恨情仇。假如一个心胸卑下、人品势利的人，又怎能读懂高尚者的孤傲，怎么理解跋涉者的执着？

叶辉的人物典型报道在全国屡屡引发轰动，成为一代传媒人的业绩“奇观”。其实，在落笔的那一刻，叶辉压根儿想不到会有如此诸多“中彩”。一个远离北京的驻地记者，有谁知道“哪块云彩会下雨”？他所认准的道理，就是怎样写好“人”的文章，要把人物典型放到大局中去考虑、去掂量，然后用心去写，用爱去写，写出主流价值的取向与认同，也立足写出“光明”的媒体品牌特性。幸运的是，京城老总与编辑几十年如一日，和叶辉编采融合得非常默契，且对来自地方的选题与来稿高看一眼，多帮一把。此时的信赖和激励，对叶辉来说比任何褒奖都来得珍贵。

渴望成功是记者有待跨越的标杆，但叶辉的职业底线是不溢美，不遮丑，字里行间的是细节真实，通篇贯穿的是本质真实。在他的人物“底片”

中，并不回避雷云的逆境困窘、陆立军的败走麦城、顾益康的大愚若智……这些看似“瑕疵”的细节娓娓写来，恰恰表现了典型人物的真实可信。尽管人物典型从报纸版面亮相舞台后，很容易被社会放大、被现实剪辑，但由于“底片”的精准精细，就没有什么理由质疑这个典型的内涵本真和生命力的持久。

现在一些媒体“人物典型”并不少，但所写的事迹材料几乎是“组织鉴定”式的介绍，看不出记者的主动开掘，可能是相关单位提供的新闻通稿。相比于叶辉的人物“底片”，这类典型报道只能算作一张模式固化的“证件照”。

研讨叶辉的人物“底片”，不能不正视网络时代人物报道遇到的困惑与挑战，不能不面对传统典型报道运作方式、传播流程发生的变革。像央视“感动中国”人物吴菊萍、孟祥斌等，完全是在一个突发性事件中脱颖而出的，而他们的典型传播和典型价值，也是由传统媒体与网络舆论场的互动共振中协同完成的，而且是在滚动式的、掘进式的连续报道中逐步丰满起来而立体成型的。

这个悄然发生的变革，无疑开拓了草根民众参与重大典型宣传的民选基础和认知空间。在这方面，电视、网络和都市报可能具有更为主动灵活的驾驭手段和运作技巧。与此同时，市场化报刊的人物特写也在试图满足读者探视人物内心的期待，除了长篇特写之外，还引入了人物对话、人物自述等，在耳目一新的文本革新中，淋漓尽致地展示人物的表里内外。

如果没有为今日中国留下值得尊敬的人物肖像，又何谈主流媒体记者使命的终结？我们期待花甲之年的叶辉重新出发，在创新典型报道、重塑媒体品牌进程中探求一种可行性选项。这也许是我们今天研讨叶辉的人物“底片”的典型意义所在。

（《浙江日报》高级记者胡振在叶辉新闻作品研讨会上的发言）

“数学皇帝”丘成桐

“数学皇帝”过生日

2009年7月5日傍晚。杭州西湖国宾馆，一个简朴而隆重的庆典正在进行。

庆典的主角是一位世界级大师，他22岁获博士学位，27岁攻克世界著名数学难题卡拉比猜想，33岁获得世界数学界最高奖菲尔兹奖，他也是迄今唯一一位荣获菲尔兹奖的中国科学家；他还获得瑞典皇家科学院克拉福特奖、美国国家科学奖、美国科学院院士、中国科学院首批外籍院士等众多国际大奖和崇高的学术荣誉。

一些知名数学家称他是“数学界的恺撒大帝”。

著名青年数学家、浙江大学数学中心执行主任刘克峰教授称他是“数学皇帝”。

他就是世界著名数学大师丘成桐。

丘成桐1949年出生于广东汕头，今年是他从事科学研究40年，也是他60岁寿辰。为此，浙江大学隆重集会，向他表示庆贺。

“数学皇帝”统领着多个领域，他在微分几何、微分方程、流形拓扑、代数几何、数学物理、计算机图形学等国际前沿研究领域取得了巨大的学术成就，被公认是几何分析学科方向的奠基人。

庆典上，浙江省委常委、宣传部部长黄坤明代表省委、省政府向丘成桐表示祝贺。海南省人大常委会副主任康耀红、浙大党委书记张曦致辞祝贺丘成桐60诞辰，著名数学家杨乐院士、石钟慈院士、李大潜院士、洪家兴院士、张伟平院士等出席庆贺活动。

学界翘楚、业内精英对“数学皇帝”在学术上的巨大成就和为中华数学事业的贡献给予高度评价：他对推动中国数学科学与教育的发展倾注了极大的热情，他积极倡导并设立了晨兴数学奖；他发起召开世界华人数学家大会，推动中华数学事业的发展；他还在香港、台湾、北京、浙江创建数学中心，培养中华数学人才；他迄今已培养50多个博士生，这些博士生大多为中国人，其中许多人已成为国内外知名的数学家；为了推动中华数学的发展，他频繁周旋于企业家之间，募集用于中华数学事业的资金已逾亿元。

刘克峰在致辞中说，这次庆典的目的是表达数学中心和浙大师生对丘先生的感激，希望丘先生能定居杭州。清华、北大、浙大都有进入世界一流的时间表，浙大数学学科有了丘成桐就是世界一流，他在哪里，哪里就是世界一流。

今晚的庆典始终洋溢着热情欢乐祥和的气氛。

著名数学家杨乐院士在庆典上回顾了与丘成桐30年交往的深厚情谊，他披露：1987年，丘成桐回国访问，受到了中央主要领导的接见。因行程匆促，赶到机场时离飞机起飞只有10多分钟了。“机场一听说是刚刚受到中央领导接见的著名数学家丘成桐先生，马上重开已关闭的柜台，海关人员还亲自护送他登机，在飞机机舱口为他办理了出关手续。”

身着短袖衬衣、系着领带，一向以严肃著称的丘成桐此时却半开玩笑地纠正说：“是因为杨乐先生出示了证件，机场工作人员一看是著名数学家杨乐，才重开柜台的。”顿时，全场爆发出热烈的笑声。

刘克峰的发言不时激起全场的笑声。他透露：有位学生就恋爱问题求教丘先生，丘先生教导他说：“花这么多时间追女孩子太无聊，做数学有意思多了！”然而丘先生却断然否认曾有此说。“我声明我没说过这句话。1969年认识我太太，一直追她到1976年才追到手！”全场哄堂大笑。

庆典的高潮是，“数学皇帝”点燃了生日蜡烛，全场同声唱起了《生日快乐》。

数学新星在世界数学界升起

“数学皇帝”对数学的兴趣始于初中时期。然而时运不济，他随父定居香港后，14岁时父亲便突然去世，生活顿陷困境。这个初二学生便开始做家教挣学费开始自立。

好在生活中有数学。数学使他快乐，他对数学太有兴趣了，喜欢就能学会，入迷就能学好，发疯就能学精。丘成桐对数学的兴趣自初中始，到高中时已入迷，上大学前他就开始阅读华罗庚等数学家的数学专著，从此沉迷数学达到发疯的程度。1966 年考入香港中文大学数学系后，他很快脱颖而出，他在 1968 年的全英联邦大学数学竞赛中获得第一名，并提前一年修完大学本科的全部课程。

大学毕业，人生的路面临十字路口。就在此时，一个影响他一生的人出现了：几何学大师陈省身教授来到香港，偶然中遇见了丘成桐，陈省身慧眼识英才，马上决定将丘成桐收于囊中——破格将他录取为美国加州伯克利分校自己的研究生。这关键的一步改变了丘成桐的人生轨迹，给了他更好的机会。

伯克利的摩里教授是著名的数学大师，他的非线性偏微方程佶屈聱牙，深奥难懂，听得学生一个个落荒而走，最后只剩丘成桐孤身一人。摩里教授干脆在办公室单独为丘成桐授课。丘成桐事后说，这门课为他的数学生涯打下了坚实的基础。

丘成桐在大学期间醉心于极度抽象的泛函分析，而到了伯克利，他如饥似渴地沉迷于拓扑学、几何、微分方程、数论、组合学、概率及动力系统等学科中。在伯克利的第二学期，丘成桐已经能证出一些复杂的定理，他在跟陈省身聊天时谈及这些内容并将其用到几何上，这使陈省身非常惊讶和赞许。

1971 年，丘成桐博士毕业，先到普林斯顿大学，两年后应聘成为斯坦福大学教授，此时他才 25 岁。

一颗新星在世界数学的星空冉冉升起。

攻克卡拉比猜想

1954 年，意大利著名几何学家卡拉比在国际数学家大会上提出：在封闭的空间，有无可能存在没有物质分布的引力场？卡拉比认为是存在的，可是没有人能证实，包括卡拉比自己。这就是著名的世界数学难题卡拉比猜想。

此后数十年，没有人能解开这一难题。而几乎所有数学家都认为，卡拉比是错的——这个猜想不存在。

年轻的丘成桐也对卡拉比猜想产生了兴趣。但是，开头他也认为卡拉比猜想是错的，并且，他自信地认为自己已找到了证明其错误的方法。这一消息一透露马上引起强烈反响。

不久，丘成桐接到了卡拉比教授的亲笔信。卡拉比希望丘成桐证明给他看。

这无疑是一份挑战书，丘成桐只好被迫应战。他找了大量的例证，用自己认为正确的方法试图证明卡拉比猜想是错的。但一次次证明，一次次失败，有好多次似乎逼近终点，但最后却往往在很小的地方推不过去。

他不得不给卡拉比教授写信，承认是自己错了。

那么，能否证明卡拉比猜想是对的？他开始调转思路，迎难而上。这一投入便是整整 4 年。

从此，他在世界数学难题的崇山峻岭上孤独地跋涉，他坚忍不拔地攀登着，期待着那数学世界空谷幽兰的出现。

1976 年，丘成桐新婚燕尔，沉溺在新婚的甜蜜中的年轻数学家突然灵感勃发，激情喷涌——他找到了解决卡拉比猜想的方法：他掌握了 Kahlabi 几何中的曲率的概念，通过求解这个很难的偏微分方程证明了卡拉比猜想，他终于攻克了这道世界数学难题！

世界数学界轰动了，27 岁的丘成桐一举成名。

卡拉比猜想的攻克使丘成桐进入学术的黄金时期，他在数学领域高歌猛进，成果迭现：他解决了史密斯猜想、广义相对论中的正质量猜想（爱因斯坦猜想）、实蒙日–安培方程狄利克雷问题、闵可夫斯基问题、镜猜想以及稳定性与特殊度量间的对应性等一连串世界数学难题，以他的研究命名的卡拉比——丘流形在数学与理论物理上发挥了重要作用。

丘成桐成为世界数学星空中一颗耀眼的新星。

1981 年，美国数学学会授予丘成桐世界微分几何最高奖维勃伦奖。

1982 年，他获得菲尔兹奖，这是世界数学领域的诺贝尔奖，直到今天，他还是华人中唯一的获奖者，一个人在这一数学奇峰上尽赏孤独。

1994 年，他获得瑞典皇家科学院为弥补诺贝尔奖没设数学奖而专门设立的国际大奖“克雷福特奖”，这是 7 年一次的世界级大奖，有人称“比诺贝尔奖还难拿”。

1997 年，美国总统亲自颁发给他美国国家科学奖。

丘成桐已成为世界华人数学家的领袖。

“数学皇帝”的强国梦

1979 年，应中科院副院长华罗庚的邀请，30 岁的丘成桐首次回国访问。

一出北京机场，年轻的数学家忍不住扑倒在祖国的土地上，泪流满面，悲喜交集——祖国，你的儿子回来了！

然而，放眼神州，当时的祖国经历了史无前例的浩劫，民生凋敝，百业待兴。科学没有国界，但科学家却有自己的祖国。数十年的海外经历使丘成桐痛感落后受歧视，迫切希望祖国强盛起来。科技强则国强，而数学是科技之母，发达国家都是数学大国，中国要成为经济强国，首先必须是数学强国。而要数学强，必须有第一流的人才。书生报国无长物，唯有手中笔如刀，年轻的丘成桐决心以己之长，帮助祖国培养数学人才。

1980 年，陈省身教授牵头在中国召开微分几何和微分方程的国际大会，丘成桐在这次大会上提出了 100 个几何难题。他希望祖国的青年数学家能研究和攻克这些难题，以此提高水平。

培养数学人才需要资金，资金从何而来？丘成桐决定募集。丘成桐的好友陈启宗是香港晨兴集团董事长，他得知丘成桐的想法，表示愿为振兴祖国数学事业出力。他们共同商定，由晨兴集团出资设立晨兴数学奖，奖励 45 岁以下在世界数学领域取得一流成就的华人数学家；出资和中科院合作创办晨兴数学研究中心；出资建造晨兴数学楼。

1996 年 6 月 10 日，晨兴数学中心成立，丘成桐任中心主任，著名数学家杨乐任副主任。中心的宗旨是培养和造就优秀的青年数学家，在前沿领域开拓新的学术方向，促进与国际及港澳台地区数学交流，促进数学与其他学科的结合。中心完全按国际管理运作，每年年初，丘成桐聘请10多位国内外著名数学家组成学术委员会，研究确定一年中6～10个根据中国需要又接近国际前沿的尖端课题。每个项目请3个国际一流的数学家担纲，国内3个教授协助，同时面向全国引进年轻的教授和博士参与课题研究。每年有150～200位学者来晨兴从事高层次研究工作。

1998年，浙大校长潘云鹤向丘成桐提议，希望他帮助浙大建立数学中心，丘成桐欣然同意。浙大籍美国企业家汤永谦慷慨捐资，在浙大建数学中心大楼。

2002年8月，浙江大学数学科学研究中心成立，丘成桐任主任，他还推荐自己的学生、美国加州大学洛杉矶分校数学系青年数学家刘克峰回国出任执行主任。

丘成桐的数学强国梦正在向目标逼近。

中华数学已进入丘成桐时代

2005年1月11日，《光明日报》在三版头条刊发题为《中华数学已进入丘成桐时代》的报道，这一报道在中国数学界引起强烈反响。

法国数学大师彭加莱说："科学是堆砖头，数学家将之变成华厦。"

全世界的华人数学家也是一块块砖头，丘成桐甘做"泥瓦匠"，他要用这些砖头砌出中华数学强国的"华厦"。

多年来，丘成桐为了振兴中华数学研究事业，利用自己的学术地位和世界性影响，创立国际数学研究机构，培养年轻数学家和战略科学家，挑战世界性数学难题，设立全球性的大奖以激励年轻数学家，创办世界华人数学家大会，以帮助年轻数学家了解国际学术动态，交流研究成果，号召一大批国际杰出青年数学家回国服务。

丘成桐把全球华人数学家团结在一起，提携后辈，培养人才。他所做的工作是以往所有华人数学家没有做过的。他以一颗华夏子孙的赤子之心，为了中华民族数学事业的崛起，为了中国成为数学强国，无私奉献。

丘成桐培养的50位博士大部分是中国人，其中许多人已成为国际上知名的学者：刘克峰、李骏、张寿武、林芳华、辛周平、鄂维南、候一钊、应志良、刘军、舒其望、励建书、范剑青，九州俊彦，外邦华裔，人人握灵蛇之珠，家家抱荆山之玉，少长咸集于丘成桐麾下，为了中华数学的振兴，为了祖国数学的强盛，共同努力。

国际数学大师、阿贝尔奖获得者辛格说：“即使在哈佛，丘成桐一个人就是一个数学系。”

国际数学大师、菲尔兹奖获得者唐纳森称他是“近四分之一世纪里最有影响的数学家”。

“丘先生真正是无私奉献啊，连来往的飞机票、差旅费都是他自己出的。”刘克峰谈及此，非常感动，“他还自己掏钱资助祖国的数学发展，他一次就向浙大数学中心捐赠了50万美元的图书，后来又捐了6万册图书。此外，他还在浙大、中国科大设立了丘成桐奖学金。”

据不完全统计，丘成桐个人捐款就达数百万元。

“丘先生对生活很随意，很俭朴。”刘克峰说，“他乘飞机一般都是坐经济舱。有一次秘书给他买了商务舱，还挨了他的批评。”

这些年来，丘成桐来往穿梭于北京、杭州、香港和美国之间，筹备高端国际学术会议，物色来中国任职的国际一流数学家，邀请国际顶尖的科学大师来中国讲学和交流。他还担任清华、北大、复旦、中国科大等十多所大学的名誉教授。

在丘成桐的努力下，一大批世界著名数学家、理论物理学家应邀来浙大数学中心从事研究、教学和学术交流工作，其中包括菲尔兹奖获得者威腾，诺贝尔奖获得者格罗斯、霍夫特，沃尔奖获得者霍金、陈省身，费马大定理证明人维尔斯的导师科茨等20多位欧美国家科学院院士。这即使在哈佛、普林斯顿都很难做到。很多欧美国家的研究生、博士后因此自费来到浙大数学中心留学。

为使国内外数学家在高层次交流平台上开展学术交流，使国内数学家了解、掌握世界数学研究的最新动向，丘成桐还发起召开世界华人数学家大会。

1998 年，第一届世界华人数学家大会在北京举行。就在这次大会上，晨兴数学奖首次开奖。此后华人数学家大会每 3 年开一次会，评一次奖，评奖委员会由国际数学大师组成，丘成桐已连续三届被推举为世界华人数学家大会主席。

华人数学家大会已得到世界数学界的高度重视，有人极言，这个大会的水平已可以与世界数学家大会媲美，

世界数学家大会每 4 年举行一次，可是近一个世纪以来，这个大会从未在第三世界举行过。海内外华人的数学研究已经取得很大进展，能否把大会拉到中国来开？在丘成桐和陈省身的努力下，第 24 届世界数学大会于 2002 年在中国举行，这是第三世界第一次举办这样的大会。

1994 年，丘成桐当选中科院首批外籍院士。2003 年，他获得中国政府授予的国际科技合作奖。

丘成桐已成为世界当代最伟大的数学家之一。他的研究遍及几何分析、微分几何、微分方程、流形拓扑、代数几何、数学物理等国际前沿领域，并对这些学科的融合与发展做出了巨大贡献。他开创了全新的几何分析学科，是几何分析学科的主要奠基人。他的工作代表了过去三十多年来微分几何发展的主流，其研究成果享誉国际学术界。

“陈省身教授实现了中国成为世界数学大国的愿望。”英国数学大师约翰·科茨动情地说，“中华数学事业已进入丘成桐时代，中国将成为世界数学强国！”

（载《观察与思考》2009 年第 15 期）

陈子元的四个“第一”

“你们光明日报能不能写写陈子元？他太值得写了！”这是邹先定教授第N次来电话向记者推荐了。

70岁的邹先定曾任前浙江农业大学宣传部部长、党委副书记，现任浙江大学关心下一代工作委员会顾问、宣讲团团长。他力荐的这位90岁的老者，就是中国核农学的先驱、中国核农学领域目前健在的唯一院士、原浙江农业大学校长陈子元。

“陈子元是我国核农学的先驱者和奠基人之一，是一位功绩卓著的农业教育家和德高望重的社会活动家。2012年，他入选‘老科学家学术成长资料采集工程’，最近他又荣获浙江省‘最美老干部’称号，家乡宁波还为其塑立铜像。你说值不值得写？”邹先定在电话里强调。

而在陈子元身后，则是一支2000多人的中国核农学“部队”。就像浓缩铀经核裂变挥发出巨大的核能一般，这支“部队”的能量堪比千军——

全世界核诱变的3000多个作物品种中，中国占900多个；全国作物耕种面积中，核诱变育种的耕种面积达20%；全国核诱变育种的油料作物每年达10多亿千克，核诱变育种的粮食每年增产达30亿千克。

基于此，中国被公认为是核农业大国。国际原子能机构这样评价：中国的核农学走在世界前列。

这一切都与陈子元有关。

2013年11月14日，记者来到浙江大学华家池校区，敲开了东大楼216室的房门。

创建我国农业院校第一个同位素实验室

1945年8月，美国连续向日本广岛和长崎投放了原子弹。两座城市瞬间摧毁，数万生灵顷刻陨灭。人类第一次见证了核能的巨大威力。

日本投降的消息传来，陈子元正在专注于自己的无土栽培试验。但他绝未想到，自己以后的人生将与原子能紧密相连。

战争结束了，陈子元欢欣鼓舞，但他更为核武器所导致的生灵涂炭扼腕叹息。

此时距陈子元大学毕业才一年，而正是这一年的工作使他成为“中国无土栽培第一人”。上海农科院园艺所王化研究员考证后得出这样的结论：陈子元的大学论文《植物的化学培植》中的“化学培植”就是无土栽培。

陈子元1924年出生于上海，祖籍宁波，他的父亲是中国第一个建厂生产骆驼绒的爱国实业家。陈子元聪颖过人，仅用4年就跳级读完了6年的初高中课程。

1944年，陈子元从上海大夏大学化学系毕业，因为父亲的工厂被日本人强行征用，他又坚决不肯与日本人合作，遂离职在家。

这个有着10个子女的家庭很快陷入经济窘境。作为长子，陈子元只好挑起养家的重担，大学毕业后便进入上海四维化学农场，跟随匈牙利籍植物生理学家蔡古从事无土栽培试验。

“试验很成功，无土栽培的番茄很受上海餐馆的欢迎。”陈子元追忆道。

然而，陈子元却未能沿着“中国无土栽培第一人”的路走下去，他走上的是一条和平利用原子能的学术之路。

1895年，德国物理学家伦琴发现X射线。一年后，法国科学家贝可勒尔发现铀的天然放射性。

人类从此进入原子时代。

1927年，瑞士科学家缪勒尔提出原子能对作物种子诱发突变将在植物改良上发挥重要作用。次年，斯达特勒利用X射线实现了对玉米和大麦的诱变。

原子核技术被用于农业，核农学由此诞生。

新中国成立后，陈子元转入大夏大学与光华大学合并成立的华东师范大学任讲师，1953年院系调整时调入浙江农学院，此后无论是1960年学校改成浙江农业大学，还是1998年浙江农业大学并入浙江大学，他都一直在大学从事教学科研工作。

1958年，我国农业院校纷纷把课堂搬到农村田头。这年10月，浙江农学院师生奔赴农村，陈子元作为一个大队的大队长率领部分师生来到浙江金华，开始了中国高校历史上奇特的办学经历。

然而下农村才两个月，陈子元便被紧急召回，一项新任务落在了他的肩上：学校选出8位青年教师由他带队赴上海接受培训。

正是这次培训彻底改变了陈子元的学术道路。

1956年，我国第一个12年科学发展规划《1956—1967年科学技术发展远景规划》制定，原子能和平利用被列为重点发展项目之一，原子能在农业上的应用随即被提上议事日程。这次培训正是由此而来。

陈子元和同事来到上海中苏友好大厦参加了“原子能和平利用讲习班”，主讲者是由苏联原子能局局长泽维斯基为组长的16位核技术专家，讲习班分设10个专题组，陈子元被分在同位素农业应用组并任组长。

两个月的培训结束，陈子元回校后马上受命组建我国农业高校第一个放射性同位素实验室，开始了我国核农学艰苦卓绝的先驱之旅。

1959年，浙江农学院同位素实验室虽然建成，但条件异常简陋，实验仪器短缺。实验室没有任何经验可循，只能边建设边工作，边开展科研边培养人才。

初创期的困难陈子元至今记忆犹新。同位素实验室建成后，在当时中国科学院副院长张劲夫的支持下，他们获得了放射源。

1959年10月，农学院谢学民等两位青年教师受命从北京将放射源取回。由于条件限制，他们将放射源放在一个铅罐里，再将铅罐放在一只铅桶里，上下左右填满沙子随身携带，就这样乘火车回了学校。

“回来后体检发现，白细胞急剧下降。”谢学民回忆道。

核辐射给他们上了实实在在的第一课。

"这下有人对放射性物质害怕了，甚至其他系有的人对同位素实验室避之犹恐不及，在路上遇到我们都要回避，担心我们身上有放射源会伤害他们。"谢学民说。

核辐射确实会对人体造成伤害，但科学进步有时需要做出牺牲。放射源被送到实验室后，陈子元亲自上阵操作。"你们还没有结婚，我已经有孩子了，我来吧。"他穿上防护服，在铅砖的屏蔽下打开铅罐盖，取出放射源进行实验。

中国核农学的探索就此开始。

1960年，浙江农学院与浙江农业科学研究所合并成立浙江农业大学与浙江省农业科学院，并创建核农学系——农业物理系，陈子元任分管业务副系（所）主任。

在当时，农业物理系充满着神秘感，招收的教师和学生都是又红又专，所学课程：放射化学、放射生物学、核物理、放射性测量等课目都以代号出现。邹先定就是当时被录取的学生之一。

也正是在1959年，陈子元第一篇核农学论文发表在《浙江农学院学报》上——《用放射性磷研究桑苗吸收磷肥的情况》。

就在中国核农学刚刚蹒跚起步时，中苏关系突然恶化，苏联停止了对中国的援助，撤回全部专家。同时，国内又连续遭遇严重的自然灾害。

核农学研究由热转冷，一些高校刚成立的农业物理系纷纷下马，教师也纷纷离岗。

陈子元在《陈子元核农学论文选集》自序中说——

"原子能在农业中的应用是一个新的研究领域，大家缺乏经验，需要在实践中不断进行探索，另一方面又期待迅速取得科研成果，由此'遍地开花'。经过两年多的工作，虽然得到一些研究结果，但在农业生产上实用意义不大。因而有的同志产生动摇，不想再搞下去，又回到原来的教学岗位。对此，我做了冷静思考，认识到必须充分考虑同位素科研工作的特点，找出一个能促进农业生产有价值的研究课题。"

在一片寂寥中，陈子元顽强地坚持着。刚起步的中国核农学领域只有陈子元等少数人的孤独身影。他们没有退缩。他们看到了这一研究对改变传统农业的重要性。但是，如何找到一个符合核农学发展的课题呢？

制订中国第一部农药安全使用标准

1962年，美国学者蕾切尔·卡森的惊世之作《寂静的春天》出版，立即引起轰动。此书向人类破坏环境的行为发出了警报，环境污染问题引起了全世界的关注。

而在大洋彼岸，中国学者陈子元也开始关注卡森所关注的环境污染问题，并且着手研究应对办法——当卡森提出农药污染将对人类造成危害时，陈子元等已利用同位素示踪技术开始对农药残留问题进行研究。

20世纪60年代初，农药的广泛应用虽然减轻了病虫害造成的损失，使粮食增产，但大量使用农药也导致了农作物产品的污染，农药残留导致人畜中毒事件时有发生。70年代初，浙江金华就发生了轰动全国的有机砷“稻脚青”使用过量导致的人畜中毒事件。

如何减少农药污染？使用农药必须要有安全标准。而要制订标准，就必须搞清楚农药在作物体及周边环境中的动态、数量、质量的变化。

此时，陈子元将研究方向定位于将同位素技术应用到农业科学和环境科学上，这正形成了我国核农学研究领域的重点。

要获取农药残留的所有信息，就必须对农药从农作物生长、收获、储存到进入人体的全过程进行了解，而要跟踪全过程，就必须给农药做上标记，这就像给汽车装上GPS定位仪器才能进行卫星定位跟踪一样，农药有了标记才能在跟踪中辨析。

自此，陈子元开始了放射性同位素标记农药的合成研究。

这是一条前无古人的新路，陈子元成为我国最早把同位素应用于农药残留研究的专家。

孙锦荷1962年毕业于华东师范大学化学系反射化学专业，随后成为陈子元的助手，开始了标记农药的合成研究。

“陈老师是我国将核技术用到农药研究上的第一人。”孙锦荷说，“1963年，为了搞清农药在茶叶中的残留，陈老师带着我骑自行车从华家池到杭州转塘的中国茶叶研究所，骑车单程就要一个半小时。碳 –14 标记化合物就放在自行车上，这是放射性物质啊，不允许随身携带的！但当时实在是没有条件。”

孙锦荷回忆，当时国内没有标记农药，向国外买又没有外汇，只好自己合成。合成就是将标记核素引入农药的分子中，农药因为有了标记核素做标识，流到哪里都能跟踪。陈子元带着他们设计标记农药的合成路线，如有机硫农药的合成就要在硫酸钠中有硫 –35 核素开始，使农药分子含硫 –35 才可以用示踪技术跟踪。但这个过程非常复杂，将放射性核素与农药分子合成时，每一步反应都要详细记录，温度、压力、比例反复试验，一次次试验，一次次失败。大家非常焦急，陈子元鼓励他们不要灰心，一起寻找原因。

“会不会是试剂有问题？”陈子元提出异议。当试剂重新蒸馏后发现沸点不对，确是试剂有问题，调换了试剂，合成成功了。

当时，农药残留问题还没有引起国内重视，研究还未得到国家以及相关部委的支持，难以立项。尽管如此，陈子元也一直没有停止脚步。

“文革”开始了，造反、批斗、政治学习，试验工作被迫停下。1967 年，陈子元被首批解放，他买了英文、德文、俄文版的毛主席语录，每逢开会学习就拿出来读，借此巩固和提高自己的外语水平。

形势稍稍缓和，陈子元就恢复研究。在这样极端困难的情况下，他和同事硬是应用同位素示踪技术对多种常用农药在水稻、棉花、桑、茶、中药材上的吸收、残留、转移、消失和分解的规律进行了系统研究，明确了农作物农药残留量的多少与施药的数量、次数、时期、方式等有关。

研究在艰难中前行，但是成果何时才能应用于实际呢？前路茫茫，征途遥遥，中国核农学研究者苦苦翘盼。

1972 年 6 月的一天，浙江农大接到农业部电话，内容是命陈子元火速赶赴北京接受任务。

北京西长安街农业部大楼，陈子元见到了当时的农业部科教司司长臧成效。

原来，中国一批农副产品出口欧洲，在当地海关被检测出农药残留量超标而被退回。这已经不是中国农副产品第一次被退回或销毁了。被退回出口产品不但造成了国家的损失，还要向外国赔偿，同时产品被退回的事实严重影响了中国的声誉。为此，有关领导指示，必须立即采取措施，杜绝此类事情继续发生。

20世纪70年代，我国的农药公害问题越来越严重。据统计，仅六六六、滴滴涕两种有机氯农药污染粮食就达250亿千克，被污染农田达2亿亩。特别是有机氯杀虫剂六六六使用范围广，在土壤中难以分解，残留期较长，污染非常普遍，农畜产品有1/3不符合食品卫生标准，问题非常严重。

农药残留是不当使用农药造成的，而原因是农民缺乏农药安全使用知识。可是，当时我国还没有一个农药安全使用的标准。因此，农业部决定，立即制订一部农药安全使用标准。

谁来担此重任？农业部在全国高校和科研机构中寻觅时发现，陈子元已在核农学领域多年从事农药残留问题研究，于是立即电召他进京。

1973年年初，全国农药安全使用标准课题正式下达，这是一个需要全国农业及有关系统科研人员协作的大课题，农业部决定由陈子元总负责，统领全国有关科研机构协同作战。

中国攻克农药残留问题的大旗竖起，全国43个单位100多位科技人员云集在陈子元麾下，一场攻克农药残留问题的战役拉开了序幕。

邹先定回忆，陈子元在研究中引入动力学过程的概念，运用同位素示踪技术与动力学结合的示踪动力学理论和方法，以众多的试验参数建立起数学模型，用来研究农药及其他农用化学物质在生态环境中的去向与运动规律，使农药和农用化学物质与生态环境的单因子的、静态的关系变为复因子的、动态的关系，使定性关系变为定量关系。这一方法为我国农药安全使用提供了理论依据。

整整6年，陈子元运筹帷幄，决策千里，协调各方，勠力同心，课题组共编制出29种农药与19种作物组合的69项农药安全使用标准。

1978年，该项目荣获全国科学大会优秀科技成果奖、农业部技术改进一等奖，陈子元出席全国科学大会并被授予科技先进工作者称号。

1979年，我国第一部农药安全使用标准草案编制完成。1984年，国家正式颁布，这部农药国标一直沿用至今。

国际原子能机构科学顾问委员会第一个中国科学家

1985年9月10日，一封国际邮件出现在了陈子元的案头。信是国际原子能机构（IAEA）总干事汉斯·布吕克斯写来的。信中说，陈子元已被聘为国际原子能机构顾问委员会委员。

国际原子能机构成立于1957年，是联合国所属的独立机构，总部设在奥地利首都维也纳。其宗旨是通过技术合作和援助，促进核能和平利用。中国于1984年加入该组织。1985年，该机构向中国发出邀请，请中国派出一名在原子能和平利用上做出贡献的科学家担任顾问。总干事顾问委员会共由德、英、法、美、苏等国的16位核科学家组成。

陈子元是中国第一个在国际原子能机构顾问委员会任职的科学家。

那时，陈子元创立的同位素实验室已经发展为原子核农业科学研究所，他的研究也从农药残留扩展到农业生态环境保护。

陈子元的研究在深入，他采用放射性同位素示踪法和气相色谱等测量技术，研究农药在生态环境中的动态和变化规律。他主持并组织有关院、所承担了农业部的“农药对农业生态环境影响的研究”等重点项目，摸清了几种取代六六六的新农药在农业生态环境系统中的运动、变化规律，为开发高效低毒、低残留的新农药、新剂型和保护农业生态环境安全性评价提供了科学依据。

陈子元告诉记者，科研工作最重要的是要为经济社会发展和人民健康安全做出贡献。沿着这个方向，他们的研究填补了国内空白，学科迅猛发展，浙江农业大学生物物理专业成为国家级生物物理重点学科和博士后流动站学科点，被农业部定为核农学重点开放实验室，后被批准为核技术及应用的博士学位授予点。

陈子元带领核农所致力于植物诱变遗传与分子改良、同位素示踪与分子标记、应用分子生物物理、辐照工艺及加工研究，取得丰硕成果。

在中国核农学领域，陈子元卓然特立，成就誉及海外，联合国一官员评价:“世界上还没有一个国家像中国这样，在核技术农业应用上有如此庞大的队伍和完整的研究体系，有如此的研究成果。”

1985 年 12 月 4 日至 6 日，国际原子能机构在维也纳召开顾问委员会会议，陈子元在会上做了原子能在中国农业上利用的报告。这是中国科学家第一次在该委员会上宣讲中国核技术和平利用所取得的成就。

1988 年 4 月，中国原子能农学会第三次会员代表大会召开，陈子元当选为理事长。

中国核农学第一位院士

2013 年 11 月 14 日早上 8 点半，陈子元像平常一样走出家门，步行前往办公室。从教师宿舍到浙江大学华家池校区的办公室整 1500 步，到核农所实验楼 1650 步。

数十年来，陈子元一直这样坚持步行上班。

尽管已经年届九旬，跨入资深院士行列，陈子元还是坚持每天到办公室，上午处理有关事务，上网浏览世界科技最新动态；有时下午到实验室指导学生，解答学生的问题，乐此不疲。

14 日上午 9 时，记者如约来到东大楼 216 室。陈子元的办公室竟是如此简陋，10 多平方米的房内，5 个书橱环立两壁，半圈沙发栖于窗前，书籍杂志从装得满满当当的书橱中“溢出”，挤满墙角、沙发甚至占领了办公桌。

“我是 1981 年搬到这里的。”陈子元说，“1979 年我担任浙江农大副校长，1983 年担任校长，1991 年当选为中国科学院学部委员院士，我的办公室从没动过，已经 32 年了。”

简陋的背后却是无比的辉煌。

2004 年，中科院前院长、全国人大常委会原副委员长路甬祥在陈子元 80 华诞时发来贺信称:“您是我国著名的核农学家。在从事科学研究的五十多年中，您热爱祖国、献身科学、兢兢业业、治学严谨，为祖国的科技事业倾注了大量的心血。您培养教育的一大批优秀科技人才，已成为我国农学事业的骨干力量”。

陈子元之后，相继担任核农所所长的谢学民、孙锦荷、徐步进三位教授也接受了记者的采访。相比院士，他们更喜欢称陈子元为陈老师。他们表示，陈子元在中国核农学上贡献巨大，其专著《核技术及其在农业科学中的应用》《核农学》《中国核农学》《陈子元核农学论文选集》等 8 部在国内外学术界颇具影响。其中，《核技术及其在农业科学中的应用》被评为“20 世纪 80 年代中国核农学领域中内容最为丰富的专著”。

徐步进说，我国的核农学是在陈子元的带领下开展起来的。而核技术对我国农业的贡献巨大，从 20 世纪 90 年代到 2000 年，我国从事核农学研究的科技人员仅 2000 多人，而核农学对农业的贡献率却占到整个农业的 10%。中国是世界上利用核技术诱变育种最大的国家，核技术诱变育种占全世界的 1/4。陈子元支持开展的“辐射植物诱变育种”研究在核农所已成功培育出了 20 多个突变植物品种，包括水稻、小麦等农作物。

其中，“浙辐 802”是全球推广面积最大的诱变水稻品种，问世以来累计推广面积已达 2 亿多亩，按每亩比普通水稻增收 40 千克稻谷计算，经济效益就达 20 多亿元。

20 世纪 80 年代以来，陈子元将核农学研究和应用领域拓展到包括农、林、牧、副、渔在内的大农业，并且覆盖到生产全过程。他将核农学与电子计算机、生物技术等高新技术手段相结合，把核农学的研究水平、测试效果和结论的解析提升到一个新的高度，从而在促进科技进步、社会发展等方面发挥更大的作用。

2005 年 10 月，国际原子能机构（IAEA）与浙江大学共建“植物种质突变创新及开发合作中心”，这也是 IAEA 在全球 10 个合作中心中最早设立的一个。

“陈老师懂英语、德语、俄语和日语，每天还随身带个笔记本，看到听到什么都会在小本子上密密麻麻记录着对自己有参考价值的东西。他的勤奋是有名的。”孙锦荷说，“他知识面很广，学化学，其他学科也学，阅读面很宽。他虚怀若谷，凡是他要去学的东西，一定会与人讨论、请教。还跟晚辈学习，直到现在还在学习。”

浙江大学盖了一幢院士楼，陈子元分得一套，但他却谢绝了，至今仍住在华家池。“离家太远，每天来回核农所不方便。”他解释道。

“我只是一名普通的教师，一切归功于党和人民，归功于集体。”陈子元谦虚地说。

（载《光明日报》2014 年 03 月 28 日）

毛昭晰：保护文物不能光靠“拍桌子”

教授、专家、官员、全国人大常委会委员，多重角色集于一身，每个都演绎得非常精彩，每个都很成功，每个都留下华彩的篇章：

他的学生至今还记得“他讲课时用德文、英文、俄文、意大利文互相校勘史料”的那份潇洒；他在专业领域屡填空白，发布的创见一次次在世界引起震动；他用手中的权力保护了一处处文物、古迹、古街区，使文物大省的赞誉当之无愧；他发起制定历史文化名城保护法议案，使《文物保护法》修订草案获全国人大通过……

他是中国文博界功勋卓著的大家，四川发现的蜥脚类马门溪龙科峨眉龙属恐龙化石新种以他的姓氏命名；文化部、国家文物局 2009 年授予 21 位“中国文物、博物馆事业杰出人物”称号的文博专家，他荣居其列……

毛昭晰，浙江大学教授、浙江省文化厅原副厅长、浙江省文物局原局长、原第九届全国人大常委会委员。

春节将临，记者采访了 88 岁的毛老。

逼进官场

一进毛老的家，这位清瘦挺拔的老人便向记者伸出手来，脸上洋溢着慈祥谦和的微笑。

毛昭晰 1929 年出生在宁波一个书香之家，父亲毛路真系与陈建功、钱宝忠等创办浙大数学系的名教授，毛路真编写的高中大代数被称为中国人自己编的第一本大代数。

毛昭晰 1949 年毕业于浙江大学文学院史地系，浙大人类学研究所研究生，毕业后在杭州大学历史系任教。他是著名世界史前史专家，在世界史前史研究领域成就卓著，著有《世界上古史纲》《世界上古史》《世界古代中世纪史》《中国大百科全书考古卷》等专著，国内通用的世界通史及世界古代史高校教材中，其史前史部分大多为毛昭晰所撰写或采用他在国内填补空白的成果，他参与翻译的《泰晤士世界历史地图集》被学术界列为30种中文史学名著之一。

毛昭晰在世界史前史研究上颇多创见。1986年，一条新闻震动日本史学界:《稻作农业传播到日本的路线中国学者提出新学说》。日本史学界一直认为，稻米是从阿萨姆和中国的云南经华南、台湾、琉球群岛传到日本九州的，而在日本岛根举行的松江国际学术研讨会上，毛昭晰提出了全新的观点：稻作农业传播的先决条件是传播者必须具备种稻技术，而琉球群岛农业出现是800年前，让当时以捕鱼为业的渔民来传播稻作农业，这是不可想象的。他考证后提出，稻作农业是从中国长江下游的浙江舟山经海路传入日本的。他的“江南道路说”很快得到日本学者的认同。

在韩国，学者一直认为稻作是从中国的东北传入朝鲜半岛的。1995年，毛昭晰应邀在汉城大学（今首尔大学）演讲时提出新观点：稻作农业是在史前时代从中国江南越过大海传入朝鲜半岛的，并列举许多事例以证明。此论一出，韩国学界一片哗然。“哗然”之后，韩国探险协会会长尹明喆博士等四位学者专门来验证毛昭晰的观点，他们从浙江镇海乘竹筏向朝鲜半岛漂流。首次漂流因遇台风而失败，1997年再次漂流历时24天，终于成功登陆仁川。此事轰动世界，各国媒体纷纷报道。

毛昭晰还是著名的文博专家。1978年起，他倡议开设文物及博物馆学专业，多方奔走，杭州大学终于从1981年开始招生，他亲自制订课程计划，亲自授课，为日后浙江省博物馆事业大发展提供了大量人才。

就在毛昭晰纵横驰骋于专业领域并取得累累成果时，一纸任命改变了他的人生轨迹。1983年6月，浙江省委决定：任命毛昭晰为省文化厅副厅长兼省文物局局长。

但毛昭晰无意官场，断然拒绝这一任命，省领导和学校领导反复劝说，他坚辞不受。文件下达3个月，他拒不到任。

省委一边耐心做工作，一边做了妥协：同意他关系留杭大，边教书边兼职。在这样的情况下，毛昭晰只好勉强同意。一个本可独步学界的优秀学者，终于不得不“在南书房行走”——被逼进官场。

被逼当官是一个无意仕途的学者的悲哀，却是浙江文物界的大幸。正是这一任命使浙江这个文物大省的大批古城、古镇、古文物在城市化狂潮中免于被毁。中国少了一个世界史前史专家，却多了一位横刀立马卫护文物的骁将。

一上任，毛昭晰便深陷城市建设与文物保护的剧烈冲突中。

文物卫士

刚踏进办公室，电话就急剧地爆响起来：“毛局长吗？我是宁波的文保员，他们在拆月湖庵啊……”电话里，一个声音焦急万分。

电话是宁波市一个叫王奎堂的业余文保员打来的。

宁波市区有个月湖，月湖旁有个月湖庵，400多年前，日本画圣雪舟居宁波时常去此处，这是一个重要的文保单位。

王奎堂上班途经月湖庵时发现，农民工正在月湖庵房顶扒瓦片，月湖庵怎么能拆？忙趋前询问，农民工说，市有关部门要求他们一周内将月湖庵拆除。王急了，忙赶到市文物局，局长无奈地说：我们已无力制止，只有找省文物局的毛局长也许还有救。于是，电话就打到毛昭晰办公室。

毛昭晰顿感问题严重。他马上给宁波市市长打电话制止，随后又给分管副市长打电话：“月湖庵拆除有没有报批？未批就拆，这是严重违法的事件！不能拆啊，马上停下来！”

在毛昭晰的制止下，月湖庵拆除工程停下了，但三进楼宇的第一进已被拆掉了。

同样是宁波，为建公园，该市决定将张苍水故居搬迁。毛昭晰闻讯立即打电话干预，劝说宁波放弃搬迁。他说：张苍水是民族英雄！他的故居已有400多年历史，是重要的文物，不能拆！宁波方面辩解说，异地重建是为了更好地保护。他严肃表示：异地重建就是对文物的破坏！

张苍水故居保下来了。后宁波盛传，张苍水故居没拆“是因为一位领导发脾气拍了桌子”，这个“拍桌子”的领导就是毛昭晰。毛昭晰闻讯苦笑了，他哪敢拍桌子，保护文物的事不是“拍桌子”能解决的，更多时候需要求人。

1985 年，毛昭晰视察余姚河姆渡文化遗址，所见景象使他非常痛心。

1973 年，余姚河姆渡考古发现轰动世界，400 平方米的古粮仓内堆放着 120 吨稻谷。世界考古史记载，最早发明水稻的记录是印度和泰国。河姆渡的发掘改变了这一记载，出土的水稻距今 7000 年，比印度和泰国都早，河姆渡因此被称为“古代水稻圣地”，稻谷首先由印度和泰国发现的历史被改写。日本人更是把河姆渡奉为“世界水稻圣地”。

然而“圣地”正在被世俗侵蚀：河姆渡遗址解放初仅 4 户人家，到 80 年代已繁衍成两个村庄 40 多户和 3 个工厂，轰动世界的遗址正在被蚕食。

河姆渡遗址岂容任意毁坏！村庄和工厂必须搬迁！

一个省文物局局长，他没有决定行政区域搬迁的权力。

辗转反侧，夜不能寐。突然，他想起对文物很重视的老省长李丰平，遂登门拜访。

听了毛昭晰的汇报，老省长坐不住了：“走，我们一起去看看！”

老省长一出动，宁波、余姚的领导都赶来了，现场座谈会召开了，会议决定，遗址现场的村庄和工厂限期搬迁，经费由省、市、县三级财政解决。更使毛昭晰振奋的是，就在这次会上，他关于建立河姆渡遗址博物馆的建议得到通过。

1993 年，河姆渡遗址博物馆建成并对外开放。

在毛昭晰的当官履历中，保护秋瑾纪念碑是一场成功的文物保护战。

1986 年某日，一位长者走进毛昭晰办公室，递上了一封由绍兴四位社会贤达联合署名的《为保全绍兴市秋瑾纪念碑的紧急呼吁》。

读罢此信，毛昭晰眉头锁紧。

绍兴，一个具有 2000 多年建城史的古城，在城市化浪潮中，古城的文物也面临危机。秋瑾纪念碑矗立在绍兴市中心的解放路上，有人认为妨碍交通，市里决定搬迁。消息一出，舆论哗然。

投书者邵鸿书，绍兴稽山中学校长。获知秋瑾纪念碑要拆，他和一些社会名流异常焦急，到处呼吁无果，遂联名上书，找毛昭晰来了。

“秋瑾纪念碑不能拆啊！”老人对毛昭晰说。

“绝对不能拆！我一定不让他们拆！”毛昭晰坚决地说。

送走老人，毛昭晰拨通了正在绍兴市挂职任副书记的梁平波的电话。梁平波是后来的浙江省委宣传部部长、省委副书记。梁平波答应做工作，但绍兴市市长办公会议已做出决定，搬迁恐已无法避免。

情况紧急，刻不容缓，毛昭晰马上驱车奔赴绍兴。

毛昭晰找到绍兴有关领导游说，他陈述的理由很充分：秋瑾是全国景仰的民族英雄，她遇难后，灵柩和坟墓 11 次被迁，这样一位为民族牺牲的烈士，死后竟连遗骨都不得安宁，真是亘古未有！秋瑾 1907 年被清政府杀害后，是周恩来总理的姑父王子余先生提议为其立的碑，1930 年建成的纪念碑就立在秋瑾的“正命之处”——她就义的古轩亭口，蔡元培写的碑文，手书碑文的是著名书法家于右任。这样一座具有重大历史意义和教育意义的文物，绝对不能拆！

有关领导解释，搬迁是为了市民出行更方便。秋瑾就义未必就是现在的轩亭口，迁移是为了更好地保护。毛昭晰则坚持：秋瑾就义的地点，纪念碑碑文写得清清楚楚，是秋瑾的“正命之地”。秋瑾是革命先烈，我们后辈要对得起这些先烈！保住秋瑾纪念碑就是保住中华民族的正气！搬迁秋瑾纪念碑，那是跟历史开玩笑！

毛昭晰向绍兴市领导表示：秋瑾纪念碑是国家级文保单位，《文物保护法》规定，要拆除文物，必须经上级文物主管部门批准。这个“上级文物主管部门”就是省文物局，省文物局不批，是不能拆的。如果不批就拆，那是违法行为！

毛昭晰通过各种途径做工作，回杭州后又火速给绍兴市发函，制止搬迁。一系列工作终于产生效果，绍兴最后同意不拆了，秋瑾纪念碑就这样保下来了。

毛昭晰保护秋瑾纪念碑的事传开后，在文物界反响强烈，在纪念秋瑾逝世 100 周年学术研讨会上，山东大学教授郭延礼、长春师范中文系教授郭长海当着全体与会者的面，起立向毛昭晰鞠躬致敬，表达他们对为保护文物做出重要贡献者的崇敬之情。

留住古迹就是留住城市文化

20世纪60年代，香港一记者初到杭州，出火车站，但见绿树浓荫，苍翠一片，城市被绿树遮蔽住了！

谈起当年从参考消息上读到的这则报道，毛昭晰至今难忘。

“当时在西湖泛舟，西湖的南、北、西面均为绿荫缤纷的山，城在湖东，三面青山一面城，东面的城掩映在绿树中，见不到高楼。”毛昭晰说。

然而，城市化的浪潮猛烈地冲击了这座古城，20世纪80年代，旧城改造，拆旧建新，西子湖畔高楼耸起。

“高楼越建越多，越建越高，湖东的城成了一堵墙，三面青山一面城已成为三面青山一面墙！”毛昭晰无奈地叹息。

城市化过程对城市历史文化的破坏，发达国家也曾经历过，著名作家雨果1835年就曾奋笔写过《向拆房子者宣战》；面对迅猛的城市化浪潮，法国作家梅里美倡议成立“历史建筑保护委员会”。毛昭晰上任时正是中国城市化浪潮汹涌之时，经济发达的浙江，城市化推进速度更快，这也是文物遭到建设性破坏最严重的阶段。毛昭晰瘦削的肩头，扛的却是文物大省如何保住文物不被破坏的重任，他就像救火队员一样四处奔忙，为保护文物殚精竭虑。

杭州的胡庆余堂是当今中国难得一见的古药号，国家级文保单位。一次毛昭晰陪同中国自然博物馆协会的专家参观胡庆余堂，专家们对这座古建筑赞不绝口。但专家们却不知道，这个国家级文保单位也差一点被拆掉。

1984年，省考古所专家王士伦匆匆找到毛昭晰说：“胡庆余堂要拆了！”

中国有两大古药号，北有同仁堂，南有胡庆余堂，北京的同仁堂已无可挽回地被拆了，被誉为“江南药府”的胡庆余堂是硕果仅存的中国中药号，其优秀的医药文化传统的价值是任何建筑无法取代的，怎么能拆？

毛昭晰闻此非常震惊，马上亲自赶到现场，找到胡庆余堂制药厂厂长予以制止。“胡庆余堂这么重要的文物，绝对不能拆啊！”

厂长冷冷地反问：“胡庆余堂要不要发展？你能保证我们生产发展吗？生产要发展，破房子必须拆掉重建！”

劝说无果，毛昭晰很焦急，他一边让文物局相关部门准备资料，将胡庆余堂申报国家级重点文保单位，一边找到时任杭州市委副书记的学生杨招娣和市委书记厉德馨求援：胡庆余堂不但要保，还要建博物馆！

在两位杭州市委领导的干预下，胡庆余堂保住了。

1988 年，国务院批准胡庆余堂为全国重点文保单位。

个人的力量毕竟有限，毛昭晰动员各方力量参与文物保护工作。他强调，保护文物，人人有责。他对基层的业余文保员非常重视。一次，某县召开业余文保员会议，他辞掉省里几个会议专程赶去参加，这使该县文化局局长既意外又感动。毛昭晰在会上说：“业余文保员是一支保护文物可以依靠的力量，我特地来向广大业余文保员表示感谢和敬意！”

尽管毛昭晰动员各方力量保护文物，但在城市化浪潮中，许多文物古迹还是难逃毁灭的命运。

嘉兴是一个历史文化积淀丰厚的古城，在旧城改造中被拆得只剩下有 1700 多年历史的子城，著名景点瓶山也只剩下一半了，嘉兴北面的两个古镇已列入拆迁计划。毛昭晰以堂吉诃德独臂挡风车的力量与强大的城市化推动力斗争，力量毕竟有限，一些文物点还是被毁掉了，他为此痛心，感到无奈和悲哀。

在救火式直接抢救即将被毁的文物的同时，更多时候，他为保护文物呼吁呐喊。

毛昭晰在各种会议上说，文化是城市的灵魂，一个城市有文化遗产就有了历史，有了研究价值，有了记忆、审美、旅游和观光价值。胡庆余堂里藏着中国江南药店的记忆，秋瑾纪念碑里藏着中国近代革命的记忆，古运河码头藏着中国漕运的记忆，是这些记忆成就了历史，这些共同的历史构成了文明古国的文化。今天我们有什么理由把这些代表文明的文化摧毁呢？把城市的文物都拆了，城市没了记忆，没了诗意，没了历史，这个城市还有文化吗？还是古城吗？

"杭州有许多老街、小巷、石桥、古井，体现了朴素、淡雅的城市格调。"毛昭晰说，"杭州原来许多住家院子里有天井，墙壁上都爬满了蔷薇。20世纪70年代末，杭州市区仍保持着从吴越国到南宋、明清以来的传统格局和历史面貌。但躲过了自然灾害、政治运动，如今却毁于现代化建设中。因为杭州古城和历史街区的消失，联合国遗产中心专家明确指出，杭州以'城'的名义申遗已不可能。"

在1999年的一个研讨会上，毛昭晰痛陈历史文化名城和历史文化保护区屡屡遭破坏的现象，他呼吁，历史文化名城保护已刻不容缓："每一座历史文化名城都有自己的特色和风貌，它们所包含的历史文化信息是不可替代的，一旦遭到破坏，这些信息也就随之消失，最终会造成无法弥补的损失。"接着，毛昭晰话锋变得更加凌厉，词锋直指城市历史文化的破坏者："目前破坏历史文化名城的主要是三种人：一是好大喜功的政府官员，二是利欲熏心的房地产开发商，三是低能的城市规划师和建筑师！大量的古城、古迹、古街区遭到破坏，都是这三种人所为！"

此言一出，震惊官场，震惊文物界，由浙江而全国，反响异常强烈。此后，凡毛昭晰出现的场合，一些地方官员就会退避三舍，担心挨批。

记者就此向毛昭晰核实。他说："我并不是说所有的行政领导、房地产商都不好，浙江有许多领导对历史文化名城的保护十分重视，如杭州市委书记李金明、王国平和市长仇保兴，清河坊和河坊街能保护下来，他们功不可没。临海市原市长陈广建力主修复台州古城，这是浙江11个府城中唯一得到保护和修缮的府城，这些官员都很重视文物保护，都很值得尊敬。"

一次去兰溪，当他看到兰溪古城区古老的民居，古朴的石板路，9条小巷入口处都在墙上嵌有石牌，石碑上记录着小巷的名称、长度、宽度和历史。毛昭晰激动了："我真想给当地官员下跪！浙江能保留下这么好的民居和小巷，当地官员有功啊！"

毛昭晰说，商人中也有重视历史文化的，如杭州一家房地产企业曾将杭州许多古街巷和一些建筑物拍下来，举办了一期题为"留下城市的脚印"的展览，展览中许多代表着城市印记的建筑后来都彻底消失了，实在令人痛心。但这家公司把这些印记记录下来了，后来还出版了一本画册，《留住城市的脚印》。

“我对这家企业的负责人心存感激。但愿所有的房地产商都对城市历史文化有这样一份感情！”他说。

2002年，杭州市启动“北山街改造工程”。北山街是一条承载着太多文化积淀的古街，这里有首届西湖博览会旧址，有著名报人史量才为其爱侣建造的秋水山庄，有“民国奇人”张静江的静逸别墅，有蒋经国、杨虎城等名人别墅，一条不长的古街，密布着大批的文物保护单位。然而这项旧城改造工程一旦动工，许多文物古迹又将被毁。

是年5月，杭州市召开历史文化名城保护座谈会，毛昭晰与会发言：“西湖边上的老街，只剩下北山街了，北山街只能保护，不能改造，改造工程会把老建筑改掉，会再造新的房子，这对西湖景观将会造成难以弥补的破坏。”

杭州市委书记王国平在会上当即表态：同意毛昭晰的意见。于是这条西湖名街保住了。

毛昭晰抢救下来的文物不计其数：杭州求是书院、郭庄、沙孟海故居、穆斯林先贤古墓园、刘大白墓、张宪资福庙，嵊州古城墙，海宁盐官王国维故居，桐乡乌镇修真观戏台，湖州钱业会馆，长兴二叠纪标准地层——金钉子，慈溪上林湖越窑青瓷窑址群，温州瓯海永昌堡，等等。

“为保护文化遗产奋斗到底！”

2003年2月27日，九届全国人大常委会委员毛昭晰赴京参加全国人大会议，这是他最后一次履职参加人大会议。

这“最后一次”是他职业生涯的华彩乐章。

那天他在房间翻看赠送的报纸，《中国文物报》上一行标题引起了他的注意:《洛阳在毁什么?!》。报道说，洛阳为修建“河洛文化广场”，未经国家文物部门批准就将大型挖土机开进东周王陵文物保护范围内突击施工，遗址内的“天子驾六”车马坑危在旦夕，即将被毁!

东周王陵六马驾驭“天子之乘”遗址具有不可估量的文物价值，这一遗址证实了古文献夏商周时期“天子驾六”的说法，这可是与兵马俑一样弥足珍贵的遗址啊！

斯事严重！毛昭晰立即打电话给《中国文物报》社要来几十份报纸，并分头转送给各位常委。他觉得，这件事必须让国家领导人知道！最好的办法是联名上书！

可上书须先“书”，由谁来“书”？只有自己。但他有情况，并且情况严重——此时他的左眼眼底出血未愈，视力已基本丧失，读书写字都很困难。本来他无法来参加人大会议，医生不许他来，但他不愿尸位素餐，既然当了人大常委，就得履职。医生无奈，只好嘱咐他少用眼，不然眼睛可能会瞎。

毛昭晰眼底出血由来已久。那是 2001 年 8 月 13 日，浙江省旅游局召开全省旅游局长会议。12 日，局长纪根立派人找到毛昭晰，希望他能给局长们做个报告。

“开始我没答应，后来想，旅游发展与文化遗产保护分不开，参加会议的都是市县旅游局局长，何不借这个机会讲讲历史文化和文物保护呢！”他对记者说。

讲什么呢？下午题目确定:《文化遗产的保护和旅游业的可持续发展》。

当晚，他起草讲话稿至凌晨 3 点。

次日上午的报告讲了 2 个多小时。他讲了旅游业要走可持续发展的路，必须保护好文化遗产。在讲到文化遗产遭到破坏的种种现象时，容易激动的他又激动起来，特别是讲到，法国一家汽车公司将广告做到万里长城的老龙头上，这个广告在法国播出后遭到法国公众的抗议，法国人认为，在世界闻名的古迹上做广告，这说明做广告的人太没文化，是丢法国人的脸。而这样丢脸的广告中国人却批准了。他怒斥这种为了经济利益破坏文化遗产的行径，越讲越生气，越讲越激动，喉咙越来越响，额头青筋暴突，颈上血脉偾张。他不知道，连日疲劳加上过分激动导致眼底黄斑出血，次日便住进了医院。

“你不能再激动了，不能过度用眼了，不然，你的眼睛要瞎的！”杭城眼科名医姚克警告他。

他深知医嘱重要，但一遇到破坏文物的事，他就会激动，就会不顾眼疾。

就在他住院期间，杭州市启动运河整治工程，运河沿岸的码头、仓库、小河直街、拱宸桥西老街区被列入拆除规划，运河码头上的粮仓已被拆得只剩下最后一座富义仓了。

获此消息，病床上的毛昭晰躺不住了，听说当地召开运河文化研讨会，他不顾眼疾不请自来赶赴会场。

作为全国人大常委会委员、文物专家，会议举办者只好请他发言。他一登台就指着横幅问："我首先要问，什么是运河文化？运河文化包括哪些内容？通过什么载体体现？运河文化的载体是桥梁、码头、仓储、历史街区等文化遗存！把这些文化遗存都拆掉，还谈什么运河文化？运河是世界重要的文化遗产，运河的文化遗存一处都不能拆！"

回到病房，他不顾医生的警告，一手蒙着左眼连夜给杭州市委书记王国平写信，呼吁"运河文化遗存不能再拆了"！

王国平当即在他的信上批示："在拆的立即停止，已拆的妥善修复。"

小河直街和拱宸桥西的老街保下了，现已被列为杭州市历史文化保护街区；"最后的天下粮仓"富义仓保下了，还得到修复。

这次参加北京的两会，负责他的医生很是恼火，由于他没遵医嘱，到处乱跑，他的眼睛出血处已像紫葡萄一样，血都快进入玻璃体了，血一旦进入玻璃体，他的眼睛就废了。医生不同意他参加两会，他只好反复央求，医生深知他的脾气，直到他答应尽量不看书看报，才放他出院。

此时，获悉"天子驾六"车马坑原址遭破坏的信息，他又激动得忘了自己已是半个盲人，他已顾不得眼睛了，此时哪怕要他的命，他也会扑上去。

当夜，他铺开稿纸，一只手掩住病目，一手握笔给总理写信。

这封信写到凌晨两点方才完成。

28日一早，他把这件破坏文物的严重事件告知各位常委，并请常委们在信上签名，以求得他们的支持。

共有45位常委在他的信上签名。

上午，九届全国人大第32次会议召开，这是九届全国人大常委会最后一次会议，也是毛昭晰担任全国人大常委会委员的最后一天。会议结束，毛昭晰找到刚卸任的李鹏委员长，亲手递交了这封长信和《中国文物报》。李鹏认真听完毛昭晰的申述后表示，一定把信交由下任总理处理。

新任总理温家宝接到这封联名信，立即批给建设部和国家文物局，责成两部门会同河南省政府处理。

3月10日晚，消息传来，洛阳破坏文物事件已得到制止，“天子驾六”车马坑原址已被保护起来。

毛昭晰曾为自己“误入官场”而惋惜。学者当官，利耶弊耶？最后他释然了，只要能让城市的历史文脉延续下去，个人学术上的牺牲又算得了什么？

1986年，应谈家桢邀请，毛昭晰赴上海担任高级职称评委。他和一学部委员同居一室。在论及学者当官的利弊时，当听说毛昭晰就任省文物局局长后保护了胡庆余堂等文物古迹时，学部委员激动了：“我本来觉得你搞行政太可惜，现在看来一点也不可惜，你保护了一处文物，比你写几篇论文对国家的贡献大得多！”

20世纪90年代初，四川井研县黄石坎发现的蜥脚类马门溪龙科峨眉龙属的恐龙化石新种，为表彰毛昭晰在文博事业上的贡献，这一新种以他的姓氏命名为“毛氏峨眉龙”。

2009年6月，文化部、国家文物局授予毛昭晰等21位文博专家“中国文物、博物馆事业杰出人物”荣誉称号。

“为天地立心，为生民立命，为往圣继绝学，为万世开太平”，毛昭晰秉承着中国知识分子述往圣思来者、赓续道统和学统的使命，生命不息，奋斗不止。正如文化部和国家文物局表彰他的决定中说的：“尽管已是耄耋之年，但他始终心系文博事业，为文化遗产保护呕心沥血，奔走呼吁，实践着他‘要为保护文化遗产奋斗到底’的铮铮誓言。”

（载《光明日报》2017年6月7日，与严红枫合作）

湖州文脉的守望者

——文化学者徐重庆的故事

初中学历，没有职称，凭什么被高校聘为顾问、指导教授的研究？

一个退休职工，凭什么使一个个文化名人视其为知己，甚至将价值逾亿元的私人藏品捐出委托他处理？

徐重庆，浙江省湖州市电影公司退休职工，一个文化学者的传奇。

自学成才的文化学者

初夏时节，记者专程赴湖州采访徐重庆。然而很不幸，老人已中风，口不能言，身不能动。

湖州市文广新局局长宋捷告诉记者，在湖州文化界，一提“先生”，人们便会肃然起敬——“先生”是徐重庆的专有称谓。

湖州人对徐重庆的崇敬，源于他为这座古城文化事业所做出的突出贡献。

今年 71 岁的徐重庆出生在一个医生家庭，16 岁入湖州电影公司，因喜欢读书和结交读书人，“文革”期间被打成莫须有的“裴多菲俱乐部”成员，受到批判。

虽然仅有初中学历，但徐重庆曾师从赵景深、孙席珍、黄源等现代文学大家，自学成才。他一直单身，时间和精力都用在了钻研学问上。他在国内外报纸杂志上发表了大量研究文章，出版了专著，成为在国内有一定影响的现代文学研究学者，中国鲁迅研究学会的创会会员。

《湖州晚报》高级记者汤建驰与徐重庆相识相知30多年，写过大量有关徐重庆的报道。他说，徐重庆治学严谨、考据扎实，20世纪80年代末，徐重庆在《香港文学》《读者良友》《广角镜》等港台刊物上连续发表文章，以大量的史实论证著名作家郁达夫的组诗《毁家诗纪》里涉及的人与事完全是臆造，全属子虚乌有，应还郁达夫妻子王映霞清白。徐重庆发表的《郁达夫移家杭州的原因》《我所知道的诗人刘延陵》《新发现的徐志摩佚文（阿嘤）》等都有独特见解，自成一说，为学术界所瞩目。

湖州职业技术学院原党委书记陈松源说，徐重庆是一个痴迷的历史挖掘者，对湖州感情深厚，凡有关湖州的文史内容，他都不遗余力地挖掘。徐重庆为繁荣湖州文化做了大量工作，譬如他与国内外文化名人有着广泛的联系，茅盾、刘海粟、章克标等名人都因徐重庆的关系为湖州题词。

汤建驰说，徐重庆与茅盾、俞平伯、叶圣陶、钱君匋等社会名流交往频繁，彼此非常信任，他因此有机会获得别人无法获得的史料，如与郁达夫妻子王映霞通信逾千封。王映霞写《阔别星洲四十年》一书缺资料写信求援，徐重庆不但自己提供资料，还联系郁达夫同事友人，使王映霞获得许多有用的资料。日本横滨国立大学文学部教授、郁达夫研究专家铃木正夫通过王映霞认识徐重庆。1985年郁达夫殉难四十周年纪念活动在浙江富阳举行，铃木未获邀请，遂向徐重庆求援，徐重庆多方联系，最后通过浙江省文联主席黄源发出邀请。铃木在活动中做了《郁达夫被害真相》报告，揭开了郁达夫被日本宪兵杀害的真相，引起震动。

汤建驰说，徐重庆与许多文化名人联系密切，他珍藏有刘延陵、赵元任等名人的信札手迹，有徐志摩亲手设计的拜年片、艺术家钱君匋订婚的请柬、戏剧家李健吾在法国祝贺朋友结婚的明信片，有茅盾、李何林、黄源、赵萝蕤、胡道静、汪静之、王瑶、郑逸梅、范用、刘海粟、姜东舒等国内外知名人士近千种签名赠本，这些藏品为研究现代文学史提供了珍贵的史料。

为了却大师遗愿而努力

在湖州市博物馆二楼展厅，记者观看了“馆藏明清家具展”。馆长潘林荣介绍，展出的23件以黄花梨为主的古家具非常珍贵，其中国家一级文物5件、二级文物10件、三级文物8件。

“没有徐重庆，这批珍宝就不会归属湖州。”宋捷说。这批珍宝是陈梦家和夫人赵萝蕤的旧藏。

陈梦家是著名古文字学家、收藏家，有“中国古家具收藏第一人”之美誉，赵萝蕤是湖州德清人，是著名翻译家和比较文学家、北京大学教授。这对学界闻名的神仙眷侣从20世纪40年代开始收集明清古家具，藏品多为珍品。陈梦家一直认为，文物应归属国家。“文革”期间，陈梦家因不堪侮辱自杀，赵萝蕤一度精神失常。一代大师的意愿成了遗愿。

“文革”后，陈梦家的冤案得以平反，赵萝蕤也回到北大执教。

徐重庆与赵萝蕤相识于20世纪80年代，交往中，他深感赵氏家族是湖州重要的文化资源。赵萝蕤之父赵紫宸是我国著名教育家，曾任燕京大学宗教学院院长，1948年担任普世基督教协进会成立大会主席。

为此，徐重庆建议在湖州建赵紫宸纪念馆。赵萝蕤和赵景心姐弟1992年赴湖州与徐重庆面洽此事，并全权委托他协调各方关系。建一个纪念馆谈何容易，要办审批手续，要地要钱要物，徐重庆与赵家非亲非故，干卿何事？但他却责无旁贷，四处奔波。1998年赵萝蕤去世，临终托付赵景心：遇重要事可与徐重庆商量。

赵萝蕤去世后，徐重庆锲而不舍、持之以恒，终于于2006年在湖州师范学院内建成赵紫宸赵萝蕤父女纪念馆。

赵萝蕤去世后，所有古家具转由赵景心收藏。赵景心膝下无子女，遂立下遗嘱：所有财产包括古家具全部捐给社会。

2000年，赵景心将姐姐、姐夫收藏的26件古家具捐给上海博物馆。

留下的23件，他曾委托北京嘉德拍卖行估价9000万元准备拍卖后将钱捐出，许多机构和藏家都愿出巨资收藏。但他担心，藏品一旦拍卖就会被藏家瓜分，犹豫中，他想起了姐姐的托付。

2012年10月底，赵景心电讯徐重庆征求对这批家具的处理意见，徐重庆建议捐给家乡，由湖州市博物馆收藏。同时还建议在湖州建赵氏墓园，让赵紫宸、赵萝蕤魂归故里。

此后，湖州、北京函电频驰，反复协商之后，2012年12月20日晚，赵景心电告徐重庆，23件明清古家具悉数捐给湖州市，此事全权委托徐重庆来处理！

而今湖州市博物馆专门在二楼辟出500多平方米展厅展示这些珍宝，一件件黄花梨、紫檀家具凝聚着一代大师的爱国情怀。大师远去，薪尽火传，留给后人的是不灭的精神火种。没有徐重庆，后人何以能在此一饱眼福！

守护了半个多世纪的珍宝终于有了归宿。赵景心对徐重庆说："完成了父亲、姐姐与姐夫的遗愿，心上最大的一件事终于落实了！"

2013年9月17日，徐重庆捧着赵紫宸、赵萝蕤的骨灰从北京回到湖州，湖州枫树岭陵园内"紫宸园"落成了……

以一人之力引进四个博物馆

"因为徐重庆的关系，湖州用接受乡贤的捐赠建了4个博物馆。"宋捷说。

引进一个馆，徐重庆身上要扒一层皮，四处奔跑，八方沟通，这种出钱出力费精神为他人作嫁衣裳的事为何非得一再去做？徐重庆认为，只要有利于湖州的文化事业，就该不遗余力。

沈行楹联艺术馆，就是因为徐重庆才得以落户湖州的。

沈行又名沈左尧，中国科协研究员，精通书画、楹联、篆刻，徐悲鸿、李可染、傅抱石等大师对他的篆刻都评价甚高，郭沫若、黄苗子、丰子恺等文化名人都曾请他治印。

沈行出生在浙江海宁，偶然的机缘使他获知自己祖籍在湖州，从此产生了回乡寻根之念。经朋友介绍，他找到了徐重庆。2004年，沈行与徐重庆相识于湖州，两人一见如故，徐重庆的精心安排使他感动。他向徐重庆透露，自己毕生收藏1000多件藏品，其中包括徐悲鸿、傅抱石、吴作人等大师的作品，还有自己创作的书画、篆刻作品百余件。彼时，已年逾八旬的沈行欲将毕生藏品捐给社会，却没有合适的捐献地。

"何不捐给家乡！"徐重庆提议。

沈老与湖州本无太多关系，却因徐重庆认了真。徐重庆开始为筹建博物馆而奔走。

3年时光，博物馆雏形乍现，沈老决定：将价值上亿元的藏品捐给湖州。这一决定，多半是为徐重庆做出的。

2007年春，沈行楹联艺术馆开馆，沈老亲赴仪式。

同年秋，沈老在京病逝，其骨灰亦遵遗嘱安葬湖州。

与沈行不同，"包畹蓉京剧服饰艺术馆"是包畹蓉为徐重庆的名声所吸引，主动找到徐重庆请求捐献藏品的。

包畹蓉，湖州人，中国京剧"四大名旦"之一荀慧生的入室弟子，上海非遗项目京剧服饰制作技艺代表人物。他解放初曾在上海创办京剧团，痴迷京剧服饰研制和收藏，曾变卖家产收藏服饰精品，上海奉贤区建有包畹蓉京剧服饰艺术馆，该馆被列入中国十大民间博物馆。

但他家还有上千件藏品，包括梅兰芳、荀慧生、俞振飞、黄桂秋等名家的京剧服饰。许多藏家甚至日本某大学都看中了他的藏品，愿出高价购买，均遭拒。他辗转找到徐重庆，愿向家乡捐赠藏品。

徐重庆当然竭尽己能，鼎力相助。

2012年9月，"包畹蓉京剧服饰艺术馆"开馆，300多件京剧服饰中有俞振飞的粉大靠、荀慧生的梅红袄、黄桂秋的粉红宫装与大红旗袍，还有包畹蓉个人花巨资历时3年制作的全金蟒袍、包家祖传的"百佛袈裟"等稀世珍宝。

四个馆，无不凝聚着徐重庆的心血和汗水。

随着徐重庆影响的扩大，外地文化名人来找他的越来越多。苏州画家凌虚欲将自己的画和藏品捐给湖州，指名要徐重庆接手他才放心，其实他连徐重庆的面也没见过；上海九三学社原秘书长邵阳，其父邵洵美系新月派诗人、散文家、出版家、翻译家，其母盛佩玉系盛宣怀孙女，父母留下许多书画古董，因与徐重庆投机，也决定把藏品捐给湖州。

徐重庆，无愧于湖州的文化功臣！

喧嚣社会里的精神洁癖者

初夏的一个下午，记者来到这位文化功臣的家。

一座普通公寓，推门，满眼皆书，门厅里都挤得满满当当，三个房间四壁皆书，书柜里是书，桌子上堆满书。厨房门口摆一张 70 厘米的钢丝床，竟是主人卧榻。书住正室，人居偏房，主人爱书一目了然。

作为文化部门负责人，宋捷与徐重庆交往颇深，他在发给记者的邮件中说："先生自匿陋巷，饱读诗书，他活在精神世界里，对物质生活求之甚微，食则简单，穿乃布衣。一饭一饮足矣。但对精神生活却很苛求。"

陈松源等人曾联名上书市委，希望给徐重庆嘉奖。宋捷很感委屈，不是不给，而是给他他不要。宋捷称徐重庆"崖岸高峻，羽毛自珍"，因为他为文化事业做了大量工作，经常自己贴钱，文广新局决定每年给他几万元补助。当宋捷和分管副市长给他送去 3 万元，他竟勃然作色："我为湖州文化做贡献不是为钱！"他指着宋捷说，"如果这样，今后我不认你这个朋友了！"

徐重庆是湖州陈英士研究会会长，为挖掘湖州文化做了大量工作，许多地方都是自己贴钱，却从不计较。一次陈立夫给他汇来 3000 美元，他一文不取全用在研究会上。

湖州师范学院图书馆馆长龚景兴说，徐重庆是该校特聘教授，不但为该校争取了沈行楹联艺术馆，还通过私人关系收集香港 50 多个作家的 2000 多册图书，创建了"香港作家文库"；他还承担了指导该校教授进行湖州历史文化研究的任务，对该校的发展贡献甚巨。该校曾想一次性给他一笔补助，他坚拒不受。后经反复协商，才同意每月拿 2000 元的兼职补贴，但拿了几次就提出不要了。

对于徐重庆的清廉自守，湖州市博物馆馆长潘林荣很有体会。为捐赠古家具，他与赵景心密切联系。赵景心耳背，电话里只有他讲，别人讲他听不见。每次通电话后，徐重庆马上把自己的意见写信用特快专递寄去，徐重庆仅快递费就花了 5000 多元。

"为联系捐赠，他手机打坏了，我说给他买个新的，没想到他竟发火了，这是他唯一一次朝我发火。”潘林荣说。

赵景心感激徐重庆为赵氏家族所做的贡献，闻徐重庆经济拮据，便想给他一笔钱，他拒绝了。

徐重庆律己严，待人却很慷慨。许多文化名人来湖州找他，他常自掏腰包陪同。曾任湖州宣传部副部长的李敏龙告诉记者，上海翻译家章克标“文革”期间经济困窘，徐重庆当时月薪才 20 多元，却毫不犹豫资助老人。

湖州市文广新局副局长曹燕鸣称徐重庆是个精神洁癖者。他手头有许多名人书画、印章，但他爱惜羽毛，从不以此牟利。

宋捷认为，徐重庆为湖州的文化发展贡献甚巨。2014 年，湖州申报历史文化名城获得成功，其中也有他的功劳。

“一个城市的文化构成，需要多种元素。像徐重庆这样的文化人，就是一个城市不可缺少的重要元素。”一位已离任的湖州市领导这样评价。

（载《光明日报》2015 年 07 月 14 日，与严红枫合作）

邓大人传奇

他身材魁梧伟岸，直挺挺地往舞台上一戳，马上会牵引住男的女的老的少的所有人的目光，这些目光会因他而闪亮，而燃烧，而变得粲然动人。

他的声音浑厚洪亮，穿云裂石，雄浑刚健，令人闻声不忘：他能把一篇社论念得声情并茂，有人极言，他能把一份菜单朗诵得使人潸然泪下。

与王心刚、唐国强、濮存昕英俊的外表不同，他的脸坑坑洼洼，起伏的丘陵上布满一个又一个的疙瘩，但是，他照样是少妇少女的“杀手”，记者熟悉的几位女性就毫不隐讳地表露：喜欢他！非常喜欢他！连他脸上的疙瘩都喜欢！

他只读过3年小学，但在业界却被称为大师、泰斗。辽宁人民艺术剧院院长宋国锋说他是“中国话剧界的神”。

这位为观众所爱戴的表演艺术家就是辽宁人民艺术剧院话剧著名表演艺术家李默然。

自从主演了《甲午风云》中的邓大人邓世昌，几乎所有的观众都将他称为“邓大人”，李默然就是邓大人，邓大人就是李默然，这一点，观众绝不会搞错。

辉煌的落幕

1993年初冬，北京，青艺小剧场。

没有海报，没有宣传，小剧场话剧《夕照》的演出牵动了许多人的心。

这是邓大人的封台演出。

1993年，中国话剧研究会搞了小剧场会演，已经退出第一线的邓大人突然看到《夕照》的剧本，心旌荡漾，激情难抑。长期以来，他一直演领导干部，很渴望演一个他从来没有演过的人物，看到《夕照》中这个性情孤僻行为怪诞个性独特的老艺术家，他怦然心动，已经67岁的邓大人决定将此剧作为自己的封台演出。排练下来，他担心自己仍然是个领导干部的形象而不像剧中的老人，他向大家征求意见："看我还像不像个党委书记？"直到宋国锋说"我都怀疑你是不是个党员"，才放心。

排完即到北京，只演3场，不卖票。

报纸的一角，登载了这一小消息。

像亚马孙河蝴蝶的翅膀扇动，得克萨斯州掀起了风暴。这一"蝴蝶效应"在北京引起强烈的震动。

只演3场，戏剧大师的封台演出！邓大人将告别舞台了！我们再也见不到邓大人了！《夕照》将是邓大人舞台生涯的绝唱！

这些信息随着初冬的朔风灌满了话剧爱好者的心。一种对这位为亿万观众喜爱的演员的牵挂，伴随着淡淡的哀伤弥漫在北京的话剧爱好者心头。

首场演出主要是为北京戏剧学院的师生准备的。

举办者忽略了观众对邓大人的喜爱，忽略了"封台演出"的消息带给观众的震动、痛苦甚至愤怒。

青艺小剧场前聚满了人，人们挤进剧场，剧场爆满，连过道上都挤满了人，剧场大门紧闭，但还有许多观众坚持要进去。

几个女学生竟从男厕所跳进去。

"哗！"剧场的门被挤破了，玻璃碎落一地……

大批保安来了，警察来了，剧场前一片森严。

观众留恋艺术家，不同意封台。

此事惊动了中央领导。中宣部部长丁关根给文化部部长高占祥打电话：不同意封台。高占祥找到李默然："这应该是你艺术上的第二个春天，怎么能封台呢！"

默然难默然，于是不得不加演。

那3天，能容纳400人的青艺小剧场生生地挤进了600多人。

演出非常成功，李默然出演老画家一角，他的演出炉火纯青，演技精湛。

加演还不够，于是又在蓝岛大厦的伊甸园剧场连演数场，场场爆满。

“封台演出”的最后结果是，《夕照》剧组不得不巡演全国，直演到1998年，竟演了100多场！

百场《夕照》，如一抹绚丽的夕照，染红了邓大人辉煌的舞台生涯。

痴情的戏迷

“邓大人”在成为邓大人之前，不但不辉煌，而且非常普通，简直是非常卑微。

“邓大人”1927年出生于牡丹江一个回族贫民家庭，7岁时患白喉，亲戚中有38人死于此疾，他的两个哥哥和一个姐姐也被此病夺去生命，他挣扎了半年，终于活过来了。

10岁方入小学，3年后因家贫而辍学，开始在牡丹江热闹的新安市场卖香烟。

新安市场内每天都有演出，京剧、西河大鼓、京韵大鼓、奉调大鼓、河南坠子、评书，他边卖香烟，边看演出，便迷上了戏剧。

邓大人身上的潜质被发挥出来了，听多了看多了，他便开始模仿，居然惟妙惟肖。京剧《武家坡》《朱廉寨》《二进宫》《辕门斩子》，台词他能整本背下来，生旦净末丑，唱、念、打、斗都会。拿根树枝就成了马鞭，鼻孔里插上苞米须就是胡子。14岁时，他为大姐一家演出《武家坡》，既演薛平贵，又演王宝钏。

此后，便又迷上了电影，普克、刘琼等演员的精彩表演使他着迷，王人路主演的话剧更燃起他当演员的热望。

机会终于来了。

1945年，他进邮局当差。邮局有个业余剧团，每天在排戏，他每天趴在墙头观看。

终于，导演发现他了。

“喜欢演戏？”导演问。

他点头。

“愿不愿意来试试？”刚好该剧缺一配角，导演问他。

他大喜，于是让他演一个仆人。

这一试就试出了未来的大师。

导演让他按照剧本要求试几个动作，他欣然上场，扫地，抹桌，主人上场，他压低声音，做沙哑苍老状：“老爷，您回来啦！”

导演大惊：“天才，你简直是个天才！”

日本投降后，这个业余剧团排了《风雪之夜》，他的“天才”更得到证实，他主演一个大资本家，演出非常成功，他也渐渐地有了些名气。

1947 年，沈阳。解放军东北文协文工团招聘演员现场。

东北文协由刚从延安回来的苏群、白朗等人主持，归东北局宣传部领导。当时国民党与共产党争夺进步青年，非常需要演出人才。“邓大人”就是在这样的背景下前来应考的。

这可是正规的剧团！

邓大人心向往之，于是优哉游哉前去赶考。

文工团指导员沙青担任主考官。

沙青拿起小提琴，拉了一个音，让他识别。

“5……”他唱道。

沙青又拉了一个高几度的音。

“邓大人”的音也高了几度，然而还是“5……”。沙青诧异地望着他，以为自己听错了。于是又拉了一个音，他还是“5……”。

沙青苦笑着放下了小提琴。

一个音盲！

“天才”成了蠢材——“邓大人”败下阵来。

“去话剧团看看吧。”沙青说。

他找到话剧团，即兴表演了一段，马上被录取了。

“邓大人”的舞台生涯正式开始了。他演过歌剧，当过合唱队员，做过打击乐手，还扭过秧歌，甚至还搞过剧本创作。

1951 年，东北人民艺术剧院成立，李默然成了专业话剧演员。

在“邓大人”看来，演戏是因为好玩。可是，当他出演《曙光照耀莫斯科》中的党委书记库烈聘时，他无论如何感觉不到“好玩”了。

在这里，他遇到了他的启蒙老师严正。

鲁艺出身的严正是我国著名导演，时任剧院副院长。他非常注重演员的专业训练。排练一开始，他就发现，这些演员大都缺乏正规训练，排练时，各唱各的调，各行各的窍，排练乱成了一锅粥，几乎所有的演员都缺乏正规训练。

“拿腔拿调，你是腔调式的形式主义！”排练一开始，严正就当着大家的面严肃地批评“邓大人”。

拿腔拿调，还形式主义！“邓大人”脸红了，原来自己离真正的演员还距离很远啊。

排练停下了，严正针对每个演员的具体情况，开始了为期半年的正规学习和排练。

李默然认真分析剧情，体会角色，进行二度创作。也是在这时，他第一次知道了斯坦尼斯拉夫斯基体系并开始学习。为了更好地体会角色，每天排完戏，他都坚持以角色的身份写日记，从心理上接近角色。他的这一做法毕生坚持。

在导演严苛的要求下，他发奋努力，学习，排练，他开始一步步接近领悟的曙光，感到自己渐丰的羽翮，难以克制冲上云际的渴望。

整个剧本排练了近半年，这是李默然毕生从艺中最完整、最正规的表演艺术训练。排练结束，他的体重下降了 6 斤。

李默然成功了，演出引起轰动，还演进了北京城，此剧获得文化部优秀演出奖。

辉煌的里程碑

1960 年早春，长春电影制片厂。

这一天，林农和摄影王启明正在长影厂招待所小白楼前，只见副导演刘文华领着一男青年迎面走来。只见这青年男子高大威武，浓眉大眼，英气逼人。

王启民心中一动，不由脱口而出："还找什么邓世昌啊，就是他了！"

这个"他"便是李默然。

这一年，33 岁的李默然演技已臻娴熟，恰刚被任命为辽宁人艺副院长。在来长影前，组织上只交代他被借调到长影演电影，至于演什么片子，担任什么角色，他一概不知。他更没料到，此行不但将使他从舞台到银幕，还将使他登上艺术的一个高峰。

他将参加《甲午风云》的拍摄。

就在这年的早春时节，剧作家叶楠被请来修改剧本。此片已作为重点影片，配备了最好的主创人员，由优秀导演林农执导，大牌演员金山将担纲主演片中主角邓世昌，甚至，长影厂还悄悄请出已被划为右派的大导演沙蒙任顾问。

春节过后，剧本通过审查。万事俱备，电影开拍在即。但就在此时，金山却因故不能出演，《甲午风云》主角缺位，导演林农为这燃眉之急急得团团转。

按照原定计划，李默然是被请来演李鸿章的。王启明一句话改变了李默然的身份，林农以导演的眼光打量着李默然，满意地点头。

拿到剧本，李默然才知道他要演的是《甲午风云》。

成为专业演员后，李默然刻苦钻研业务。他自知自己文化水平低，不学习无法赶上别人，尤其是，因为文化低，他还出过洋相。那是进剧团不久的一天，他轮到每天早上例行的读报，读着读着，底下突然哄堂大笑——他把"效率"读成"效帅"了。知耻而后勇，耻笑声使李默然清醒，文化太低会被人耻笑，文化太低也无法成为好演员。他决心改变现状。此后数年，他一有空就到图书馆，沉浸在知识的海洋中。他求知的目光近乎贪婪，他忘情的苦读几乎痴迷，他的一生都坚持博览群书，兼容并蓄，不断充实自己。

"千斤念白四两唱"，朗诵是话剧演员的基本功。为此，李默然每天早上坚持练习：把一只手臂伸直，手心对准口腔，用鼻子吸一口气到腹部，然后舌尖添到上腭，慢慢地将吸进的气吹到手心上，以此练习气的长度和远度。冬练三九，夏练三伏，"气托声，声带字，气声相助字才清"。长期的练习使他的演出底气十足。

在整个50年代里，他主演过《尤里乌斯·伏契克》中的伏契克、《第一次打击》中的季米特洛夫、《胆剑篇》中的吴王夫差、《日出》中的李石清等角色，取得了巨大的成功。在北京演出，他还多次受到周总理、朱德、刘少奇、陈毅等老一辈中央领导人的接见。

读了《甲午风云》剧本，激情在他心中燃烧。邓世昌抗击日本侵略者，对日本侵略者的恨触动了他心中那块隐痛，那刻骨铭心的一幕马上在他心中重现：

在东安市场卖香烟时，他受尽日本宪兵的欺凌。一次，他卖香烟被日本宪兵抓住，当场被打掉两颗大牙。这两颗大牙是他仇恨的印记，他毕生没有镶牙，为的就是让自己记住这一仇恨。

他决心演好邓世昌，他自信能演好邓世昌。

然而，由李默然出演邓世昌的消息传出，长影厂一片哗然。当时对英雄人物的要求是高大全，而李默然一脸的丘陵——脸上坑坑洼洼，长满疙瘩，这样的形象能演英雄吗？

林农和王启明却为他辩解：外国名导演说过，脸上没有疙瘩的人演不了英雄！

是英雄是狗熊还是排练场上见，先试演！

3天后，拍摄现场，李默然开始试演“撞舰”一幕。随着导演的一声指令，试拍开始：此时，他感到自己就是邓世昌，致远舰舵手牺牲，他怒火中烧，把辫子猛地一甩，缠在脖子上，手握舵把，两眼喷出愤怒的火焰，驾驶致远号向敌指挥舰吉野撞去。这一切全是他下意识的动作，完全是临场发挥，自然恰当。

当“邓世昌”猛甩辫子时，林农几乎狂喜不禁，他意识到，演员已完全进入角色，他悄悄命令开机，试拍变成了正式开拍。

样片出来，叫好声一片。李默然饰演的邓世昌激昂慷慨、悲怆感人、壮伟苍凉，人们被感动得流泪。人们这才发现，这个外表粗犷却英华内敛的演员把邓世昌这个民族英雄演绎得淋漓尽致、栩栩如生。

《甲午风云》于1962年播出，引起轰动。人们赞誉他扮演的邓世昌，可以与赵丹扮演的林则徐相媲美。

李默然出名了，全国各地的信件雪片似的向他飞来，那一段时间，只要他在公众场合被认出，狂热的观众就会高喊着“邓大人”围上来，给“邓大人”请安。

从此，邓大人成了李默然的代名词。

35 岁的李默然登上辉煌的顶峰，他的前途呈现出璀璨的光彩。

“中国的活李尔”

1964 年，成名后的李默然再度与导演林农合作，拍摄了他的第二部作品《兵临城下》，成功地塑造了姜部长的形象。此后他又主演过《熊迹》《走在战争前面》《检察官》等影片。

就在他的事业进入佳境，一片辉煌时，那场史无前例的大戏在共和国大地上开幕了——“文革”开始了。

像几乎所有掌权者一样，作为辽艺的副院长，李默然成了货真价实的走资派，成了被打倒在地还要踩上一脚的“修正主义分子”。批斗，关牛棚之后，他们一家被下放到盘锦三台子大队落户。

在农村，他学会了干农活，学会了赶大车，他还是一个很不错的马车夫呢。

1975 年，“邓（小平）大人”复出，李默然也回到辽艺。然而接下来又是反击右倾翻案风，“邓大人”又被摘掉“顶戴花翎”，打入十八层地狱……

粉碎“四人帮”后，中国话剧迎来了黄金时期。李默然进入艺术的喷发期，开始登上艺术的巅峰。

《报春花》的演出使李默然登上了艺术的一个高峰。

李默然担任剧中党委书记李健一角。他把十多年郁积在心中的对话剧的热情全部倾注在这个剧目上。话剧中有个公认的难点，那就是领导干部，而李默然的特长恰恰是演领导干部，成功地演绎了众多领导干部的形象。

演出在中国剧坛引起轰动。

1979 年 11 月 18 日至 19 日，《报春花》应邀进中南海为中央领导做两场的专场演出，这是粉碎“四人帮”后中国话剧第一次进中南海演出。薄一波、宋任穷、邓颖超等中央领导观看了演出。邓颖超握着李默然的手一再要他注意身体。

28个省区移植了这一剧目。

1979年9月30日，人民大会堂宴会厅灯火辉煌，文艺界名人在此相聚。当李默然找到自己的座位时，一张熟悉的笑脸向他迎了上来。

是赵丹。

“刚看了你主演的《报春花》，非常好，这是一个讲真话的戏，我还向侯宝林、关肃霜他们推荐呢。”赵丹一边与他握手一边说。

《市委书记》《乔厂长上任记》《花园街五号》，一个个剧目，一台台大戏，李默然活跃的身影在共和国的舞台上闪现。

80年代初，英国一位戏剧家来辽艺访问，当得知辽艺尚未演过莎士比亚剧目时，他感到非常震惊。演莎士比亚名剧是世界话剧界共同翘盼的制高点，作为中国话剧界四大支柱（北京人艺、上海人艺、北京青艺、辽艺）之一的辽艺，居然没有演过沙翁名剧，这位戏剧家感到难以理解。

其实，早在50年代，辽艺就曾成立剧组，准备排演沙翁名剧《李尔王》，由李默然出演李尔。但终因故未能如愿。

出演李尔王成了李默然的夙愿。

1986年，中国首届莎士比亚戏剧节在上海举行。再不能拖延了，此时的辽艺在李默然的主持下，决定排演《李尔王》，59岁的李默然披挂上阵，领衔主演李尔王一角。

国际话剧界将莎士比亚四大悲剧的演出视为畏途，而《李尔王》则是公认最难演的剧目。该剧规模宏大，剧情大起大落情感跌宕，情节大开大阖，表演只能演出外表，很难演出本质，许多艺术家望而却步，更何况是以东方人的思维东方人的肤色来演绎西方人的剧作。

李默然演出的一个特点是，他是用激情在演戏。而此时的李默然已罹患高血压、心脏病，演这台戏不但情绪上剧烈波动，而且需要很好的体力，已59岁的李默然吃得消吗？

这是个难以逾越的高度。李默然向这个高度冲击。

1986年4月18日晚7时，上海戏剧学院实验剧院。李默然以自己精湛的技艺把沙翁笔下这个专横暴虐、自私昏聩的独裁者的狂、愚、哀、癫演绎得淋漓尽致，李默然准确地把握这个复杂的人物的两个基点：我即一切；爱是自私的。然后用四跪将人物的情感历程充分展现：一跪大女儿，是愤怒；二跪二女儿是怨恨；三跪人民是觉醒；四跪小女儿是认罪。“暴风雨”那场戏，李尔抱着三女儿考狄利亚的尸体，台上、台下狂嚎般地独白10多分钟，这场戏下来，他的脉搏每分钟竟跳动达130次，对一个高血压、心脏病患者，这是非常危险的。但李默然用生命的代价，用气势磅礴的表演，把李尔的形象雕琢得光芒四射。

这一演出使他的表演进入化境。剧评家评论他演的李尔王类似金山演的屈原，“语言节奏那般铿锵，如一颗颗子弹打出一个个炮弹而喷出。动作节奏那般强烈”，他的表演大气磅礴，他那张脸是“那般粗犷，那般气质峥嵘。那一头长长的白发怒意凌霄”。那场难度最大的暴风雨的独白，他却做到“西方朗诵与中国戏曲念白的完美结合”，他的演出是一种“壮美”，而“壮美堪称最美之美”。

演出在北京和上海引起轰动。

国际莎士比亚学会主席菲力浦·布罗克班克惊叹：你是5个演出《李尔王》的国家中所有演员中最出色的一个！

战友情深

名人逸事多，风流事多，谣言多。即便是像李默然这样正派的名人，谣言同样经常光顾他。

一次，辽艺在外出演出的火车上，一旅客听说邻座是辽艺的人，就好奇地来打听：“听说李默然和老婆离婚了。”

辽艺演员：“有这事？”

“他的新婚妻子又年轻又漂亮，叫王秋颖啊！”

言者凿凿，闻者哑然失笑。

李默然和王秋颖是老搭档，只是无论是新欢还是旧爱，王秋颖都是个须眉男儿。

王秋颖和李默然在许多剧目里合作，《第一次打击》，他与王秋颖都演季米特洛夫 AB 角；在《甲午风云》里，他演邓世昌，王演李鸿章。两人住的是门对门，经常是一方手拿一只茶杯，穿着背心趿着拖鞋就敲开了对方的门，为了一句台词、一个动作可以争得脸红脖子粗，争完以后两人又一起喝酒吃饭，什么事也没有。

1984 年 1 月 22 日，辽宁省人民医院病房，身患肝癌的王秋颖躺在病床上，已进入弥留之际。

突然，门外履声橐橐，这分明是老友李默然的脚步声！王秋颖一阵激动。

他的激动源于老友刚刚为他去除了一块心病。

作为好友，尽管两人关系亲密，尽管两人演技相当、艺龄相当，但李默然是艺术 6 级，王秋颖却只是艺术 7 级。

对此，李默然没知没觉。

对此，却是王秋颖的一块心病。

1984 年 1 月中旬，王秋颖肝癌晚期，病危之时，这块心病还在折磨着他。

夫人深知他的心病，但人之将逝，还能期望解决级别吗？

哀伤中，她把丈夫的心病告诉了丈夫的好友李默然。

此时李默然正在筹备去北京演出，闻斯言，马上放下手头工作，直奔省文化厅。

文化厅正在开会，李默然闯了进去。他对厅领导说，他从来没有为自己的事情求过组织，但今天为了一个老艺术家，他向组织求情来了。他希望组织上不要让一位老艺术家带着遗憾离开这个世界。

3 天后，王秋颖的级别问题得以解决。消息传至病榻，王秋颖欣喜莫名。当他得知此乃老友所为，不禁感动得泪洒枕巾，情不能已。此时的他深知自己的人生已近谢幕，一个强烈的愿望不禁油然而生：渴望能最后见老友一面。

此时李默然正在北京紧张地演出，王秋颖夫人犹豫再三，还是给李默然发了电报。

接到电报，李默然火速飞回沈阳，一下飞机就直奔医院。当他急促沉重的脚步声在门口响起时，已处在弥留之际的王秋颖几近神助，突然回光返照，头脑异常清醒。门外老友的脚步声一下子勾起了二十多年前《甲午风云》中“闯宴”这一幕：影片中，李默然扮演邓世昌，王秋颖扮演李鸿章。李鸿章在宴会上与洋人周旋，邓世昌在二堂等候请战。洋人的狂妄激怒了邓世昌，激动中他不慎将茶杯碰翻，惊动了宴会厅，李鸿章闻声喝道：“谁在二堂喧哗！”

此时的王秋颖突然脱口而出：“谁在二堂喧哗！”刚到门口的李默然急步趋前，单腿跪伏打千：“回大人，彪下邓世昌拜见中堂大人！”刹那，4只大手紧握在一起，两行浊泪从王秋颖那双饱经风霜的眼中滚落。

终于，王秋颖宁静地闭上了眼睛，清魂一缕，随风飘向安逸的世界——他无憾了。

珍惜羽毛

莎士比亚说：“无瑕的荣誉是世上最纯粹的珍珠。”

一如人们评价胡适对名誉的珍惜是“爱惜羽毛”，李默然也非常“爱惜羽毛”。

尽管他非常“爱惜羽毛”，但他的羽毛上差点被沾上污点。

1989年春，李默然到深圳为亚运会集资义演，广东《新舞台》杂志编辑孙冕从白云机场直追到深圳。孙冕因采访与他相熟相知，此次孙冕找他是有事相求。

正是这次见面在中国文坛掀起轩然大波，使得李默然尴尬无比，有口莫辩。

孙冕此来是受南方制药厂之托，邀请李默然为该厂做广告。当时的南方制药厂为假冒药品所苦，决定找一个重量级的演员为药品做广告，遍觅神州，他们选中了李默然。

“南方制药厂承诺，只要您答应为他们的产品做广告，他们将给您丰厚的报酬。”孙冕对他说，“你也可以提要求，你要多少钱？”

没想到，李默然发火了：“我是参与谴责社会上不道德行为的宣传，谈钱，我不干！”

但事实是他最终还是干了，但绝非为了钱。

当时的文坛，名人做广告还未成风。而李默然正在为社会上的假冒伪劣产品坑害消费者现象感到深恶痛绝，他觉得应该站出来谴责这种恶劣行为。他试图用自己在观众中建立起来的正面形象来制止假冒伪劣现象。正是基于这样的考虑，他答应做广告，但他特别要求在广告词中加入这样一句：“制造假冒、伪劣药品，是一种不道德的行为，应该遭到全社会的谴责。”

使李默然始料不及的是，广告刊出引起轩然大波，事情却适得其反，真正受到谴责的不是造假者，恰恰是谴责造假者的名演员本人。观众无法接受，自己心目中最受敬重的名演员，却“为了钱”而去做广告。

“为了钱”并非没有依据，开头是猜测，后来的事实却不幸“证明”了观众的猜测。

广告风波乍起，为流言所累的李默然却又开始为缺钱所累——中国剧协正在为筹办第二届中国戏剧节缺乏资金犯愁，李默然是剧协副主席。

那天，他拨通了孙冕的电话：“孙老弟啊，你弄了个三九胃泰真把我给整苦啦！”

通话中谈完广告风波后，李默然提及了中国戏剧节因为缺乏资金无法举行，他正为此苦恼。孙冕马上意识到补偿的机会来了，他迅速将此讯告知南方制药厂厂长赵新先，赵新先当即表示，出资 20 万元赞助戏剧节，这里也有着对李默然歉意的成分。

万没想到，他们的好意恰恰为广告风波推波助澜：此事被一好事的晚报记者获知，于是一篇完全违背事实的新闻出笼了，在报道中，赞助戏剧节的 20 万元变成了李默然个人拍广告入私囊的所得，于是，“李默然拍广告得到 20 万元报酬”的新闻被无限放大、传播。这一下，观众更愤怒了，指责声、骂声，汹汹然一片，李默然成了众矢之的。

采访中，辽艺老演员贾华向我们讲述了当时的情景。

广告风波给李默然一家造成巨大的压力。作为老朋友，贾华去看望李默然夫妇，试图给他们以安慰。

贾华见到了李默然的妻子龙潮。问及广告风波，龙潮说：“别提了，连税务局都上门了。”

原来，当地税务人员也是李默然的崇拜者，听到李默然拍广告的事，很不理解，也很气愤，这样一个令人崇拜的名演员却为了钱把自己的名声毁了。愤慨中，他们便找上门去，要求李默然纳税。

那天，龙潮接待了这些税务人员。

税务人员：“李老拍广告拿了一大笔报酬，根据税法，这可要纳税啊！”

龙潮：“应该应该！怎么纳呢？”

税务人员：“他一共拿了多少钱？”

龙潮拿出一只随身听：“喏，这就是他拍广告得到的全部报酬！你们看这个税怎么上啊？”

“啊？”税务人员睁大了眼睛。

此事给李默然沉重的打击，这已成为他从艺一生最不愿提及的事。事后他得出结论：“我什么权利都有，就是没有权利伤害广大观众！”

天津某服装商场承诺，只要李默然穿上他们的西装，拍一张大照片挂在门窗上，就给李默然 100 万元。

“给 1000 万元我也不会做。”李默然断然拒绝，“今生今世我不会再拍广告了！”他清楚，他不属于他自己，也不属于他的家庭，而是属于大众，属于社会。正如曹禺对他说的：“请注意健康，你的身体是属于大众的。”

意识到这一点后，李默然更加“珍惜羽毛”，任何时候都遵循着这样的原则：自己的所有行为都要问一问：观众拥护不拥护，观众赞成不赞成，观众愿意不愿意，观众答应不答应。

为了这个原则，李默然不尚奢华，甘守平淡，他在沈阳一个普通小区里的一个普通公寓过着普通的生活，没有豪宅别墅，没有宝马香车，绝不普通的李默然过着绝对普通的平民生活。

他的孙女也曾抱怨：拍广告有什么不好？劳动所得！爷爷只要拍几个广告，家里什么都有了。

原中宣部部长丁关根在全国著名艺术家座谈会上称他是“有社会责任感

的艺术家”。

洁白的羽毛不容玷污。李默然宁可什么都没有，也决不为钱去拍广告。

他终生再没拍过一个广告。

在沈阳的一个普通住宅区的一套普通住宅里，我们见到了李默然。依然是刀刻斧凿般的脸庞，依然是伟岸挺拔的身躯，依然是洪钟般宽厚雄浑的声音，依然的动作敏捷、行动自如的人。

只有那花白的鬓发昭示着这位话剧界巨人已是英雄迟暮，这位耄耋老人披着外衣，两道浓眉下，那对深邃锐利的眼睛闪烁出一丝淡淡的笑意。

2007 年，李默然 80 诞辰。

2007 年，中国话剧百年。

百年话剧历史少不了李默然，他的名字将和李叔同、欧阳予倩、田汉、洪琛、曹禺等名家一起载入史册。

（载《光明日报》人物版，与苗家生、毕玉才合作，此为原稿）

褚树青：书香溢处，人间天堂

如果有天堂，天堂该是什么模样?

前阿根廷国家图书馆馆长博尔赫斯回答:“天堂应该是图书馆的模样！”

硬件国内顶尖，软件国内一流，多元、亲和、智能化，馆舍设施温馨舒适，家居式的阅读环境，文化部领导称赞杭州图书馆是“中国最好的图书馆”，读者则将其誉为“天堂一样的图书馆”。

然而，有着如此美誉的图书馆的馆长褚树青却有一个很不雅的外号：“乞丐馆长”。

清秀、儒雅、挺拔、浑身书卷气的褚树青何以会有这样的外号?

这个外号源于褚树青人道、人性、人文的办馆理念。

“天堂”里的“乞丐馆长”

透过落地玻璃窗，杭州新城市民中心巍峨的建筑高高耸立，清明时节的温暖阳光透过玻璃，满室生辉。

坐在宽敞明亮的办公室里，聊起一年前发生的那件轰动全国的微博事件，杭州图书馆馆长褚树青不很愿意:“都过去了，还提它干什么？”

时过境迁，但记忆依然清晰。

2011 年 1 月 18 日，微博上的一句话产生了蝴蝶效应，中国网络掀起飓风，褚树青和杭州图书馆的名字被推到了舆论的风口浪尖，受到万千网民的关注。

那一晚，褚树青的手机响个不停，几被打爆。北京、上海、广州，全国各地的记者纷纷来电，内容全是与他的这句话有关。

中国的图书馆一向更愿意向体面的文化人敞开，引车卖浆者流免进。一些图书馆门口赫然告示：“衣冠不整，谢绝入内！”

这与褚树青的理念相背。图书馆具有公益性，把读者分成三六九等，拒绝部分人进入，其公益性会大打折扣。

2008 年 9 月 30 日杭州图书馆新馆开张，褚树青提出“平等、免费、无障碍”的口号。

“公共图书馆是公众的文化空间，任何公民都有权进入，即便是一个乞丐。”他说。

乞丐和衣衫破旧的民工小心翼翼地进来了，无人阻拦。于是他们便堂而皇之地进来，读书，看杂志，甚至纳凉。对此，读者不干了。一读者找到褚树青抗议：“图书馆怎能让乞丐进入？我们不愿和乞丐一起看书！”

面对质问，温文尔雅的褚树青依然不愠不火：“我无权拒绝乞丐进入，但你有权选择离开！”

就是这句话被人发在微博上，顿时触动了社会的神经，引发人们对人文精神的关注和思考。因为一句话，他成了网络红人；因为一句话，杭图红遍全国。中央电视台等媒体对此事进行了报道，一场公共图书馆办馆理念的大讨论由此引发；美国《世界日报》以整版的篇幅报道说：具有 150 年历史的公共图书馆概念在大陆首次落地。英国、法国主流媒体都做了报道……

网上的议论更是铺天盖地：“尊重众生平等，才是真的进入成熟社会。这位馆长值得尊敬。”“杭州图书馆是一个伟大的图书馆，‘乞丐馆长’是一个伟大的馆长！”

从此，褚树青便有了“乞丐馆长”的外号。

因祸得福误入“天堂”

1981 年，褚树青踏进考场，参加高考。因偏科严重而落榜。人生的路该向何处去？

褚树青对古文情有独钟，一心想考古籍专业。喜欢古籍，这和他与图书馆的结缘有关。

褚树青对图书馆的喜爱似乎与生俱来。1963 年出生的他，从小就跟着妈妈到图书馆。妈妈的家族与图书馆很有渊源，曾担任京师图书馆主任、浙江图书馆馆长的张宗祥是他的姨太公，在中学当老师的母亲又常常带他去图书馆，图书馆那散发着淡淡书香的气息和宁静安谧的氛围都使他入迷。只要有时间，他便会泡在图书馆里。

也因此，从小学到中学，他一直是图书馆的志愿者。

高考落榜后，刚好杭州图书馆招人，他毫不犹豫去应考，一考就中，他被分配在古籍部工作。

真所谓失之东隅，得之桑榆。歪打正着：每天与古籍打交道，古籍部十多个博学的老先生全成了他的导师。工作的内容正是他的爱好，他喜不自禁。

其时全国正在掀起一个整理古籍高潮，杭图古籍部的重点工作是古籍文献整理、版本及金石拓片鉴定等工作，褚树青成了专家们的好帮手。而专家们则倾其所有向他传授古籍知识。

1986 年，杭州图书馆浣纱新馆落成。落成典礼上，他结识了中国著名古籍版本目录学专家、上海图书馆名誉馆长顾廷龙。顾老在杭州期间，他受命陪侍左右，几天下来，顾老对他很有好感："这小囡蛮好，我喜欢！"

那些天，顾老和他谈古籍、谈书法，一老一少有聊不完的话题。

"你愿意来上海读我的研究生吗？"顾老问他。

褚树青笑了："我本科还没毕业呢！"此时他已从杭州大学古籍大专班转到杭大中文系函授本科。

"来上海工作呢？"顾老喜爱之情难舍。

他笑着摇头。

但从此他开始了与顾老持续多年的交往。

"老人家温柔敦厚，与世无争的人生态度，他的道德文章，他的满腹知识，都对我影响很大。"褚树青追述道。

浙江图书馆古籍部何槐昌先生退休后到杭图帮忙，褚树青又多了一位导师。何老把自己几十年积累的经验和知识都毫无保留地传授给他。

在专家们的精心指点下，褚树青的学业突飞猛进。1990 年，他出任杭图古籍部主任，开始主持整理“文革”劫后幸存下来的古籍，为文献做鉴定，进行刻书年代考证，整理碑帖、信札等。其间他主持完成了《杭州图书馆古籍善本书目》《馆藏南宋史文献目录》《馆藏丛书子目》等图书的编纂，《杭州图书馆善本书目》收集了600多种、共5000余册善本图书，书目编辑质量之高得到国内专家高度肯定，后被全国《续四库全书》编委会列入“工作目录”，成为《中国古籍总目》的合成书目。他主持整理完成的古籍计有两千种之多。

1996年，国际图联在北京举行会议，褚树青向大会递交论文《论明代徽州的刻书》，获优秀论文奖，这是浙江省第一篇获奖的古籍论文。

进入天堂无须通行证

虽然对图书馆就像天堂这一比喻是在他后来担任馆长之后获知的，但希望有一个天堂一样的理想的图书馆却是褚树青到图书馆后就产生的念头。

天堂是人类追求的最高境界，只有修行积德者才能进入。

也就是说，天堂是有门槛的，并非人人能进。但图书馆却不应有门槛，图书馆的门应向所有普罗大众敞开，否则，公共图书馆的公共性岂不大打折扣？

1998年，褚树青就任杭图业务副馆长。上任伊始，即迎来文化部4年一度的图书馆业务考评。

此时的“天堂”很使褚树青失望：80个员工，本科以上才5人，馆藏图书才80万册，每年购书款仅100万元，其时破墙开店搞经营的余热未消，整个图书馆向读者开放的面积仅500平方米。馆舍简陋，制度不全，更缺乏公共图书馆的服务理念。

文化部专家的考评没有通过！

不但没通过，在全国省会城市图书馆考评中，杭州排名倒数第一！

一个历史文化名城，中国最负盛名的刻书、藏书中心之一，中国最早引进西方公共图书馆理念的城市的图书馆，在全国省会城市图书馆中居然排名末位，作为业务馆长，褚树青感到无地自容！

2000年，杭州市公开招聘图书馆馆长，褚树青在竞争中胜出，出任馆长。

褚树青营造“天堂”的机会来了。

上任之后，他马上对图书馆进行整顿，将出租的场地收回，小部分重新招标出租，大部分向读者开放，开放面积从500平方米增加到1300多平方米。接着，他推出一项改革：14岁以下儿童、60岁以上老人、残疾人、军人办证免费，家庭困难读者免交押金。此举马上赢得了一片叫好声。

褚树青发现，我国图书馆数量众多，学校、单位、企业都自办图书馆，到20世纪80年代后，企业图书馆渐次消失，学校图书室也萎缩了，加上图书馆为创收向读者收费，图书馆功能被严重削弱。杭州的区县图书馆一年的购书经费4万～5万，处于半死不活状态。

他决定对图书资源进行整合。2003年，他对全市7个县市区的图书馆进行联网，实行“一卡通”，市区包括7个县市的读者凭“一卡通”可在杭图和7个县市区任一图书馆借阅。

这是国内图书馆第一次实现城乡区域一体化，公共图书馆第一次在杭州地区实现共建共享，同行反响强烈。

同年，他创建成立了全国第一家图书基金会，吸引民间资金弥补馆藏不足，第一年就募捐到20万册图书。

褚树青始终认为，公共图书馆的公共性应体现在无偿服务上。可是我国图书馆都在收费，这使公共性大打折扣。

2006年6月1日，他主持发布《杭州地区公共图书馆服务公约》，读者进图书馆看书不需要任何证件，借书凭借书证，办理借书证不仅不需交押金，连原来的15元工本费也免掉。

自此，杭州地区的公共图书馆进入免费时代。

在“一证通”的基础上，他开始构建“中心馆—总分馆”体系：整合杭州各县市区的图书资源，这一体系可保证读者方便、快捷、最大化获取文献、信息。“中心馆—总分馆”集合了全市13个县区市构成一个完整的四级网络体系：杭图是中心馆，13个县市区是总馆，乡镇街道是分馆，村和社区是亚分馆。杭州市实现了城乡公共图书的全覆盖。中国图书馆协会认为，该体系解决了中国地级市图书馆的困境。中国图书馆学会学术委员会常务副主任，北大信息管理系李国新教授认为，“中心馆—总分馆”制应该在全国大力推广。

凤凰涅槃，浴火重生，杭图在改革中走出困境，开始跻身中国图书馆的前沿。

“天堂”读书滋味长

2008 年 9 月 30 日，杭州图书馆新馆对外开放。新馆充分体现了褚树青的建馆思想：4 万多平方米的新馆近 90% 的面积对公众开放；进入大厅，大开间、软分隔、无障碍的空间布局，错落有致、简约大气的空间设计，充分体现“书围着人转”的服务理念；阅览空间一桌一台灯的书房式布置，与书架灯、棚顶灯浑然一体，方便实用，温馨舒适；书架、沙发的“软分隔”使阅览空间各功能区域既有区分又无障碍贯通，营造出独树一帜的家居式阅读风格；英式风情、中式古典等多种地域特色使室内景观营造出特有的文化氛围，让读者感到温馨、舒适。

脑子里的天堂终于变成了现实！

这无疑是国内硬件最好的图书馆！

天堂不能有门槛，任何人都应允许进来。褚树青的口号是“平民图书馆”“市民大书房”，“平等、免费、无障碍”，对读者实行“零门槛”，读者凭身份证和市民卡就可借书。杭图因此成为全国第一个全免费公共图书馆！

在新馆建馆之前，杭图已引起美国驻沪领事馆的关注，2005 年，该馆文化参赞专程前来考察，还专门邀请褚树青赴美考察。美国之旅，褚树青从国会图书馆、大学图书馆到社区图书馆，对美国的图书馆进行了详尽的考察。他发现，美国的学校为学生提供学历，图书馆则提供终身教育。马克思的著作是在图书馆完成的，原因就在此。

人道、人文的办馆理念，人性化的服务，读者纷至沓来，平均每天接待 8000 人，假期高峰达 4 万人。

随着网络的快速发展，上网查找资料甚至读书已成为许多人足不出户的阅读选择。这对图书馆构成了严重的威胁，图书馆会否因此消亡？一种深深的忧虑在图书馆界蔓延。褚树青却很乐观。他认为，图书馆可以充分利用网络等现代技术，融合视频技术，集合文化、表演、传播等一切概念，打造全媒体的现代意义的图书馆，这样的图书馆才更具生命力。

2010 年 12 月 29 日，杭图推出“三网合一”的数字图书馆，市民足不出户，可通过网络、电视、手机查阅图书。

“既要有现代化的图书馆大厦，又要有虚拟的数字图书馆，两者实现互动互补，公共图书馆才能真正成为‘没有围墙的终身教育学校’。”褚树青说。

城市图书馆是城市市民的精神粮仓，是经济的晴雨表，是城市兴衰的象征。城市图书馆对一个城市经济能起推动作用。大英图书馆 2004 年对外公布了一份题为《衡量我们的价值》的报告，报告表明，每年大英图书馆产生的经济效益总量为 3.63 亿英镑，其中 3.04 亿为直接效益。中国的图书馆也应建立这样的评价体系。在褚树青的建议下，中国图书馆协会采纳了他的建议，并专门成立图书馆评价专业委员会，由褚树青任主任，并在杭图进行试点。

从此，他又开始了新的改革：对图书馆进行绩效管理与评价考核。公共图书馆属政府全额拨款单位，这一性质导致了图书馆长期“等、靠、要”。褚树青借鉴企业管理经验，将“绩效”概念引入杭图，以“投入—产出”为核心，从内部管理与外部社会评价两方面开展了探索。

他将全馆划分出“职能部门”“支持部门”“对外服务部门”三大类，建立起自下而上管理、自上而下调控相结合的民主、公开的管理制度和扁平式的管理模式。他邀请北大、浙大等图书馆学专家对杭图的社会经济价值进行评估，杭图 2009 年的效益成本之比为 1∶1.8688，即对杭图一元人民币的投入可以得到将近二元人民币的直接效益回报。这样的研究在我国图书馆界尚属首次，不仅具有开创意义，也证明了公共图书馆可以产生经济效益。

21 世纪中国图书馆的引领者

2010 年年底，国际未来图书馆论坛在丹麦第二大城市奥尔胡斯举行。

演讲大厅，100 多位来自 30 多个国家的图书馆界专家已就座。

论坛主持人、奥尔胡斯图书馆馆长勒夫宣布：请中国代表褚树青演讲。

褚树青西装革履从容登台。他清楚，此时他代表的是自己的国家。他是经几个国家推荐出席此次论坛的，美国青树基金会向论坛推荐："杭州图书馆馆长褚树青是中国最优秀的图书馆馆长！"

先用英语做了自我介绍，接下来说：对诸位来说，英语是母语，中文是外语，对我来说，中文是母语，英文是外语，我的外语就像你们的外语一样差劲，因此，我还是用母语演讲吧。

轻松的语言，东方式的幽默，顿时，演讲大厅爆发出轻松的笑声。

作为三位被选定的核心演讲嘉宾之一，褚树青此次演讲的题目是:《把图书馆打造成为市民生活"第三文化空间"》。

"第三空间"一词来源于美国社会学家雷·奥登伯格的《第三空间》一书，作者将社会空间分成家庭空间、工作空间和前两者之外的其他空间。受此启发，褚树青认为"第一文化空间"是指以家庭为背景的文化空间，"第二文化空间"是指以职场为背景的组织文化空间，而"第三文化空间"则包罗了除第一和第二文化空间以外的所有社会文化空间，因此，它无疑更具有多元性和公共性，是满足人们无法在第一和第二文化空间获得的所有其他文化需求的地方。第三文化空间的图书馆具有开放、自由、多元、交流、学习五个特点，包含学习、灵感、交流和演出四个空间。他指出，未来的公共图书馆应该是一个具有生活化特质的地方，这个地方可以融入人类的一切文化元素，具有文化综合体的特征，而不是一个单纯获取信息和知识或接受教育的场所。21 世纪的城市公共图书馆应该成为城市的第三文化空间，成为市民最想去、最喜欢去的文化场所。因此，把图书馆打造成为市民生活"第三文化空间"，这将是 21 世纪图书馆发展的目标。

褚树青对未来图书馆的这一战略思考在论坛上引起巨大反响，演讲结束，代表们竟排着队与他握手，向他表示祝贺。"第三文化空间"成为论坛热议的话题。

“平等、免费、无障碍”的服务理念，“平民图书馆 市民大书房”的办馆宗旨，对包括弱势群体在内的不同人群提供多元文化服务，通过综合多种文化功能、利用网络等现代信息技术打造全媒体的图书馆服务，杭图正在成为市民生活的“第三文化空间”。

文化部原副部长、现国家图书馆馆长周和平称杭图“是我见过的最好的图书馆”，一位中央领导惊叹杭州图书馆“无与伦比”！

国际图联主席艾伦·泰塞称赞杭图“值得世界其他国家图书馆学习”。

图书馆学资深专家、北京大学信息管理系教授吴慰慈称：“杭州图书馆是一个时代公共图书馆发展的标志。”

褚树青并不满足。作为21世纪图书馆的引领者，他希望人间处处有“天堂”！

（载《光明日报》2012年5月10日）

吴熊和文史铸词心

没有如海的花圈，没有如流的悼念者，甚至，没有追悼会，只有家人和几个嫡系弟子前来送行——11 月 4 日，中国词学一代名师、浙江大学中文系教授吴熊和就这样告别了他生活了 79 年的人世。

吴熊和的告别方式，遵循的是他毕生的为人态度：低调、收敛和不事张扬。

然而，稍显寂寞的离别却难掩绝不寂寞的生前。作为中国词学承前启后、继往开来的一代名师，吴熊和为中国词坛奉献的辉煌已无须哀荣再来彰显。

“他是‘一代词宗’夏承焘先生的学术传人，在唐宋词学、词学文献学、明清之际词派研究、域外词学研究等方面取得了卓越的成就。吴熊和先生在学术上以专驭博，卓然自立，构建了独具特色的词学研究体系，奠定了在当代词学史上的崇高地位。”浙江大学的讣告这样评价。

吴熊和 1934 年出生在上海，1955 年毕业于华东师范大学中文系，研究生师从杭州大学“一代词宗”夏承焘，毕业后又留校专从夏承焘学词，毕生驰骋词坛，卓然成家。

20 世纪，中国新旧词学交替，王国维、夏承焘等数代学者开创了词学研究的基业。20 世纪 80 年代初，吴熊和从词坛脱颖而出，给中国词坛带来一股新风：1983 年，他的《唐宋词通论》出版，中国词学界反响强烈，这部被誉为新时期词学扛鼎之作的专著继承了唐宋直至近代以来的传统词学成就，在理论、方法和考证上均有大量的突破和创新，浙江大学中文系教授胡可先称该书“建构了 20 世纪词学的新体系，打开了新时期词学的新格局，是一部承前启后、继往开来的里程碑式的著作，从 20 世纪 80 年代影响至今历久不衰”。此书经多次修订，先后由浙江古籍出版社、商务印书馆、上海古籍出版社多次重印，还出有韩国版。

《唐宋词汇评》是他又一重要贡献。这部被称为在《唐宋词通论》基础上进行多元拓展的皇皇巨著，把词选、词评、词论、词人的年谱和词学文献汇集在一起，在词学界影响深远。

吴熊和共出版著作17种，发表论文30余篇，曾承担国家古籍整理出版规划小组的《古籍总目·词籍总目》和教育部“211工程”的《词学研究集成四种》等重大项目，并致力于词史的梳理与研究。他生前兼任中国古代文学学会副会长，中国李清照、辛弃疾学会副会长等职。他把毕生精力都奉献给了中国词学。

“由于吴熊和先生继往开来的不懈努力和杰出贡献，浙江大学作为中国当代词学重镇的地位巍然不可移易。”讣告这样评价。

自20世纪80年代始，吴熊和成为中国词学领域的一面大旗，吸引着境内外学者纷纷前来求学，甚至有50多岁的教授报考他的博士生。

胡可先对进校后吴先生第一次上课记忆尤深：“先生暑假读了两个月的书有些心得，遂把三届博士召到一起讲课，所讲内容，振聋发聩。其中所讲的两个方面成为我以后从事学术研究时经常关注的问题。一是学术与思想的关系。他说，‘从事学术研究而缺乏思想，终究境界不高；仅有思想而缺乏学术根底，易于游谈无根，危害更大。’二是有关浙江学术的论述。他以为浙人古往今来都重思想，思想颇多异质且有超前的意识。代表人物如宋代的叶适、陈亮，明代的王阳明，清代的黄宗羲、朱彝尊、全祖望，直至近代的龚自珍、章太炎、王国维、马一浮等。”

吴熊和的博士、杭师大人文学院院长沈松勤回忆说：“他给研究生、博士生上课主要叫大家自己看书，看完了到他家谈感受，他会故意提出不同意见引起争论。这样的上课形式有用、有趣多了。”

吴熊和教学因材施教，根据每个人的水平、才识设置教学方案。胡可先初拟的博士论文题目是“宋代科举与文学”，向吴先生求教时，吴先生当即指出，傅璇琮先生已有《唐代科举与文学》一书，选题步人后尘会缺乏开创性。胡旋改选中晚唐文学与政治关系的研究。后来他的博士论文获全国百篇优秀博士学位论文提名。使胡可先意外的是，吴先生却建议另一位博士做

《宋代科举与文学》，理由无他：胡可先的才识可以从事更有创新性的研究。

“吴先生博学多识，以专驭博，视野宏阔高远，学术宏博精深，在词学领域，纵则将唐宋元明清都纳入他研究的视野，每个朝代都有研究成果；横则在词源、词体、词人、词集、词派、词乐、词调、词谱都有精深的研究；从地域看，他对国内的词学和境外的词学研究都很深，如高丽词学的研究，很有开拓性。”胡可先说。

吴熊和堪称鸿儒，为人却极为谦逊、低调，对自己立身处世要求极严。他很少谈论俗事，话题常以学术为主。他经常谈到，为人立身行事要有儒者的追求，要做鸿儒、大儒，起码要做一个小儒，切不要成为“腐儒”。胡可先记得，一次，吴先生发表的一篇文章遭一轻狂青年质疑，且质疑得毫无道理，弟子们很是愤怒，纷纷要求反驳，他却劝大家要包涵。

吴熊和一生唯以读书治学为乐。1999 年患多发性骨髓瘤后，十余年缠绵病榻，仍手不释卷。其高足、浙江大学中文系教授陶然回忆：“先生第一次入院时，提及想看汤因比的《历史研究》，我遂去学校图书馆借来，先生白天做化疗，晚间则读书吟咏，未尝停歇。出院之日即将此书三大册还我，谓已读毕。这种积学不辍的习惯一直到最后手已无力翻书时方止。诸同门每次去探望他，他所谈的都是学术研究或学科发展的问题，令人敬佩其学术思维的活跃。”

11 月 2 日晚，吴熊和因病辞世。临终遗嘱：丧仪从简，不举行追悼会或遗体告别仪式。4 日，仅有家人和几个弟子与他告别后即火化。浙江大学的讣告 5 日才发出。讣告称：“吴熊和先生师德高尚，一生无私奉献于教育事业，培育了许多优秀人才。他平生淡泊名利，安于清素。治学精深严谨，心性宽厚从容。沉潜著述，存真文人之本色；化育良才，为士君子之仪型。”

胡可先挽吴熊和诗云：“文史铸词心，卓尔成南斗。春风惊岁月，桃李满户牖。”吴熊和的名字将永远镌刻在中国词坛的丰碑上。

（载《光明日报》2012 年 11 月 13 日）

第三章

人物新闻

新闻敏感是记者的职业生命

感谢中国政法大学给我这样一个和大家交流的机会。同学们都是学新闻的，并且你们都是研究生，站在你们面前，我感到很惶恐。我们这代人是在特殊的历史时期长大的，读书太少，我小学没毕业遇到“文革”，没读过中学，后来因为偶然的机遇考上大学。我的求学时间加起来也就是 8 年，我有什么资格在你们这些研究生面前班门弄斧？在我 31 年的从业经历中，进大学讲课总共也不超过 10 次，跟研究生交流还是第一次。去年报社推荐几位老记者到中宣部培训，培训结束要到首都高校讲马克思主义新闻观，总编辑何东平给我打电话，推荐我去。我说我自己的马列主义新闻观都没学好，我怎么敢去高校讲？坚决拒绝了。这次报社又推荐了我，我没办法推了，这就有了今天的交流。因此，大家对今天的交流不要有太多的期许，我不善于口头表达。我只是一个新闻的操作工，实践经验有一些，理论水平全无，讲得不好，请同学们原谅。

记者的最高追求是什么？稿子传播的最大化，稿子刊登后引起轰动，引起全社会的关注，传播越广，反响越大，记者的职业价值就越大，成就也越高。记者的最高使命是什么？用报道记录历史，影响社会，推动历史进步。这是一位知名的新闻工作者说的。那么如何才能使稿子实现最大程度的传播？如何用报道影响社会，推动历史进步？这就对记者的素质提出要求，一个记者的最重要的素质是什么？我认为是新闻敏感。

新闻敏感是记者的职业生命，没有新闻敏感，记者的职业生命也就丧失了。因此，今天我想结合自己的实践谈谈有关新闻敏感的体会。题目是：《新闻敏感是记者的职业生命》，主要是与大家交流，求教于大家。

缺乏新闻敏感，我差一点成为新闻队伍中的逃兵

我简单介绍一下我自己的经历。我是杭州人，父亲是杭州大学老师，1957年被划为右派，全家被遣送回浙南老家一个小山村。我就在这个封闭贫穷落后的小山村长大。我们村没有小学，我是在邻村的破庙里读了5年小学，放了两年牛羊，就开始当农民。因为出身不好，是右派儿子，在农村备受歧视，非常压抑，也非常绝望，觉得此生无望了，只能在农村一辈子了。突然，“四人帮”粉碎了，邓小平出来工作了，父亲的右派得到改正，高考恢复了。父亲动员我参加高考，我死活不肯，我一个小学肄业生，哪里可能考上大学呢，我怕被人笑话。但是最后，我抵挡不住一个中文系老师的笔的进攻，父亲一封信都是七八张纸，给我讲道理。我父亲是1965年摘掉右派帽子回杭州大学的，他的信一直是维系我们几个兄弟精神生活的源泉，每次邮递员来，我们都非常期盼能接到父亲的信。因此，我经不住父亲的劝说，终于决定参加高考。最后考上了杭州大学中文系专修班。

大学校园是一个做梦的地方，青春梦、爱情梦、事业梦，校园里做梦，走出校园圆梦。我的梦想是什么？1983年毕业时，《杭州日报》让我去当记者，我拒绝了;《光明日报》老站长来动员我当记者，我也拒绝了。我的梦想是当个中学老师。原因在大家看来非常可笑，我没读过中学，当中学老师可以填补这个人生的缺憾。我为什么拒绝当记者？除了想当老师，另外的原因是我认为我不适合当记者，知识结构严重畸形，数理化一点不懂，《光明日报》面向各行各业的中高层知识分子，需要广博的知识，就我这点知识怎么跟采访对象打交道？第二条更要命，我个性极端内向，非常木讷，有社交恐惧症，害怕与人打交道，这样的人怎么能当记者？

但是，一个不愿意当记者的人，却被命运选择，不但当了记者，而且干了一辈子，一直到退休。

到《光明日报》浙江记者站工作后，一开始工作，我就遇到了一个大难题：没有新闻敏感，根本不知道什么是有价值的新闻。开始半年多时间，我根本发不出稿子。

1984年6月，杭州市召开城市发展国际战略研讨会，我第一次参加这

样重要的会议，我完全是一个土老帽，什么都不懂，从报到处领了一大堆材料，全是论文。我开始读论文，读了一个星期，读得云山雾罩，别的记者又是消息，又是通讯，又是专访，我憋了一个星期，才憋出一条消息。我又不敢发，刚好报社名记者马雨农在杭州休假，我就请他帮忙看，他拿起笔三五下把消息改成了简讯。终于，一条不到50字的简讯在报屁股里出现。

开头10个月，经常是稿子写一篇被枪毙一篇，我惶惶不可终日。这一年，中国沿海14个城市对外开放，浙江的宁波和温州在列，记者部指令我去写这两个城市。稿子写好后，部主任让我把稿子送到北京，后来我理解，实际上这是对我进行一次业务上的诫勉谈话。我诚惶诚恐交上两篇稿子，主管业务的副主任看后说："小叶，你这是小学生做作文，哪里是新闻稿！"我无地自容，压力山大。

这时，我听说新华社辽宁分社有一个记者因为一年发不出稿子得了精神病，我很恐慌，我会不会成为第二个？当时内心斗争非常激烈，萌发退意，准备另外择业，我当不了记者。但是，我又感到心有不甘，我一个山村农民，能进中国第二大报，却因为自己无能放弃这样的机会，窝囊！我不甘心。反复权衡后，我决定做最后一搏。我一边找专业的书来读，一边研究新闻作品。一个消息可以写一个通宵，一个导语可以写七八个反复对照。就这样，我对新闻开始慢慢熟悉起来。

1984年10月，绍兴双梅乡农民召开了一个新闻发布会，这是中国第一个由农民召开的新闻发布会。有40多个记者参加了这次活动，我也去了。这次活动成了我新闻业务的一个转折点。

这次活动我印象深刻，绍兴农民真正富起来了，看到西装革履，气宇轩昂的这些农民，我马上联想到鲁迅笔下的闰土，这一对照，就有了如下的稿子：

眉题："闰土"的后代们自豪地宣称

正题：双梅乡将成为"亿元富翁"

肩题：该乡农民创办48个企业，今年收入预计突破亿元

导语：昔日毡帽长衫，如今革履西装的闰土后代们，10月17日在他们举办的记者招待会上对40多名浙江省内外记者和50多名来宾宣布，他们将

成为“亿元富翁”。

后来发现这个导语里有一个问题，闰土是不穿长衫的，只有孔乙己这样的文人才穿长衫。

这个稿子发出来后，《浙江日报》名记者周荣新见到我说，这次参加活动的各媒体发的稿子他都看了，他认为我这篇最好，并说这是一篇佳作。

当时我对新闻作品的好与不好还没有概念，到后来我才发现，我犯了一个中文系出身的记者开头容易犯的错误：用文学的眼光看新闻，所有新闻佳作全是白开水一样寡淡无味。这就像用鸡的眼光来看鸭一样，总觉得别扭，鸭子的嘴为什么这么扁呢？这根本是两回事。

稿子刊出后，记者部主任给我打电话，表扬我这篇稿子写得好，把鲁迅笔下的绍兴农民和今天的农民做了对比，这就有了深度，有了历史感。后来这篇稿子被评为《光明日报》年度好新闻。

这篇稿子使我重新捡回了自信，我开始慢慢上路，开始有了新闻敏感。

记者要有狗一样灵敏的鼻子，鹰一样锐利的眼睛，豹子一样敏捷的腿。一个记者的素质中，最重要的还是新闻敏感。一个记者是否有新闻敏感，是否有写不完的题材，关键在于新闻鼻灵不灵，新闻眼亮不亮，能不能做到“慧眼识珠”。

记者要充满激情，一个太冷漠的人不太可能有强烈的新闻敏感。发现好的新闻线索，特别是一些重大题材的线索，我就会非常激动，甚至浑身发抖，晚上根本睡不着，巴不得马上去采访。只有充满激情，才有动力去采访。

1985年以后，我的发稿量开始上升，新闻敏感也慢慢强起来。1988年是我新闻职业的一个高峰期，从1月份到第二年3月的15个月里发了21篇头版头条，头条数量开始在地方记者中名列前茅。这21个头条中有14篇是批评报道和问题报道，这些报道在给我带来声誉的同时，也给我带来极大的麻烦，有几个报道曾在全国引起关注，如被称为中国第一例受表扬者告记者事件、纠偏专家曹时中业余兼职收取报酬被立案事件、中国第一个私立中学与当地教育行政部门纠纷案、中国第一例文艺改革纠纷案等。

我终于没有成为新闻队伍中的逃兵，坚持下来了。后来我越来越喜欢自己的职业，我认为，这是一个最好的职业，有哪个职业能有记者这样自由？在我的职业生涯中有许多次改行的机会，让我给领导当秘书，到光明日报出版社当社长，我都拒绝了。我曾经扬言，如果不搞发行，让我当皇帝都不去，记者站的工作太自由了，管我的人看不见我每天在干什么，看得见我每天干什么的人管不了我。有哪个职业能像记者一样天马行空，独往独来？有哪个职业能像记者一样可以春江水暖鸭先知，能最先了解社会的动态、最新发生的新闻？

罗曼·罗兰说过："幸福是一种灵魂的香味。"一个人能选择自己喜欢的职业，这是一种幸福。我很庆幸，我从事的新闻工作正是我喜欢的职业，这种职业发散出来的灵魂香味，一直伴随着我走完我的职业生涯。

一、新闻敏感是记者最重要的职业素质

先讲一段我自己的经历。

1986年，我随《光明日报》新闻代表团出访朝鲜，代表团5个成员，团长是总编辑杜导正，团员有山西站长梁衡、陕西站长刘炳奇、光明日报出版社社长李桂海和我，加上翻译于美华一行6人，只有我是一个工作才两年多的年轻记者。那次访问规格很高，受到了金日成的接见。梁衡告诉我，本来出访没有我，原定是让一位部主任参加，杜导正拿到名单，把那个主任的名字划掉，把我的名字写上，理由是要给年轻人机会。我非常幸运能有这样的机会跟这些名记者和老新闻工作者一起出访。因此我抓住机会，向他们请教。记得我问老杜，一个记者最重要的素质是什么。他说，从业务上来说，是新闻敏感。他给我讲了他亲身经历的一件事。

1978年，杜导正在新华社国内部当主任。这年11月，新华社北京分社发来一篇两三千字的新闻，让老杜签发。这是一篇报道北京市委常委扩大会的综述。一般读者大概没有几个人能有耐心把几千字的会议新闻读完。老杜没有办法，他要签发把关，不能出纰漏。读着读着，他突然激动得跳起来，稿子里有这样一句话："北京市委常委会认为，天安门事件完全是革命行动。"

天安门事件，大家都应该知道，1976年清明节，天安门广场爆发了为纪念周总理逝世的"四五事件"，成千上万的干部群众涌向天安门广场，纪念周总理，反对“四人帮”。这是一个震惊世界的民主运动，这一事件最后被定性为反革命事件。粉碎“四人帮”后，“四五事件”迟迟得不到平反，社会各界高度关注。但当时中央主要领导坚持“两个凡是”的指导思想：“凡是毛主席作出的决策，我们都坚决拥护，凡是毛主席的指示，我们都始终不渝地遵循。”按照“两个凡是”的精神，谁敢为天安门事件平反？当时的媒体根本不敢触及，因为这一事件太敏感。

但是，北京市委召开的常委扩大会却把天安门事件列入会议议程进行讨论，因为社会各界议论太多，反映太强烈。最后做出的决定认为，天安门事件是革命行动。这绝非一般的决定，它颠覆了当时中央的指导思想，颠覆了毛泽东对这个运动的定性，完全违背了“两个凡是”的精神。老杜是个政治家，是一个极具新闻敏感的老新闻工作者，他马上意识到这是一个会引起举国震动的大新闻。他马上去找新华社副社长穆青，他们就商量，单独就北京市委常委会对天安门事件的定性专门发一个消息。

当天，新华社播发了这条只有200多字的消息，标题是《中共北京市委宣布1976年天安门事件完全是革命行动》。

第二天，《人民日报》头版头条刊发了这一消息，全世界都震动了。这是中国省部一级党委第一次对天安门事件做出定性，也是第一次为天安门事件平反。这篇稿子当年被评为全国好新闻一等奖。关于这篇报道的来龙去脉还有一个版本，这里就不说了。

这个事例说明，新闻敏感对一个记者是多么重要，如果按照原来稿子那样发表，这个轰动世界的大新闻就会被淹没在几千字的稿子里，变得毫无影响。杜导正眼光独到。

什么叫眼光独到？别人看不到想不到，你看到了想到了，眼光独到就是新闻敏感。一个年轻记者曾问郭超人，什么样的人能当记者？什么样的人不能当记者？郭超人的回答非常经典：“别人看到了想到了的东西，你看不到想不到，这样的人当不了记者；别人看到了想到了的东西，你也看到了想到了，这样的人可以当记者；别人看不到想不到的东西，你看到了想到了，这样的人可以当好记者。”为什么别人看不到想不到的东西，你能看到并且想到？奥秘在于你比别人有更强的新闻敏感。

同学们即将走上工作岗位，成为记者后，你们首先遇到的就是有没有新闻敏感问题。譬如现在许多单位都会组织集体采访，如果许多记者一起去这个单位采访，有些记者发现了重大新闻并进行了报道，产生了影响，而你没有发现，第一次可以不计较，第二次可以原谅，第三次如果还是这样，编辑部的人就会有看法，如果你还有第四次第五次，对不起，你不适合当记者，可以走人了，那么，你的职业生涯就完了。

新闻敏感是记者迅速准确判断有价值的新闻事实的能力，是记者的素养、知识、所积累的新闻实践经验与现实的新闻事实碰撞产生的灵感，是记者对新闻题材的第一感觉。

中国新闻社名记者徐泓就是一个新闻敏感特别强的记者。一次中新社集体秋游到香山看红叶，人山人海，堵得厉害，别人都在抱怨，她却从拥堵中敏感地意识到这里有新闻，她就到香山管理处去采访。管理员告诉她，这几天到香山观光的人数创造了历史纪录，这就有了新闻点——创造了历史纪录；管理员又说，头天国务院总理和夫人也来看红叶了，好，第二个新闻点出现了；然后她又问，香山枫叶是什么枫树？管理员说，不是枫叶，是黄栌和槭叶。香山看枫叶是多少年来的传统看法，原来这个传统却错了——第三个新闻点出来了。她就据此写了一则短消息，结果得了中国好新闻一等奖。你看，大家都司空见惯熟视无睹的现象，有新闻敏感的记者就抓住了新闻，不但发了，还得了中国新闻一等奖。为什么别人都发现不了而徐泓发现了？因为她新闻敏感比别的记者强。

20世纪90年代，黑龙江野生动物园曾发生过轰动全国的“五虎围牛”事件。野生动物园为了恢复老虎的野性，对老虎进行野化训练，将5只圈养的老虎放出去扑杀一头牛，结果出现了戏剧性的一幕，5只老虎全是动物园里出生的，从来没有见过牛，不知道这头上长角的东西是可以吃的。5只老虎围着牛转，不知所措。牛也没见过老虎，初生牛犊不怕虎，扬起尾巴怒吼一声，吓得老虎落荒而逃。

这老虎是真老虎，牛也是真牛，而且老虎每天吃的就是牛肉，为什么当牛肉长在牛身上时，老虎就不敢下嘴了呢？因为这些老虎都是圈养的，从来没有见过活牛。这种状况很像现在有些记者，这类记者已经变成动物园的老虎，失去野性了。原因是，不用找食吃，每天有人喂，稿子常常是布置的，布置的稿子一般连题目都定好了，主题是什么，多少字，哪一天发，发第几版，都给规定好的，根本用不着去发现，写得再烂也会见报。还有一种情况是现在许多稿子都是记者受地方邀请去采访的，都有明确的主题，常常是稿子都给你写好了，拿去编编署上名字就行了。写稿太容易，慢慢地记者已不习惯自己去发现新闻了。一个记者一年里有几篇稿子是自己发现去采访的原创性报道？太少了。在这样的状况下，记者还需要新闻敏感吗？根本就不需要你去发现。这种状况也导致了一些记者就像老虎见了牛却不知道就是牛肉一样，麻木了。

同学们不久后都要到媒体工作，你们会经常遇到集体采访，有没有新闻敏感，一起参加集体采访就表现出来了。大家面对共同的题材，但看到了、听到了，不等于发现了，在我眼里没有多少新闻价值的事，在你眼里却很有新闻价值，我写出来的可能是一则小稿，你写出来的可能是一篇能引起强烈反响甚至引起轰动的大新闻。举个例子：

80年代初云南发生了一场大洪灾，损失惨重。当地组织记者到灾区采访。在灾区，记者看到的灾情是一样的，视觉差异极小，但感觉差异却极大，活动结束，各路记者的稿子纷纷见报，无非是灾害造成了多少损失，导致洪灾的原因有若干条，等等。这些报道大同小异，很一般，唯独《光明日报》驻云南记者王茂修发的是长篇通讯，在他的稿子里，灾害只是个新闻由头，引出的是一个宏大的主题：人类对环境和生态的破坏是造成洪灾的主要原因，提出了生态环境需要保护的大问题。当时，我国还很少有人关注生态问题，王茂修从生态的角度报道这场灾难，引起轰动。王茂修眼光独到，发现了别人没能发现的大问题。

没有商业敏感的商人是穷光蛋；没有新闻敏感的记者是穷记者。一个人能不能当个好记者，很大程度决定于有没有新闻敏感。现在不少媒体都有博士硕士出身的记者，但学历也许能代表知识，但不能代表能力和水平，更不代表新闻敏感，许多干得非常出色的记者却没有很高的学历，《光明日报》的张天雷，初小毕业，却是大牌记者，写的都是重大题材，如唐山大地震、审判“四人帮”等。当然这是那个时代的产物，今天，高学历已经成为进媒体的必备条件，但仅仅有学历是不够的，还必须有新闻敏感。

美国新闻学大家说：“一个不善于辨别色彩的人，不能成为一个画家；一个不懂得和谐的人，不能成为一个音乐家；一个没有‘新闻敏感’的人，也不能成为一个新闻记者。”

美学上说，生活中并不缺乏美，缺乏的是发现。同样，生活中缺少的不是新闻，缺少的是发现。也就是说，记者看到、听到了，亲历了，但不等于发现。许多好新闻与没有新闻敏感的记者擦肩而过，而新闻敏感强的记者能马上抓住。

光明日报是一个有着浓厚人文情怀的单位，只要你取得成绩，报社马上予以肯定，并为你提供了更好的平台。我刚当记者的二十世纪八九十年代，光明日报经常组织小分队采访重大选题，全国各地跑。这不但为我这个山沟沟里出来的土老帽打开了广阔的视野，使我能接触到许多宏大主题，更重要的是，我能跟《光明日报》顶尖记者一起采访学习。譬如 1985 年，社会上对宝钢这个项目议论很多，中央指定《光明日报》进行报道，目的是让大众了解这个项目。《光明日报》组成了小分队，组长是《光明日报》的一位女记者、名作家，副组长是写过轰动全国的韩琨事件的上海记者谢军，我是队员。因为要采访德国专家，报社特别提出着装要求，必须穿正装。我花 85 元钱专门做了一套西装，这也是我人生的第一套西装。土老帽第一次穿西装洋相出足，那天我身穿西装，脚穿球鞋，钢笔插在西装外面口袋上，雄赳赳气昂昂地去采访。一见面，这位女记者就把我拉住说：“小叶啊，穿西装必须配皮鞋，不能穿球鞋，钢笔要插在西装里面的口袋里。”那次我们还采访了冶金部部长李东冶，这位女记者在部长面前从容不迫、谈笑风生，使我有机会目睹名记者的风采，受益匪浅。1987 年，内蒙古 40 周年大庆，报社又组成采访组，组长是《光明日报》名记者樊云芳，副组长是《光明日报》驻内蒙古站长、社交家陆永龙。我们一起采访了一个多月，我学到了许多东西，特别是学到樊云芳发明的中性报道，后来对我写批评报道和问题报道发挥了非常大的作用。1991 年，中央让《光明日报》独家采访中国核动力研究院，这是一个从不对外的绝密单位，总工程师是彭拜的儿子、中国核潜艇之父彭士禄，这个单位数千名科技工作者都是五六十年代从全国挑选的最优秀的科技人员，他们长期默默无闻地工作生活在大山里，献了青春献终生，献了终生献子孙。我与后来的记者部主任张祖璜一起到四川夹江的大山深处采访他们的事迹。跟这些名记者一起，我学到了许多东西，经受了锻炼。90年代，我跑了全国许多地方，从黑龙江的绥芬河、黑河到满洲里，从新疆的阿勒泰到伊犁，从云南的瑞丽、德宏、金平到河口，跑了全国大多数省区，我成为驻地记者跑得最多的记者之一。我非常庆幸能到光明日报这样的单位工作，我一直觉得，在《光明日报》这个平台上，我是3分才能发挥出5分作用，超水平发挥。

二、新闻敏感与政治敏感

新闻敏感的核心是政治敏感，政治敏感也是一个记者的政治洞察力。如何提高自己的政治敏感?

1. 要不断提高自己的政治素养。现在我们强调要政治家办报，所谓政治家办报，就是要求记者必须具备政治家的素质，因此，记者要努力成为政治家，要具备政治家的眼光。这就要求记者关心政治，加强学习政治理论，提高政治理论修养，不断地提高自身的政治理论水平和增强政治敏锐性。就像前面说到的，杜导正看到北京市委为天安门事件平反的消息，就能敏锐地发现这是一个轰动全国甚至全世界的大新闻。

2. 要熟悉党在各时期的方针政策，密切关注各时期的宣传重点。要对当前党的方针政策了然于胸，善于分析政治形势。

3. 要了解当前的政治、经济和社会形势，了解当前社会的主要矛盾和迫切需要解决的问题，了解广大人民群众的利益诉求，才能把握时代的脉搏。譬如，“文革”刚结束时，后来的《人民日报》总编辑范敬宜一次下乡，住在公社的办公室里，这个晚上一点动静也没有，什么事也没发生。什么事也没发生居然也能成为新闻，并且是好新闻，他写了一篇消息:《两家子公社干部睡上安稳觉夜无电话声早无堵门人》，这条消息的背景是，当时的农村问题堆积如山，农民告状不断，公社干部疲于奔命，处理各种遗留问题。而范敬宜住的那个公社却没有一个告状报案的电话，没有一个上访的农民上门要求解决问题。于是他敏感地意识到，这是个新闻，于是他写出了这一名篇。

4. 要具有强烈的事业心和社会责任感。没有强烈的事业心就不太可能有很强的新闻敏感；没有社会责任感，对社会上发生的事缺乏热情，也不可能有很强的新闻敏感。在记者的政治素养中，社会责任感非常重要，记者这个行业很特殊，它承载着更多的社会责任，一个没有社会责任感的记者是不能当好记者的。而有了很强的事业心，有了对新闻这一职业的挚爱，就会产生强烈的事业心和社会责任感，这种强烈的责任感就催生出强烈的新闻敏感。

下面举一个我自己的例子，我刚当记者时，由于缺乏政治敏感，把一个非常重要的新闻给弄丢了。

1998 年，我意外地收到《人民日报》副总编辑李仁臣的信，信是用毛笔写的，字体非常漂亮。李仁臣，新闻界大名鼎鼎；我，一个小记者，我们之间素昧平生，他怎么会给我写信？看了信的内容我才了解事情的原委。1998 年，报社推荐我参评范长江新闻奖评选，李仁臣是评委，他在翻阅我的材料时看到我的申报材料中提到 1984 年我和老站长卢良合作采写的一篇小稿，一下子勾起了他的回忆，当年他就是看到我们的这篇报道后写了一篇评论文章，这篇评论文章反响强烈，后来被评为全国好新闻一等奖。这是他给我写信的原因。

我们这篇报道其实是一则旧闻："文革"期间，杭州大学发生了一起轰动全国的活人展览事件，造反派把杭州大学地理系 7 位老师当作牛鬼蛇神活靶子，打扮成地主、资本家、反动文人，戴上高帽，穿上旗袍进行"活人展览"，"展品"中有我国著名郦学大家陈桥驿教授，他脖子上被挂上剪刀糨糊，说他的文章都是拼拼凑凑写出来的。"活人展览"的举办者将这 7 位老师向参观者展出，还派了讲解员用侮辱人格的语言向参观者介绍，这起骇人听闻的事件轰动一时，当时许多地方还派人学习取经。

1984 年全国整党，"文革"搞活人展览的工宣队员在整党中被追责，但他们理直气壮地表示自己没有错，他们坚持认为，当年在杭州大学地理系搞活人展览的做法是"执行了当时党的政策"，自己没错。当时全国整党中涉及许多党员在"文革"中的错误，虽然党的若干历史问题的决议已经通过，但对"文革"还不敢全盘否定。也正因为此，许多参加"文革"的党员坚持认为自己在"文革"中的做法是执行党的政策，"文革"错误的历史责任不应该由个人承担。

我父亲是地理系老师，地理系的情况我比较熟悉，得到这个消息后，我就去采访，写了一篇不到1000字的记者来信，稿件在一版发出。当时，我并没有意识到这篇稿件的政治意义，我压根儿就没有想到我们的这篇稿子触及了一个极端敏感的领域，更没有料到这篇小稿子会产生蝴蝶效应，将引发全国乃至世界对中国政局的关注。稿件刊出当天早上，中央人民广播电台做了摘播。此后《人民日报》在一版显著位置专门就我们报道的杭州大学地理系活人展览事件发表评论员文章，标题是《就是要彻底否定“文革”》。《人民日报》的评论马上引起海外媒体的高度关注，认为这篇评论是中国彻底否定“文革”的一个信号。当年，浙江省委党校研究生试卷的作文题目就是要考生针对这篇稿子提供的事实分析彻底否定“文革”的意义。

李仁臣就是这篇评论员文章的作者。据说他也因为这篇评论从一个普通编辑一跃成为副厅级领导——被提拔为评论部副主任。14年后看到我材料中提到这篇报道，很感慨，给我写了这封信。

三、新闻敏感与大局意识

党报记者要有政治家的胸怀，要站得高，看得远，要了解大局，把握大局，对大局有充分的把握和了解，才能敏感地判断新闻的价值。

把握大局是记者写出有影响的报道的必要条件。1989年年初，一次新闻界聚会，有同行讲起浙江省建筑总公司总工程师、金庸小舅子曹时中利用业余时间兼职，获得11万元报酬，因此被检察院立案。我马上意识到这是一个重大题材。因为当时的大局是，科技人员业余兼职已成为社会关注的热点和焦点，虽然上海的韩琨事件已发生多年，国务院也下发了允许科技人员业余兼职的有关文件，但是许多地方还是执行原来有关科技人员不许兼职的规定，而现实是许多科技人员都在偷偷兼职，社会非常需要科技人员，他们在兼职中为社会做出了贡献，为什么对社会有好处的事不能正大光明去做呢？这就需要改革，改革就是要冲破不符合实际的落后的旧政策旧规定，而实际上许多违法甚至犯罪者后来被认为是英雄，因为他们的不断违法，不断冲破旧的规定，才使旧法律旧规定有了修改的可能，正是这些违法者推动了社会的进步。基于我对科技人员业余兼职的现实的了解，清楚国家已作出科技人员在不影响本职工作的前提下允许兼职的规定，有了对大局和发展趋势的把握，我立即决定采访。一找到曹时中，他就像见到救星一样激动得哭了，当时检察机关已经准备对他采取措施，他已走投无路。我很快完成了长篇通讯《倾斜的工程》，我在稿子里提出，建筑物倾斜了可以利用技术纠偏，社会规范甚至法律倾斜了该如何纠偏？这篇报道引发了一场争论，争论波及全国科技界司法界，浙江省科协和华东地区科协都曾举行研讨会，研讨曹时中现象，探讨科技人员兼职问题。而司法机关却认为，科技人员业余兼职并领取报酬是违法犯罪，必须坚决制止。检察院还几次托人做我的工作，让我别介入曹时中的报道，当时我压力很大。但我一直跟踪报道，几年中先后发了几十篇报道，直到后来中央政治局常委乔石做出批示，曹时中才免于刑事处分。而这个典型的案例为科技人员业余兼职从地下走向公开提供了例证。

1994 年 10 月，《北京晚报》刊登了一幅小照片，文字说明是：北京还剩七只粪桶，挑粪桶的全是北京老知青。照片拍的是在一条幽暗的胡同里，一个背着粪桶的人的背影。这幅照片给读者一种苍凉感。除此还有什么？这样的照片能引起多少人关注呢？但是，《中国青年报》编辑李大同看到这幅照片，一下子激动起来，一个优秀的职业新闻人的激动意味着好作品马上要问世了。《中国青年报》冰点栏目的开篇之作《北京最后的粪桶》一刊出，马上轰动新闻界，轰动全国，成为中国新闻优秀作品的经典之作。

同样一个题材，一家媒体只发了一幅图片新闻，而另一家却发了一个整版。为什么？对新闻价值的认识和判断不同。什么是重要新闻？一个时代的开始，一个时代的结束，这都是重大新闻。辛亥革命打响的第一枪开启了一个时代，所以这第一枪就成了重要新闻。北京最后的粪桶宣告的是一个时代的结束，同样是重要新闻。我生活的浙南小县城里过去都曾有过掏粪车，每天掏粪工人手里的铃声一响，家家户户都出来倒马桶，一些车拉不进去的小巷，也有掏粪工人用粪桶将粪便挑出来。随着旧城拆迁、城市文明程度的提高、生活设施的改善，抽水马桶取代了马桶，背粪桶或挑粪的工人也消失了。《中青报》的这篇报道使许多读者感动得落泪，稿子写了北京知青的悲惨命运，当年青春年少，热血沸腾，响应毛主席号召，到广阔天地接受再教育，严酷的现实使他们的理想破灭，当他们历尽艰辛终于回城时，城里已经没有他们的立足之地，为了生存，他们只好干起了背粪桶的营生，他们成为这个社会最底层的一个群体，工资低得连家都养不起。有一个细节使许多读者流泪：当《中青报》的记者编辑请这7个掏粪工人吃饭时，临走，一个工人提出，能不能把剩下的菜打包带走，他们家的孩子已经几星期没吃到肉了。

四、新闻敏感与知识积累

先介绍我的同事张小弟的一次奇遇。《光明日报》记者张小弟一次出差，在机场，他看到一个学者推着一个巨大的行李箱，一个人在登机。他越看越觉得这人像杨振宁，他在电视上见过杨振宁，但又不敢认，同时也感到不可思议，杨振宁这样的世界级名人，怎么可能一个人出差而没有人陪同呢？按照中国的习惯，像他这样的大名人，秘书、助手肯定一大帮人围着他转。他看着杨振宁登机，没想到两人就坐在同一排上。他还是不敢贸然与他打招呼，毕竟人家是大名人。飞机开始滑向跑道，加速，升空。这时，他看到这个人双手合十，头低下，开始默默祈祷，他马上断定，眼前这位学者就是杨振宁。为什么呢？因为他在杨振宁的传记里看到过一个细节，杨的一个习惯性动作是，遇事会双手合十祈祷。张小弟不再犹豫，马上直呼"杨振宁教授"，两人就这样开始聊了起来。如果张小弟没有在杨振宁传记中看到这个细节，他就不敢断定眼前这个人就是杨振宁。这次偶遇，张小弟据此写了一篇人物特写，并得了奖。

广博的知识是新闻敏感的源泉。记者应该是杂家，要博古通今，要能应付各种采访对象。没有广博的知识，就会缺乏新闻敏感。因此，记者是一个必须终身学习的职业。记者工作极具挑战性，接触各行各业，你必须熟悉这些行业的知识，今天采访农民，你要懂得一点农业的知识吧，要懂得国家关于农业、农民、农村的有关政策；明天采访演员，总得要了解文艺政策和文艺潮流；后天你采访核专家，还得了解核工业发展的历史，了解我国核工业从军用转到民用的过程，了解恐核症对我国核工业发展的影响，了解世界绿色组织反对发展核电的现状等。拥有广博的知识，才能使记者敏感起来，才能捕捉到好新闻。记者的知识面越广，对社会的了解越深刻、越全面，经验越丰富，新闻敏感就越强。因此，广博的知识是新闻敏感的源泉。一般来说，记者需要具备几方面的知识：

1. 基础知识。记者是杂家，最好什么知识都懂一点，如哲学、文学艺术、历史地理、社会学、心理学、教育学、法学、音乐、医学、生物、网络知识等。

2. 专业知识。就是有关新闻学方面的专业知识。这一点不用说大家都知道。

3. 专门知识。一个记者如果从事某一方面的新闻报道，譬如教育记者、法制记者、文化记者，你就必须熟悉自己从事的这一专业门类的知识，对这一专业门类越熟悉，越深入，掌握的知识越全面，就越容易成为这一方面的专家，搞出来的报道就越深。譬如，《光明日报》记者李家杰，精通中医，他在中医方面的报道别人就无法超越。

一名博学多识的记者和一名知识贫乏的记者，在发现和判断新闻价值方面，往往会产生截然不同的效果。博学多识、经验丰富的记者，能够及时、敏锐地从采访中判断出哪些是有价值的材料，哪些是没有价值的材料。知识贫乏的记者，采访对象说这个你不懂，说那个你不懂，就很容易造成“话不投机”的冷场和尴尬，容易使有价值的新闻素材流失。实践证明，好的新闻作品，是记者知识、素养、敏感的产物和体现。如果知识贫乏、政策素养不高，写作技巧再高，也只能成为文字匠，而成不了名记者。从这个意义上讲，记者的新闻敏感同记者的知识素养水平是成正比的。

举一个《文汇报》驻浙江记者万润龙的例子。1992年年初，浙江的《文化交流》杂志邀请各路写手聚会，十多个记者、作者一起吃饭，有人提供了一条信息：浙江有5位老人即将赴美国访问，邀请他们的是美国的杜立特尔协会。

面对这条信息，在座各位只是当作一则新闻议论一下也就过去了。然而万润龙却马上意识到这是一条大新闻。因为他知道杜立特尔协会，了解这条信息背后的历史：日军偷袭珍珠港后，美国为了报复，于1942年4月18日派杜立特尔上校率79名飞行员驾驶16架B25轰炸机偷袭东京，实施了举世闻名的“东京上空30秒”行动。后因燃料用尽，飞机在中国沿海迫降。有72位美国飞行员被中国军人和百姓救起。杜立特尔回国后成为英雄，被提升为准将，为纪念这次行动，美国成立了“杜立特尔协会”，每年举行纪念活动。东京大轰炸50周年时，“杜立特尔协会”邀请5位健在的中国老人赴美访问。

万润龙当天晚上就开始寻找这5个老人，当天晚上就发了一篇新闻：《美国飞行员不忘中国救命恩人，浙江五老人即将赴美访问》。抢了个首发稿子。然后开始采访，后来就发了一篇1万多字的大通讯《"东京上空30秒"之后》，稿子引起很大反响，美国的许多媒体都做了转载，5位老人还没到美国，美国读者都已经知道他们了。万润龙的稿子还获得上海市好新闻大奖。

为什么同一条信息，有些人听了无动于衷，而万润龙能准确判断这是一条重要新闻，并由此写出获得大奖的好新闻来？是因为万润龙掌握东京大轰炸的历史知识，是这个知识点为他的新闻敏感奠定了基础，使他能准确判断这条信息的新闻价值。

五、新闻敏感与思想积累

记者应该是一个思考者，要勤于思考，思考有助于增强新闻敏感。我个人体会，培养新闻敏感的一个有用办法是，密切关注社会热点、疑点、难点并经常思考，这种思考好比酿酒，酿的时间越长，思考越深入，越透彻，越能激发新闻敏感。当思考的问题一旦碰到现实的题材，脑子里马上会溅出火花，激发出灵感。当你一直思考的问题与现实中的新闻事实相遇时，就会产生王国维说的做学问三境界中的第三种境界："众里寻他千百度，蓦然回首，那人却在灯火阑珊处。"

1988年4月19日，我参加浙江省临海市建市5周年纪念活动。这种活动本来没有什么新闻，因为临海是我的故乡，我当然得回去。活动结束的那天中午，当时的市委办公室主任冯玉明陪同与会记者吃饭，为记者送行。就在餐桌上，他谈到一件事：前不久，临海市评选优秀科技人员时，科技成果居全市之冠并获得过多项国际国内发明大奖的发明者李华松却落选了，原因是他历史上曾有过污点——坐过牢。冯主任很为此不平。我马上意识到这是一个很好的题材。为什么？因为我有思想的积累。

我注意到，在日常生活中，常常有这样的事例，某人在技术上出类拔萃，但因为大大咧咧，因为不拘小节，或者是太清高，孤芳自赏，于是在评劳模、评先进或评业务尖子时这类人往往落选。这一现象一直困扰着我，我也一直在思考这个问题，特别是对那些明明属于业务上技术上的评选，为什么非得用政治家的标准来衡量？不少在行业中出类拔萃的人，却因为某些性格上的缺陷而被排除在先进的行列之外。而那些中庸的老好人，刀切豆腐两面光的人却往往能成为入选者。这种求全责备的观念普遍存在于各类评优评先进活动中，而在这种观念支配下的评选也是极不科学的。因此，这种极不科学的评选标准使许多真正的优秀分子无法入选。

思想的积累碰到火星马上会溅出火花，这一信息马上使我激动起来，我当即决定留下来采访。当天下午，我就找到市委书记采访，征求他对李华松落选的看法。这位书记是个很熟悉媒体的官员，他马上表示支持我搞这篇报道。他说：为什么我们要用政治家的标准来衡量科技人员？难道历史上有过污点的人就不能成为优秀科技人员？这是在对待人才问题上的不正确的偏见，这种偏见必须消除。

李华松的曲折经历、评优中的遭逢、市委书记的不平、公众的各种议论，这一切都已构成新闻的主体，使这篇即将问世的报道显得丰满、含义深刻。我当天下午就进行采访，晚上采访结束。李华松的污点也很快搞清楚了："文革"时他才 16 岁，曾参加了一次武斗，当时对方一人中弹受伤，而李华松是 4 个持枪并开枪的人之一。而对方被打伤的人还是李华松的亲戚。究竟是谁开枪打伤了人已无从查考。1973 年，李华松被保送进了浙师院，1977 年大学即将毕业时，在清查三种人运动中遭逮捕，被认定是他开枪打伤人，因而被判刑 8 年。1981 年在全国性的复查冤案时因开枪伤人证据不足被释放。出狱后他找不到工作，只能打零工谋生。生活把他逼上发明之路，几年内他向国家申报专利几十项，并频频在国内国际得奖，成为临海市成果最丰富的发明家、临海市发明家协会主席。可是，在评选优秀科技人员时，他却因为历史上的污点而落选。

采访一结束，我马上伏案写作，很快完成了一篇 1000 多字的消息。稿子发回去第三天就在头版头条刊出，中央人民广播电台新闻与报纸摘要节目当日做了转播。

我曾经写过一篇报道，引发了一件震动全国的受表扬者告记者的纠纷。80 年代，我一直在关注社会风气问题。1988 年 3 月底的一天，作家徐星平和他的一位学生一起来看我，他学生讲起一件事：杭州市第一人民医院一位主管基建的副院长在病房大楼建设过程中，给别人行贿，自己也受贿，大楼建成后，他良心受到谴责，提出辞职。

一听到这个消息，我非常激动，我立即意识到，这是一个重大的不可多得的好题材。我马上赶到医院采访。接待我的是一个中年知识分子。我说要找最近辞职的主管基建的副院长，他说我们医院没有副院长辞职。我说我听说这个副院长在基建过程中给人行贿同时自己也受贿，大楼建成后他良心发现提出辞职。我犯了个错误，我不该一开始就暴露自己的采访意图，我这样一说，这位中年知识分子就很警觉，其实他就是辞职的副院长。他说你肯定搞错了，不是我们医院的。见他回答得很肯定，我也以为搞错了。我只好回来。可是我不甘心，又找到徐星平的学生。她说消息非常可靠，当即表示带我去见她的朋友。她的朋友把副院长的名字告诉了我。第二次去采访前我就开始分析，从副院长的态度看，他肯定不愿意接受采访。怎么让他开口呢？我就开始研究他的心理。一个人，如果别人冤枉他，向他泼脏水，他肯定急于洗刷。就从这里入手。我找到他。这次他承认自己就是那位副院长，但拒绝采访。这在我意料中。我说现在杭州卫生系统都在议论你辞职的原因，说你行贿也受贿，这些议论有没有根据？他一听就激动得跳起来，说：我受贿？胡说八道！我辞职的原因是……接着就急不可耐地说起来。其实他是一个正直的知识分子，因为不堪不正之风的折磨，在建大楼时不得不向相关部门行贿而心理严重扭曲，这才是他辞职的真正原因。闸门一旦打开，采访进展就非常顺利，但此时已是中午，他邀请我晚上到他家去继续谈。当天晚上我到了他家，我们谈得非常顺利，稿子很快完成，我写出了一个正直的知识分子在不正之风面前的无奈和痛苦。稿子送审后，他对稿子进行修改，增加了非常关键的一段事实，还附了一封回信，要求我把他和医院的名字隐去。1988 年 4 月 6 日，《新楼建成主管基建副院长辞职》在头版头条刊出，稿子见报时报社把他的名字隐去，而医院的名字却保留下来。稿子引起震动。

稿子见报后，正好《光明日报》举行读者月，由读者评选从过去一年中刊发在《光明日报》上的作品中评选出 10 篇好新闻，我的这篇报道也在其中。评委全是中央媒体的老总和人大、复旦等高校新闻学的著名教授。

6 月 5 日，我突然收到记者部发来的传真件，是副院长的告状信，信中说，《光明日报》记者叶辉采用卑鄙的手段，编造假新闻来愚弄读者。他还给每一个评委都发了告状信。评委会就把我这篇稿子拿掉了。

收到告状信，我像被人打了一闷棍，完全蒙了，继而非常愤怒。我无法相信，我热情讴歌一个正直的知识分子，这个知识分子却从背后向我捅了一刀。报社让老站长卢良去调查这一纠纷，这才了解了真实的原因。我采访这位副院长时，他已经辞去职务，而在报道见报时，他刚被任命为医院党委书记，他一上任就遇到我的报道，我的报道得罪了医院的关系户，这些掌有实权的关系户非常愤怒，指责这位曾经的副院长如今的党委书记过河拆桥，这种愤怒马上以一种特殊的形式宣泄出来：利用手中的权力刁难医院，断水断电，医院里一片怨声载道。而医院里的医生原来很同情这位副院长，但当他辞职后反而升任党委书记时，误解产生了，医院里的人误以为是书记本人找记者写报道为自己歌功颂德，因此才当上书记的，他们感到自己的同情心被愚弄了，于是就骂他既要做婊子，又要立牌坊。此时的书记左右为难，既要面对关系户的刁难，又要面对医院医生职工的误解，猪八戒照镜子，里外不是人。而这一切都是报道引起的，于是他愤而把矛头对准记者，嫁祸于记者。

记者站把调查结果连同他改的稿子和信的复印件给每个评委寄去，最后这篇稿子还是被评为 10 篇好新闻之一。

这起纠纷被新闻界称为全国首例受表扬者告记者事件，事件在全国引起很大反响，人民大学新闻系主任甘惜芬教授就这一事件写了文章发在《光明日报》上，《法制日报》专门发了评论对这一现象进行评述，《中国青年报》在二版头条刊发新闻剖析受表扬者告记者现象，后来新华社记者去采访，他躲起来了。

六、新闻敏感与素材积累

这部分我主要想讲讲人物典型的发现。

我是个笨人，我的座右铭是，笨鸟先飞。记者需要积累新闻线索和新闻素材，积累素材好比养鱼，你捕捉到一条鱼，如果太小，太瘦，先养起来，千万要有耐心，不要急，要等养肥了再处理。有些新闻线索马上报道还不成熟，还欠火候，还需要等待，先放着，等待时机成熟，收获就会更大。

素材积累我靠的是笨办法，建立新闻信息库。比如我比较喜欢写人物，我有一个人物线索的信息库，每当我发现一条人物新闻线索，马上建立一个文件夹，以后发现与这个人物有关的素材，就全部装到这个文件夹里，很实用，容易操作，掌握线索后，不用急着去写，平时常想着，常常脑子里会突然冒出一个开头，或一个结尾，甚至一句精彩的句子，这时候我绝不偷懒，赶紧记下来，也许以后写作时能用。

譬如我采写浙江大学数学中心主任刘克峰的长篇人物通讯，就是我在餐桌上听到一句玩笑引起的。2004 年我去香港参加第三届华人数学家大会，刘克峰是最高奖金奖得主。这个刘克峰是个美男子，口才极好，据说他上课女学生都会坐在最前面。我后来在稿子里把他比作电影演员王心刚，那是六七十年代的少妇杀手。到香港的一天晚上刘克峰陪我们吃工作餐，一位女记者问：刘老师，你是怎样喜欢上数学的？浙大数学中心副主任许洪伟教授接过话头调侃他的上级：刘老师喜欢数学是从追求漂亮女同学开始的。许老师说，刘克峰上中学时是个调皮的差生，初中时班里插班来了一个漂亮女生，班里的小男生们马上蠢蠢欲动，许多男生向这个女生献殷勤。刘克峰聪明绝顶，他按兵不动，冷眼观察，他要找到这个女生的软肋再发起进攻。他很快发现这个女同学数学成绩特别好，他马上为自己确立了一个目标：在数学上赶上和超过她，只有超过她，才能赢得她的好感。从此他开始发奋，学习有了动力，进步就很快，数学成绩扶摇直上，全班第一，全校第一，最后在天津市得了大奖，后来考上了清华数学系。在将数学成绩收入囊中的同时，他也将爱情收入囊中——女同学也追到手了。许老师讲到此，满桌子哄堂大笑。大家笑笑也就笑过算了，我却马上感到这是个好题材！因为喜欢美女同学进而激发学习数学的热情并成为卓有成就的数学家，这至少有别于传统的写法。我马上把这个细节记下来，并为刘克峰建立了一个文件夹，把他列入我备选的人物新闻信息库。

刘克峰是世界著名数学家丘成桐的得意门生，曾破解过多个世界数学难题。后来我在浙大又多次接触到他，发现他很爱玩，他的乒乓球几乎达到专业水平，一次与城运会冠军绕静文打让 6 分的友好赛，居然连赢两局，一个数学家居然不是书呆子，还很爱玩，并且玩出个性玩出成绩来。我又把这个细节充实到刘克峰这条人物信息中去。当这两个细节集中到一个人身上时，我马上想到了陈景润，徐迟的报告文学《哥德巴赫猜想》使中国人对数学家的印象是陈景润式的：只懂数学，不懂生活，走路碰在树上还会问谁碰了他。而刘克峰呢，会学会玩，与陈景润相比完全是个另类。这一比较，标题马上出来了——《另类数学家》，我马上把这个标题记下来，后来用的就是这个标题。再后来，我又看到几篇刘克峰写自己经历的文章，就收集起来放到材料库里。但我还没有产生写他的冲动。

机会在两年后到来。2006 年，中山大学朱熹平教授“临门一脚”（丘成桐语）破解了世界数学难题庞加莱猜想，报社让我去采访朱熹平。接到任务，我首先想到先从外围入手采访，我联系了刘克峰，他与朱熹平很熟悉。于是我就去采访。那天主要是谈朱熹平，可刘克峰却一次次调转话题谈自己学习数学的经历，我一次次打断，希望他谈朱熹平，可是三谈两谈他又谈起了自己的经历，并且越谈越起劲，听着听着，我激动起来，我明白，采访刘克峰的时机成熟了。结果是朱熹平还没采访，刘克峰的采访却意外地完成了，回家的路上便已感到写作的冲动，一些句子一些词语开始不断从脑子里冒出来，我知道已进入写作状态。当天晚上就写了 4000 多字，第二天就完成了 8000 多字的人物通讯，发了一个整版。多年的积累，2 个多小时的采访，一个版的稿子就完成了。

我职业生涯的最后几年写了几十个人物典型，其中有 10 多个得到中央领导批示被列入中宣部的先进人物报道计划。譬如省委宣传部原副部长雷云、玉环海岛医生吴棣梅（吴棣梅的事迹还被改编成越剧搬上舞台）、从乡镇医院登上国际医学舞台的台州医院医生叶丽萍、浙江省德清麻风村医疗团队（与严红枫合作）等。

2008 年年底报道的浙江省委党校经济学教授陆立军也是我长期积累的一个人物典型，积累了 14 年。1994 年，我在浙江义乌采访时认识了陆立军，当时他刚从浙江省委党校到义乌市挂职任市长助理，他来挂职的原因是为了研究义乌市场，此后十余年一直带职在研究义乌市场。对于如此深入实际的专家，我觉得很有报道价值，当时就把他列为我的候选报道对象。此后每次去义乌我都要了解一下他的事情。十多年的积累，这个人物逐渐丰满，但采访他的机遇直到 2008 年为写浙江应对金融危机的稿子才到来。采访时，他一再谈起自己在义乌的经历，我感到写作这篇人物稿的时机成熟了。陆立军的报道后来在一版头条加评论推出，浙江省委领导批示，省委党校做出决定，号召全省党校教师向他学习。

由陆立军又引出浙江省委宣传部原副部长雷云，浙江省农办原副主任、著名三农专家顾益康等人物典型，其中雷云还成为全国思想文化理论战线的重大典型，中央领导做了批示。那么雷云这个典型是怎么发现的？

雷云需要发现吗？他是省委宣传部分管理论的副部长，经常在媒体上发表理论文章，媒体对他很熟悉，可为什么没人报道？这就需要一个契机，这个契机就是记者的发现。

采访陆立军时，他对我说："别写我了，浙江理论界最值得写的是雷云。"

雷云曾任浙江省委宣传部副部长，是浙江省研究马列主义理论的权威。对陆立军的推荐，开始时我无动于衷。后来在采访浙江省理论界多位权威时，他们几乎不约而同都向我推荐雷云。这引起了我的重视。但是要写雷云，我有心理障碍，因为他是一个官员。我曾经发誓再也不写官员了。大家知道，在中国，特别是当今中国，官员是风险最大的职业。在我写的领导干部中已经有好几个成为贪官被抓起来了。我笔下的一位改革家，最后成为权倾一方的部级领导，结果却因腐败而落马被执行死刑。我曾满怀激情讴歌过广西合浦县的爱民书记，后来竟成为买官卖官的罪犯。

但是，当我碰到雷云时，我又动心了。浙江一个个有名的理论权威一提到雷云，都充满了崇敬，这使我很惊讶，一个早已退休的学者，一个离岗十多年的领导干部，人已走，茶未凉，还有这么多人把他记在心里，赞美他，崇敬他，并报以如此热情的颂扬！在今天，这太难得了。经过反复权衡，最后我还是决定写。后来两位中央领导在我的稿子上做了批示，雷云被列入全国思想战线的重大典型进行宣传。

雷云被确立为全国典型后，省委宣传部常务副部长胡坚找到我，让我写三农专家顾益康。而顾益康是我 90 年代就列入信息库里准备采写的人物。后来顾益康也在一版头条发出。

有人说，现在已经是互联网时代，已经不太有原创性新闻了。其实，原创性新闻永远不会消失，只要努力去发现，总会找到的。2013 年我采写的台州医院医生叶丽萍，这篇人物通讯就是一篇原创性报道，此前基本上没有人报道过。在正式确定采访前我上网做过搜索，发现只有一家小报有过一篇工作性的一两百字的小报道。

记者要善于在平凡中发现不平凡的东西。在新闻中，相当部分属于瞬间新闻，也就是那些车祸、杀人、爆炸、灾难的新闻，一发生谁都能看到，这类需要去抢的新闻，不需要发掘，不需要去发现，一发生就暴露在大众面前，一过去就毫无价值。而另一类新闻，它深藏在茫茫世界里，需要记者去伪存真、由表及里地分析挖掘，需要去发现。在现实生活里，这类新闻大量存在，但是，如果缺乏新闻敏感，你是发现不了的。而一旦发现，却往往具有很大的新闻价值。

当记者要当富记者，不能当穷记者。富记者很注意积累，善于积累。一个记者不能一天到晚等着部门给你安排任务，得有自己的报道线索。一般情况下，我手头总会有二三十个线索，如果没有上级布置的题目，我就可以写自选题目。而自选题目往往是原创性报道。

当一个能完成任务的记者，当一个混日子的平庸记者很容易，但当一个好记者却很难。一个人能不能当个好记者，有没有新闻敏感非常重要。因此，我认为，新闻敏感是记者的职业生命。

（2014 年 12 月 3 日在中国政法大学新闻学院的讲稿）

“姚老前辈”和他的公共政策研究基金

5月21日，浙江大学举行“先国公共政策研究基金”捐赠签约仪式。

下午4时，浙大紫荆校区启真报告厅，当姚先国带着他特有的姚式微笑走向签约台时，台下顿时活跃起来，一位与会者悄声告诉记者，这就是“姚老前辈”。

此时，会场上爆发出会意的笑声。

“姚老前辈”是浙大上下对姚先国的爱称，他是浙大的笑星，凡是他讲的课，他所在的场合，笑声是一种常态。

“姚老前辈”是浙大名人，一个人见人爱、魅力四射的名师、高师，30多岁即荣膺“老前辈”的美誉，因为从那时起他就变得“聪明绝顶”起来。

他的学生无不以出自姚门自豪。而今他是浙大资深教授、浙大公共政策研究院院长、社会科学学部主任。

建立“先国基金”的动议来自他60岁生日时。2012年，“姚老前辈”年届60，300多位姚门弟子自发从北京，从西藏，从香港，从全国各地专程赶来，为自己的恩师举行了一场笑贯始终、持续5个多小时的庆典。此次庆典的副产品是，学生为他出了一本书——《我们都信姚》，一个个姚门弟子无不在尽情地表达着对恩师的喜欢和爱。

就在这次活动中，姚门弟子建议，成立一个以老师名字命名的基金。

于是，就有了今天的仪式。

“姚老前辈”走向签字台，与浙江大学党委书记金德水签约。他个人捐赠100万元，他也是今天唯一的个人捐赠者。接着，金德水与捐款的企业代表签约，首期5200万元基金大多数是姚门弟子和“姚老前辈”企业界友人捐赠的。

签约仪式结束，金德水发言。发言中，金德水向与会者透露了一个消息："省长李强对姚老师也很敬重……"

记者从多个渠道获知，李强省长在多个场合称自己是姚老师的学生，虽然"姚老前辈"确实没有直接教过他，但他在浙大有过学习的经历却是事实。

其实，"姚老前辈"此前已向记者透露，李强省长也一再建议他设立这个基金，因为省长已尝到了公共政策研究院的"甜头"。

别人的甜头是赞美，而李强的"甜头"却是批评。

成立于2009年的浙江省公共政策研究院、浙江大学公共政策研究院是在李强的倡议下成立的，两块牌子一套人马，这是一个去行政化的独立智库。2013年，李强出任浙江省省长后，便有意请专家对自己的工作挑刺，他找到姚先国时再三强调：一定要讲真话。

从2013年至今，姚先国领导下的这个智库已经三度为省长"挑刺"。李强曾在多个会议上表扬专家挑刺挑得好，促进了省政府的工作，去年他还专门上门向智库专家表示感谢，本报也专门做了报道（见2015年5月10日一版）。

公共政策研究院成立以来已完成项目100多项，包括从2013年开始每年为省政府的"挑刺"项目。为了更好地推进智库为地方政府和地方经济服务，姚先国才发起建立这个基金。

当年姚门弟子建议以老师的名字命名成立一个基金，姚门弟子的这一愿望现在实现了。

"父母给我起的名字好啊：先国家，后个人，这与公共政策研究的目标和要求相符。""姚老前辈"最后还幽了与会者一默。

（载《光明日报》2016年5月22日，与严红枫合作）

奇人翁礼华

——浙江省财政厅厅长翁礼华素描

枯燥乏味的财税知识、干涩难懂的官俸制度，却用最生动、最有趣的文学语言叙述出来，县市领导争相传阅，此为一奇。一个理科出身的财政官员，从外行到内行，把财政完全吃透并成为专家，工作之余，一本本地写书，此又为一奇。此公确是个“奇人”。

“奇人”风趣至极。他做报告，常常笑声一片，掌声一片，笑声掌声中，他那弥勒佛样的圆脸始终如一地微笑着：“我姓翁，一个公家的‘公’，一个羽毛的‘羽’，公家的羽毛可不能乱拔啊！可是以前县市领导经常来拔，人人来拔……”众大笑，他亦笑。

这位“羽毛”稀少的“奇人”便是浙江省财政厅厅长、浙江省地方税务局局长翁礼华。

翁礼华1967年毕业于原杭州大学化学系。他博闻强记，融会贯通，读书则门门功课优秀，工作则行行精通，学一行，必穷究其源；钻一门，定深得其要。他当过厂长、研究所长、县长、省政府副秘书长，1992年奉调至浙江省财政厅工作。

翁于财政是个十足的门外汉。上任之后，他便“穷究其源”——自此他办公室的灯每天晚上都亮着。2年时间，翁从财税知识到4000年的中国财政史均烂熟于胸，对现行财税体制政策种种弊端亦了如指掌：文山会海，财政经费不堪重负；挥霍浪费，纳税人的钱被无端消耗；多开会，多出差，多发文件，多打电话，天经地义；扶贫扶出一群懒汉，只知伸手向上要钱，不思自己创造财富……

翁脸上笑意依然，手中却擎起大刀向弊端砍去：针对行政经费年年猛涨的积弊，他“抓大放小，定额包干”，节余经费50%用于干部福利和奖励。一年下来，仅省级机关的行政开支就节约了上千万，而省级机关人均年收入却增加上千元。

浙江省17个贫困、次贫困县领导长年对财政厅厅长“围追堵截”，何也？要钱！翁初曾自嘲是旧时财神庙里的菩萨：“颇有几文钱，他也求，我也求，给谁是好？”翁掣出“两保两挂”奇招：地方财政收入每增长1%，省对县的补助增长0.5%；地方财政收入每增加100万元，省财政奖给县市领导班子5万元。此举马上使“要钱之手变成造钱之手”。

从此翁耳根清净门庭冷落——再无人来要钱。3年中，财政厅对17个县市的补助加奖励只增3亿，可县市却增收8亿元。浙江一举消灭了贫困县。

县市领导不懂理财、不善理财，因此常常造成决策失误。翁抓住1/3发达县市领导和1/3贫困县市领导，一年各开一次会，帮助前者学习交流理财经验，帮助后者总结脱贫经验，寻找致富途径，同时带动中间县市，使县市长们具备理财知识，掌握理财经验。

自此，浙江省的财政如诸葛亮的木牛流马运转自如，自1993年以来不仅能年年保证工资正常发放，还每年拿出数亿元“四两拨千斤”——用于财政贴息，启动经济发展。

翁深感行政领导财税知识缺乏，需要有合适的专业书籍供他们阅读。但现有财政类书籍大都干涩难懂，连他这个理科出身的人都感到“不忍卒读”。何不写他几本！

一念既动，笔到文成。1993年，他的第一篇财政论文发表。此后，他的论文不断刊出。写着写着，他的论文变了，“论”渐少而“文”日丰，一种新的文体——用经济的视觉、文学的形式、哲理的语言表述财税知识和历史的文体诞生了。

1997年后，翁的写作出现“井喷”，相继出版了《中国历代赋税和当前税制改革》《财政赋税官吏俸禄——中国历史漫谈》《五十而知天命——财税改革随笔》《以经济的视觉面对历史》（上、下）。他的书接连获得全国优秀财政理论研究成果一等奖、全国优秀税收科研成果二等奖等荣誉。财政部原部长刘仲藜称他的书“融历史性、知识性和趣味性于一体”，国家税务总局局长金人庆则赞其“文史经济知识底蕴深厚”；浙江县市领导更是争相传阅，江山市副市长何蔚萍称，读翁的书“有轻舟随波而下，一览两岸万千风光之感”。

今年2月29日，浙江省作协为翁礼华举行作品研讨会（斯时翁已成作协会员），著名作家黄亚洲称他是一眼“深井”——作品深刻，视角独特，3年中利用闲暇写作出版140余万言，令专业作家望尘莫及。

作家们认为，用文学的手法反映财税，翁乃中华第一人；浙江省大型文学杂志《江南》最近第一次在“文学比邻”栏目用2万多字的篇幅刊登翁《第一帝国四百年》的财政宏文。

研讨会结束前，翁发言：“本人是作协20世纪最后一年发掘的出土文物。我写作，从未想过成名成家。承蒙作协诸君把我这段朽木挖出来，涂抹成所谓作家，此时此刻，感慨良多，唯以百倍努力来报答诸君厚爱……”众大笑，翁弥勒佛样的脸上笑意更浓了。

（原载《光明日报》2000年3月25日）

白启哲：如椽巨笔绘长卷

12月20日至26日，著名画家白启哲个人画展将在中国美术馆举行。海报贴出，白启哲家的电话就响个不断。

著名画家白启哲的名字常和他的更著名的父亲白雪石老人联系在一起。在“白门四画家”——白雪石和他的三位画家儿女中——白启哲是长子，也是最得白派真传、成就最大的“白派山水”嫡传画家。

白启哲1935年出生。年幼时便游戏于父亲画案旁，蹒跚于徽墨端砚之间，常见父亲画笔挥舞，鸟儿奋飞，鱼虫游动，山水毕现，小脑瓜里便有这样的念头：什么时候我也能画那么像?

稍长，即用透明薄宣纸蒙在《芥子园画传》上描，居然“惟妙惟肖”。不由窃喜，原来我也可以画那么像！信心倍增。将父亲裁下的宣纸边角料拿来，挥舞画笔，亦常能“力透纸背”。

入学后，他是校园“名画家”，作业常被当作范本供同学临摹。

一日，父见其美术作业本上成绩全优，大喜，连称：“孺子可教！”

“孺子”果然“可教”。斯时其父白雪石已是名画家，父常在承揽的一些绘画活计中已让长子充当助手。

未及弱冠，白启哲绘画技艺日精，同行中已声名鹊起。

新中国成立后，父亲成了小学美术教师，他则因家里人口多，初中没毕业就就业了。他当过北京军管会通信员、医院后勤、农场宣传干事。工作常变，而对绘画的挚爱终生不变。

从事专业绘画则已是粉碎“四人帮”后。此时父亲已是中央工艺美术学教授，名冠中华的“桂林山水画派”“白派山水大师”。

斯时，国门洞开，父亲常应国家机关邀接受大型绘画任务，因年事已高，便常携子同行，他成为父亲的得力助手。人民大会堂、钓鱼台国宾馆、国务院招待所、政协礼堂，一幅幅白派作品高悬壁上。

与父亲的合作使他经常得父亲教诲，渐得白派精髓，遂有“白派嫡传”画家之美誉。

此后，他又考入中央美院深造，师从郭怡琮、贾又福等名家，这使他的绘画理论和笔墨技巧更加丰厚。

就在白启哲绘画技艺日精、声誉日隆之时，危机向他逼近，他深陷无法突破的苦恼中。

一如中央美院邵大箴教授所说，开宗立派大画家的弟子有三种类型：一味承袭大师风格不图上进；继承而有所创新；在叛逆中创新。

此时的白启哲在愈来愈领会白派的精妙，其作品与父亲的画几可以假乱真时，他的痛苦也愈来愈深。“学我者生，似我者死”，在“生”已近辉煌之时，白启哲越来越感到“死”的威胁。

如何突破？如何创新？他在痛苦中徘徊。

痛苦中，他走向自然，三峡、漓江、黄山，他遍览天下风光，“搜尽奇峰打草稿”。

一次在贵州天台山五龙寺采风，他发现这寺庙建筑独特，于是马上用速写将其记录。不想天不作美下起雨来，雨滴画稿，将墨洇开，画面上出现了一种特殊的效果，白启哲脑子里突然电闪雷鸣般的一动……

在大量的写生中，在观察和思考中，渐渐地，一个新的风格凸现出来：在绘画技艺上，他逐渐脱离了白派山石重线条的皴法，他开始用墨块带线，画面因此更显得和润、厚重；构图上，他的留白也脱离了白派的风格，拓展了画面的空间感。邵大箴称其作品“不同于雪石先生山水画的新因素，如山石的皴法更富于变化，在画面上更注意加强黑白对比，更重视留白”；在机理上，他尝试把纸铺石头上取其纹路，或用报纸沾墨洇，独特的机理效果出现了。他的《雪化松洁》便是机理创新的结果。

看到儿子的创新，父亲欣喜地笑了。“你用墨胆子比我大啊！”

凤凰涅槃，浴火重生，白启哲以自己独特的风格脱颖而出。

20 世纪 90 年代起，白启哲的创作进入喷发期。1992 年的《城长春不尽》

被北京市政府收藏；1995年的《蜿蜒万里，雄风犹存》在“爱祖国爱北京美术大赛”中获二等奖；1997年，他有10件作品参加“大京九美术作品展”，其中《巨龙穿岭》被北京市美术家协会收藏；1999年，白启哲在日本举办个展并出版画集；2000年，作品《榕林倩影》在《光明日报》举办的“人济杯全国美术作品大奖赛”中获二等奖。

近年来，他为国家重要会堂、宾馆创作大幅山水画多幅，有些作品还作为国家礼品赠送给外国政府机构和元首。如2004年10月，应中央办公厅邀请，他为总书记胡锦涛办公室会客室创作了《江新山翠》；同年，他与父亲携手，由他执笔、其父题词的《漓江春早》被作为礼品赠送给美国前总统克林顿图书馆，克林顿亲笔回信表示感谢。

1991年，白启哲参加了在日本举办的“白雪石父子画展”，他有20幅作品参展，结果父子俩的作品几乎被抢购一空；2004年，白雪石师生画展在中国美术馆举行，父子俩再次携手赴展，画界传为佳话。

当今画坛，追名逐利之风日盛，作为名画家，他只要挥动画笔，“唰唰”几下就能画出金钱，他不。这位讷于言而敏于行的画家不为喧嚣浮躁的时风所动。他为国家机关画画，为国家领导人出访画礼品画均不收报酬。特别是，当他的山水画与他父亲的画几可乱真时，许多画商找上门来，希望他画的画不要签名卖给他们，画商就是要用他的画冒他父亲的画以赚利润。每遇这种情况，他必严词拒绝。

“我绝不能造假，我绝不能给后代留下假的作品。”他说。

“白门四画家”如今又有了第三代传人——白启哲的女儿白梅正像一树梅花，暗香浮动。每当看到这第三代挥毫泼墨，92岁的白雪石和71岁的白启哲都开心地笑了。

（载《光明日报》2007年4月22日，与夏桂廉合作）

为了甜蜜的事业

——记浙江省江山市养蜂专家汪礼国

汪礼国 1961 年出生，1978 年高中毕业开始从事蜂业管理。他刻苦自学，学完了《昆虫学》《蜜蜂营养学》《生物学》《养蜂学》等大量的专业书籍。1981 年到浙江农业大学进修，1986 年考入武汉大学生物系本科插班生，3 年时间，竟连近在咫尺的黄鹤楼都没去过。1981 年起，汪礼国被任命为江山县（现为市）养蜂协会秘书长，主管全县养蜂生产。

浙江省江山市有位奇人，他 1994 年患癌症，医生断言还能活半年。可是 20 个“半年”过去，他依然健康地活着。不光活着，他还创造了中国蜂业的奇迹：在他的带领下，江山蜂群总量连续 12 年全国第一，总产值全国第一，蜂王浆与蜂蜜产量全国第一，他主持制定了全国第一个县级、省级和国家级蜂产品系列标准，他首创的产业化与标准化的“江山模式”，受到了党和国家领导人的肯定和赞扬，他完成的 21 项成果给蜂农带来几亿元的效益；他改蜂种，疗蜂疾，给勤劳的蜜蜂带来福祉，蜜蜂也知恩图报——奉献给他王浆与花粉，把他从死神手中夺回……这位奇人便是江山市养蜂产业化协会秘书长、浙江省十大杰出青年、浙江省有突出贡献的中青年专家、享受国务院特殊津贴的专家、江山市蜂管站站长、高级畜牧师汪礼国。

实行蜂种改良

20 世纪 80 年代的江山蜜蜂是清一色的低产蜂种，每箱年产王浆仅 350 克，而当时全省王浆的平均产量为 600 克。

汪礼国决定改良蜂种，进行杂交。他从吉、黑、京、苏种蜂场引进蜂种进行杂交，效果立显：王浆达到 500 克；后又从美国、苏联引进高产蜂种进行杂交，1984 年培育出的“江山杂交蜂”，王浆提高到 800 克；1986 年，他通过蜂种提纯复壮技术，王浆达到 1500 克。从武汉大学学成归来后，他在国内率先提出用“动物激素应用”“微生物发酵处理应用”等观点来研究蜜蜂配合饲料，并协助浙江农大陈盛禄教授进行“闭锁育王技术研究”，培养出新一代高产蜂王“浙农 A 系王浆高产蜂种”，年产王浆达到 4600 克，江山市风林镇凤五村一位姓徐的蜂农的王浆单产竟达 7600 克！蜂种改良引发了江山蜂业的一场革命，改变了江山蜂低效现象，蜂农收入大幅度提高，蜂农养蜂积极性倍增。全市蜜蜂从 1980 年的 9600 箱猛增到 1992 年的 25 万箱。

1991 年，中国养蜂史上爆发了大规模的爬蜂病与白垩病，江山 75% 的蜜蜂感染，15% 的蜂场覆灭。整个蜂学界都投入疗救病蜂中，但药物治疗疗效甚微。汪礼国心急如焚，他历时半年，奔波在赣、鲁、辽、黑等 8 省江山蜂农采蜜点做流行病学调查。调查发现，爬蜂病与白垩病的发病病因是：环境太潮湿，蜂农不重视蜂病预防，蜂器具交叉使用造成感染等。他提出了综合防治法，并马上举办培训班进行推广。爬蜂病与白垩病得到遏制。花粉是蜜蜂的粮食，能否用饲料代替而把花粉留给人类？汪礼国打破昆虫饲料只能用植物性蛋白的传统，在花粉、大豆内加入动物性蛋白蚕蛹粉，配置出全国第一个人工花粉，这是中国养蜂界的一次巨大突破，人工花粉可使蜜蜂提高繁殖力 17%。这一成果填补了国内空白，获浙江省科技进步三等奖。

他很少考虑个人利益。他研制成功的蜜蜂王浆高产饲料添加剂的配方，有人开价 30 万元，他不卖，反而将成果在《蜜蜂》与《饲料研究》杂志上公布，让所有蜂农受益。在他的带领下，江山蜂业飞速发展，现已有蜜蜂 25 万箱，2001 年被农业部命名为“中国蜜蜂之乡”；蜂业已成为江山的支柱产业，养蜂户发展到 4476 户，养蜂产值 1.88 亿元，经销加工产值 1.34 亿元，蜂业总产值达到 3.22 亿元。

冲破绿色壁垒

2002 年 1 月 29 日，江山最大的蜂产品企业恒亮蜂产品公司的出口产品在欧洲被封存，这是中国加入世贸组织后欧盟设置绿色技术壁垒制裁中国蜂产品的开始。绿色技术壁垒使江山蜂业受到沉重打击，损失 500 多万元，蜂产品严重积压。早在加入世贸组织前，汪礼国就在思考，中国蜂产品要在国际市场上站住脚，就必须按照国际先进的蜂产品标准生产。为此，他于 2000 年开始着手制定蜂产品标准，他制定的县、省与国家级蜂产品标准已经得到承认和实施。面对欧盟的绿色壁垒，他进一步按照国际标准修改国内的蜂产品标准；向全市养蜂合作社发出通知，提出应对措施；建立了“协会 + 合作社 + 蜂农”标准推广体系与“协会 + 合作社 + 企业”的质量监管体系，对江山 80% 以上的蜂农进行培训。欧洲市场有机农产品很受欢迎，汪礼国马上带领企业开辟有机蜂产品生产基地，并邀请欧盟官员前来考察验收，江山因此在全国最早拿到了农产品进入欧洲市场的通行证。此后，江山开始大量生产有机蜂产品，用绿色产品占领欧洲市场，同时开辟美国等新市场。技术壁垒使江山 2002 年上半年产值下降 23%，但由于应对及时，下半年回升，全年平均产值仍比上年增长 3.5%。时任衢州市委书记的蔡奇说，江山为突破欧盟技术壁垒立了头功。

与死神抗争

1994 年，就在汪礼国的事业进入辉煌时期时，他得了癌症，并且已是晚期，医生断言他只能活半年。确知病情后，他冷静地面对，一边积极锻炼，一边大剂量服用蜂王浆。为了与死神争夺时间，病中的他坚持研究课题。病情稍有好转，他马上到野外采集数据。他以顽强的意志战胜了癌症，并在与死神的抗争中取得惊人的科研成果：出版了 4 部专著，发表了 60 多篇论文；获省部级以上奖 21 项，他还带领蜂农创立了日后受到中央领导表扬的“江山模式”——以江山市养蜂协会为核心，联结带动从事蜂业生产、加工、销售、科研、管理等单位和个人，形成以蜂业为主体，集科工贸、产加销为一体的产业化体系。20 多年来，他为蜂农服务都是无偿的。汪礼国出名后，许多地方用高价来挖他，某市许以 20 万元年薪、大套住房、配轿车、安排妻女的工作与学习，但均被他谢绝了。汪礼国说：“我的根在江山，我的舞台在江山。”

（载《光明日报》2004 年 7 月 7 日）

“白茶仙子”

——记浙江省安吉县副县长叶海珍

不到10年，安吉白茶从30亩发展到37000亩，爆发成一个驰名业界的大品牌，专家认为这是一个奇迹，习近平同志盛赞“一片叶子富了一方百姓”——白茶使该县农民人均年收入增加了1000多元。

叶海珍，安吉县副县长，是她改变了白茶的命运和山乡贫穷的面貌。也因此，农民给了她一个美丽的雅号：白茶仙子。

日前，记者来到安吉，寻访白茶仙子的足迹。

养在深闺人未识

1995年，叶海珍出任溪龙乡乡长。溪龙仅8600人，农民人均收入不到2000元。

叶海珍一到任就苦寻农民致富的途径。半年时间，她把全乡32平方公里踏了个遍。

一天，她走进黄杜村农民盛振乾的家。盛为她沏上一杯茶。但见这茶叶状如凤羽，色若玉霜，似片片翡翠起舞，若颗颗白玉卧底，细酌一口，顿感鲜爽甘醇，清香四溢，细细回味，口角生津，唇齿留香。

这是盛自种的白茶。1982年，安吉县林业科技人员在山上发现一棵野生白茶，经专家考证，这一千年单丛野生茶树即宋徽宗《大观茶论》中记载的白茶，是一种珍稀资源。该县林科人员经4年无性繁殖获得成功，白茶开始在安吉种植。

此时全县才 30 多亩。白茶，“养在闺中人未识”，能否将其推广出去？

叶海珍征求村干部意见，村干部担心卖不掉。叶带着白茶到杭州中国茶科所测试，测试结果令人非常吃惊：白茶的氨基酸含量为 6.25%，是普通绿茶的 2 倍以上，茶多酚含量在 10% 以上，这极为罕见。

她决心用 3 年时间，在溪龙乡发展千亩茶园，帮农民致富。

飞蛾扑火

叶海珍的设想得到县党委和乡党委的支持，并通过了论证。

然而她没料到，动员农民种白茶竟会如此困难，农民根本不把这个纤弱的女乡长放在眼里。

她走进黄杜村一农民家，这位农民冷眼相对：“种不种茶是我的事，你管得着吗？”

她找到黄杜村支书盛阿林，希望他带头。可盛阿林说：“茶苗 6 毛钱一株，我哪里有钱啊！”

一村村宣讲，一户户游说，然而无人理会。而讽刺讥笑声却从四面向她扑来：全县 10 年才推广了 30 亩，你 3 年能推广 1000 亩？还不是为了往上爬，搞政绩工程嘛！

此时的“白茶仙子”非常孤独、委屈、伤心，而满眼的泪只能往心底流，为富一方百姓，她飞蛾扑火般扑向了那艰难坎坷的事业……乡党委决定在政策上扶持，农民买茶苗可得补助，种白茶每亩给 100 ~ 300 元补贴。

她调整策略，乡里专门成立白茶开发公司，一边动员盛振乾等人繁殖茶苗，供农民种植，一边又动员干部带头。

后河村党员方忠华，在外承包工程多年，她三顾茅庐，动员他出任书记，进而动员他种白茶。

“开始我也不愿种。”方忠华对记者说，“叶书记说，种白茶是有风险，但风险越大，利润也越大。这话有理，我就和黄杜村书记盛阿林结对，他出地，我出钱，种了 50 亩。”

渐渐地，各村开始行动起来。叶还从茶科所、浙大请来技术人员对农民进行培训，乡里还给参加培训的农民发误工补贴。

“那段日子是刻骨铭心的，没有星期天、节假日，为照顾女儿，我丈夫只好从学校调到机关。”谈及此，她的眼中盈满了泪水。

山村、农舍、田头、培训农民的课堂上，到处飘逸着她单薄的身影，为了白茶的发展和农民致富，身高 1.67 米、纤腰盈掬的“白茶仙子”，体重从 120 斤降至 90 多斤。

1998 年年底，溪龙乡千亩茶园建设终于如期完成。

安吉的白茶时代

1999 年年初，担任乡党委书记的她，马上提出更大胆的规划：建万亩白茶基地。

此时，农民已尝到了甜头，各乡镇也群起仿效，一股种白茶的热潮席卷全县。2001 年，万亩茶园规划实现了。

此时，叶海珍又把精力放在茶叶的销售上。她率白茶大户频繁参加各地的茶展会、农产品博览会，千方百计地提高白茶的知名度。

白茶在安吉迅猛崛起，县里成立了白茶开发领导小组，制定了开发规划，完成了商标注册，并参加各种名茶的评选，先后获得 100 多项国内外大奖。

2001 年，安吉首次举办白茶节。这一年，安吉在上海举行白茶拍卖会，50 克白茶竟拍出了 20500 元的天价。

为壮大白茶产业，她主持在溪龙乡建起了白茶仙子公园、白茶街、白茶观光基地，县政府向国家申报并批准了安吉白茶“国家原产地域产品保护”。

白茶开始供不应求，茶商纷纷前来购买，一上市就被一抢而空。白茶开始跻身高档绿茶之列。

安吉的白茶时代开始了。2003 年，叶海珍在全县人大会议上当选为副县长。

致富不忘叶海珍

黄杜村如今已成为远近闻名的富裕村。村支书盛阿伟介绍说，2004 年全村茶叶收入达 3000 多万元。

“全乡百万富翁多得是，千万富翁也有五六位。”乡长陈志文说。

“到年底，我们村的小车就要超过 100 辆了。”盛阿伟说：“致富不忘叶海珍啊！”

记者遇到开车到茶园的方忠华，他说：“没有叶书记，就没有全乡的富裕，我们感激她，唯一能做的是把最好的白茶送给她喝。”

家有 50 亩茶叶的农妇喻有珍对记者说：“是叶书记让我种白茶使我致富，我两个孩子都大学毕业有了工作，我给他们买了车。”

村头，绵延起伏的茶园，漫山遍野的翠绿，这是“白茶仙子”精魂的凝聚，她把自己的所有希望伴随着心血涓涓滴滴，融入这片片透明的叶脉中。

（载《光明日报》2005 年 12 月 8 日，与王建明、陈毛应合作）

辉煌的周清泉

23 年驰骋武林，传承中华武术文化，被誉为“武林奇侠”；23 年潜心办学，育出桃李满园，被誉为“办学奇人”；46 年职业生涯——武林出身，办学成名，接续日渐式微的中华武术文化，并将武术引入现代教育课堂。这位继往开来者便是湖州清泉文武学校校长周清泉。

武林奇侠

2016 年元月 3 日从浙江长兴驱车 11 小时，车出江西武宁高速出口，黑压压一堆人拥簇着“热烈欢迎周清泉师公师婆回家”的横幅，车停处，鞭炮声大作，大徒弟叶建南率领众弟子夹道侍立，顶礼膜拜，迎接恩师夫妇到来。

周清泉的感恩之旅开始了。

周清泉 1958 年出生在温州平阳，小学三年级即因贫辍学，12 岁学篾匠，一次在江西靖江独自上山砍竹被毒蛇咬伤，生命垂危，幸被一采药老人救起，并将其治好。这位老人便是隐居林泉的江西武林高手韩元吾。

韩元吾系江西镖局掌门人韩老四的第三代传人，以岩鹰拳闻名，不但精通武术，还长于医术，是一个德艺双馨的武林高手和民间良医。周清泉因祸得福，从此拜在韩元吾门下习武。

在中华武术日渐式微的年代，周清泉无意中承担起传承和发扬中华武术文化的职责。晨昏晓月，寒暑六度，他刻苦练习，精研拳术，练就一身好功夫。

1976 年，周清泉告别师父，来到武宁一带教拳。

40年前的武宁很穷，农民食不果腹，但当地人纯朴，周清泉吃住在农民家，受到的都是热情的招待。此行他是来报恩的，每到一地都是鞭炮、鲜花迎接，纯朴的农民用这种最高礼遇来迎接当年的“武林奇侠”。

一路上，周门弟子谈得最多的是周清泉的武功、武德以及传奇故事。

大徒弟叶建南曾获世界太极拳比赛冠军，已教出学徒数千人。当初，他就是被周清泉高超的武艺吸引才走上习武之路的；徒弟范永说，他初见师父时师父正在表演硬气功，用溪石击头，溪石断裂，头无恙；卡车从肚子上压过，竟毫发无损。

周清泉勇斗劫匪的故事至今还在当地传颂。武宁一伙劫匪横行乡里。一日，周清泉与劫匪遭遇，6个手持利刃的歹徒根本没把这个清瘦文弱的青年放在眼里，马上，他们后悔不迭：周清泉一记南山“冲天炮”击中一歹徒下巴，一声惨叫，歹徒倒地；随之闪电般又一个“则身靠”，另一歹徒已给他一掌劈倒在路旁，其余劫匪惊恐万状，落荒而逃。

“武林奇侠独斗6名持刀歹徒”的新闻很快在坊间传开，并越传越神。从此，拜奇侠为师的人纷至沓来，有人还相信奇侠能“镇邪”，甚至有虔诚者将周清泉的画像悬于佛龛，晨昏膜拜，祈求平安。

周清泉拜访了已退休的小学校长王忠良。出身武术世家的王忠良与周清泉情谊弥笃，对周清泉的武功非常佩服。他忆起一件趣事：周清泉一次生病，他想杀只鸡给他补补。“我抓好鸡准备杀时，他说不放血更好，接过鸡轻轻一摸，鸡就死了。我也学过点穴，给鸡褪毛时寻找穴位，却遍寻不着，至今也没解开徒手杀鸡之谜。”

周清泉教拳特别强调武德。他认为，武德是中华武术文化的精髓，习武者必须遵循。他要求徒弟遇事忍让，决不能任性。一次他给房东编竹器，砍好毛竹却被村民无端截走，他不发火；一个徒弟的家长因反对儿子习武不让儿子交学费，还吵上门欲动手打人，周清泉马上表示钱不收了。处处忍让使他赢得良好口碑。

济世救人，行善惩恶，这是武林文化的要义。一次，几个村民打工遭老板恶意欠薪，周清泉路见不平，帮他们讨回工资。老板怀恨在心，设局把他骗到柘宁湖中的荒岛上，自己开船逃离。荒岛上蛇蝎遍地，老鼠猖獗，五日五夜，他饥饿、寒冷，被老鼠啃食，遍体鳞伤，是一个渔民将他救回。

武术文化强调感恩，周清泉身体力行。元月 4 日上午，周清泉来到武宁清江乡晏头村吴永宽家，89 岁的吴永宽正在火塘边烤火，周清泉的出现让老人激动不已。元旦前，吴永宽被查出胰腺癌晚期，知道自己来日无多，他希望能再见义子周清泉一面。

当年周清泉在晏头村教拳就住吴家，吴永宽把他视同儿子，在吴家过年，他与吴家子女一样享受每人吃一只鸡的习俗；离开时，吴家还卖掉了一担稻谷给他做盘缠。

一饭之恩，一瓢之情，周清泉铭记在心，报以涌泉。前年吴永宽的妻子肺癌去世，周清泉夫妇专程赶来，披麻戴孝执子之礼送别老人，而吴家的家谱中也赫然将他列为“义子”。此次他送钱、送衣服、送补品以表达孝心。

像吴永宽一样，周清泉的义父有几十个，新宁镇柳村的肖德真亦是。当年住肖家，肖家大娘每天卖掉两个鸡蛋，为周清泉买烟。

叶建南说：“师父一直要求我们：先学做人，后练本事，你可以不做好事，但绝不能做坏事！”

周清泉做过的好事很多。

肖德真告诉记者，一年冬天，周清泉一次外出回来身上的外套没了，问他，他说送人了。大冷天把衣服送人自己挨冻？他说：别人比我困难！肖德真很感动，并预言，如此仁慈之人，将来定有大出息！

晏头村一村民胃穿孔无钱医治，周清泉闻之，当即掏出身上仅有的 143 元钱交给病人，又叫上一个徒弟一起把病人送到 20 多里外的武宁医院医治。病人从开刀到出院他一直陪着，端屎端尿，当医生得知他与病人无亲无故时，非常感动，世上还有这样的好人？

肖德真 1988 年欠了 2000 多元的债，是周清泉帮他还的。2013 年他还把肖德真一家请到长兴热情招待。

23 年武术生涯，周清泉的足迹遍及赣、湘、鄂、豫、冀等省，1982 年，电影《少林寺》播出，全国掀起中华武术热，到河南少林寺习武的人如过江之鲫，周清泉应邀前去教练武术。

1984 年，周清泉回到家乡，在温州、平阳、苍南等地开设武馆，后还担任平阳体委武术教练，他边教授武术，边精研南拳，独创了“南山太极绵拳”“飞虎拳”“还阳丹功拳”等多种套路，出版了《南山绵拳》等专著。一次在南昌举办的全国武林大赛中，他的一套“南山短打”引起中国武林泰斗蔡云龙的高度关注，赞叹备至，破例收周清泉为弟子。

如今周清泉已是武术八段。

前23年，周清泉带出徒弟近万人，传承中华武术成绩斐然；后23年，他将中华武术引入课堂，创造了武术与现代教育结合的全新模式，赢得了学界的赞誉。

办学奇人

坐落在太湖西岸的湖州清泉文武学校，飞檐斗拱，亭台楼榭，整个校园为中华传统建筑，“天下第一景观武校”，名不虚传。这所曾被浙江省教育厅原厅长侯靖方誉为“浙江民办教育的一面旗帜”“浙江教育改革的一个窗口”的名校，引来全国各地乃至国外的参观者络绎不绝。

习武者大多文化低、知识浅、缺修养，这使周清泉萌发了办学之念，将传统的中华武术融入现代教育中，这是他的一个心愿。

1993年，周清泉的这一心愿变成现实。他变卖家产，携妻儿到长兴创办了湖州清泉文武学校。

白手起家，学校一度资金困难，连工资都发不出，周清泉陷入困境。是贤惠的妻子曾松平向办厂的父亲求援。父亲毅然卖掉企业帮女婿渡过难关。

学校办起来了，怎么教？周清泉将几十年教习武术的心得用于教学，并在实践中摸索出一套“文武结合，动静相济”的办学经验。

民办学校生源差，学生大多是公办学校教不好的“问题学生”，这些学生天性好动，打架斗殴，桀骜不驯。对付这样的学生，周清泉却自有办法：顺其天性，让学生“动”——将武术资源引入课堂教学，编出校本教材，学生在练习武术中激发出学习热情；动极生静，练武之后再转入文化教学，这样动静结合，效果惊人。

周清泉还将高中部分无法驯服的“刺头”集中起来，专门办了一个班，人称“捣蛋班”。开始，这个班纪律松弛，考试成绩红灯高照。

“捣蛋班”有个“捣蛋冠军”，常领头闹事，周清泉决定先把他拿下：特意任命他为副班长，并征求意见，让他拿出一个管好这个班级的方案。从来都是批评，突然的尊重使这位“捣蛋冠军”彻夜难眠。很快，他交上了整顿班级的 11 条班规。

一年后，“捣蛋班”红灯纷纷熄灭，“捣蛋冠军”也成为优秀学生干部和三好学生。

学生抽烟曾使老师非常挠头。怎么办？禁止？很难。周清泉自有办法：特辟“吸烟室”，但规定每次都要比上次少抽 1/3。渐渐地，学生把烟戒掉了。

特殊教育收到特殊的效果：一个 18 年从未叫过爸爸的学生入该校后回家叫爸爸了；一位曾被某校开除而在社会上浪荡过的学生毕业后带着锦旗跪倒在周清泉面前：“没有武校，我早进监狱了！”

将武术教学引入课堂，循着学生的问题而教之，这竟成了该校的一大特色，学校名声日隆，“特殊生源”占 50% 以上，有着吸烟、赌博、殴斗、喝酒、上网成瘾等劣习的学生，到该校后都变好了。

23 年间，该校学生在省、国家和国际性武术比赛中获得 50 余项团体冠军，金牌 1600 多枚，金杯 70 多座，高职考试升学率连续 15 年超过 90%。

浙江省教育厅原厅长侯靖方称：多一所清泉武校，就少一座监狱。

鉴于办学成绩突出，周清泉被授予中国民办教育十杰校长提名、全国先进民办学校校长、浙江省第十四届“春蚕奖”等荣誉。

书坛怪杰

武宁归途，周清泉接到《中国书画界》杂志社刘润发来的该刊下期刊登周清泉书法的小样，5 个版面，并配有刘润撰写的文章《书法艺术宝库的瑰宝——记周清泉〈我的人生感悟〉〈中华书经〉》。

偶然看到周清泉的书法作品，刘润很是欣赏：“这个书法家是谁？”当他得知是一个武术学校校长时，遂萌“吃了鸡蛋欲见母鸡”之念，于是专门前来拜访周清泉。

周清泉怎么会成为书法家的？

几年前，长兴县教育局局长张向前一次和周清泉聊天，得知周清泉的儿子大学将毕业，很兴奋：“好，有接班人了，你的学校应该交给有文化的人来办！”

说者无意，听者有心，周清泉的自尊心被刺痛：在局长眼里，自己就是一个没文化的人！

自此，周清泉开始专攻书法。

周清泉从小喜欢书法，跟韩元吾学拳时，师父常给人治病，他则帮着抄写药方、药谱、药贴，由此打下书法的基础。闲暇时阅读《三国演义》《水浒传》《说岳全传》等典籍，有空，他便用毛笔抄书。

肖德真还记得，小周住他家时经常晚上读书写字，有时竟通宵达旦。王忠良也说，周清泉晚上除了练拳就是读书写字，他的书法功底便这样逐渐夯实。

研习书法不久，他便忘情于书法中，很快入迷。

丈夫的入迷使怀袖馨香、聪慧超人的妻子曾松平燃起心中灵犀一点，勾起心中技痒——她原本喜欢绘画，此时便也重捡旧爱，泼墨挥毫。从此，夫唱妇随，周清泉卧室外的大厅两侧各设了一张书案，一有闲暇，夫妇俩便各霸一案，各自挥毫。

周清泉到34岁还是个“王老五”，多少人给他介绍，多少女孩属意于他，他呢？过尽千帆皆不是，直到曾松平惊鸿一瞥地出现，这才金风玉露，珠联璧合。这对模范夫妻从此形影不离，出双入对，相濡以沫。

夫妻琴瑟和鸣，雅兴更足，学校建起了清泉画家村，辟出清松书画展览馆。太湖边美丽的风光，热情好客的主人，省内、国内书画界同道纷至沓来。好学而谦恭的他，在名师们面前，乐颠颠地跑前跑后，奉茶端水，眼睛却瞄着名师们的艺术创作，细细地揣摩名家们的笔法，以充盈自己的库存。他的书法艺术在迅猛提高。一介武夫，自打迷上书法，渐渐地便也夫子起来。夫妇俩的作品——一个书法、一个花卉还被《中国书画界》刊登在同一期上，这次又单独刊登周清泉的作品。

不久，周清泉有了一个外号：“书坛怪杰”。

刚刚过去的2015年，周清泉收获颇丰：

5月26日，周清泉应邀赴迪拜参加中阿文化交流大会并致辞，为中华武术推向国际鼓噪呐喊。在此活动中，周清泉还被授予“中阿友好形象大使”；在迪拜期间举行的重建丝绸之路——中国精英人物迪拜行活动中，周清泉撰写的《谈人生感悟》书法作品被迪拜文化部收藏。

6月，浙江省政协“百名新乡贤”评选周清泉名列其中。

8月，周清泉以香港国际武术比赛名誉主席名义，向20多个国家的武林高手公开展示自创的“南山太极绵拳”，引起轰动。

11月，中央电视台发现之旅频道以半小时的时长播出专题片《武林奇侠周清泉》。

今年元月6日，他又登上红地毯，获得首届浙江省体育产业领军人物奖。

（载《浙江日报》2016年1月22日，与叶福明合作）

第四章

人物素描

笑的使者

二台离开这个世界已经3年了。

3年来，想起他，我一次次流泪；忆起他的举止行状，又常常会忍不住想笑。

二台是徐冶的别名，他也常以二台自谓。

他曾向我自爆“二台”的来历：一次参加一个县的活动，县委书记听说来了个名记者，在大会上隆重介绍：“今天，我们请到了《光明日报》著名记者徐二台！”

“哗！”掌声热烈。

“哈哈哈！”参加活动的同行笑痛了肚子。

问题出在他的签名上，因为他的“二台体”太独特，“冶”字的两点与“台”字就像是一对捆绑夫妻，死活不肯挨近，书记就理所当然地将其拆散。

从此，二台英名不胫而走，名满云南。

1992年，我入滇采访，机场初识，他握住我的手就开起我的玩笑来：“我是读着叶老师的作品走进光明日报的！”

彼时他刚从云南省社科院调《光明日报》记者站工作。参加记者站招聘考试前，他认真研究本报，读过我的报道，于是就以此来调侃我取乐。

二台语言风趣，学识渊博，交游甚广。他的朋友全是幽默大师，如板着脸孔说笑话的民委干部和丽峰、曾被一知名舞蹈家暗恋多年的摄影家欧燕生、后任云南省文化厅厅长的民族历史文化专家范建华，这些人只要聚在一起便会沸反盈天，他们嬉言学术，笑谈研究，严肃的话题往往会用快乐包裹着从他们口里蹦出，谈专业也可以谈得笑成一片，笑声几可掀翻屋顶。在这样的氛围里，二台常常是笑的引导者。他终年笑口常开，无论和谁一起，他都会像一滴水滴进江河，马上就会融入其中。

认识二台后，我便不可遏制地喜欢上他。我因出生在右派家庭长期受人歧视，性格扭曲，内向木讷，拙于交往，生活中缺乏笑声。而他却旷达乐天，率真可爱，极爱开玩笑。每看到他光洁无痕的脸上荡漾着爽朗的笑，我常常惊叹：人居然可以这么快乐地活着！

二台有句名言："快乐是最好的药！"他的笑声就像传染病似的传染给我，曾经受伤的心得到他的精神按摩，我也像换了个人似的融入他的欢笑中。

从此，云南成了我特别向往的地方，也是此后我跑得最多的省份。我们联袂采访武警云南边防部队，亲眼看见边防战士与毒贩的搏斗；1995 年中秋之夜，我们经历了在中缅边境与缅甸游击队遭遇的惊险；我们深入苦聪族山寨捕捉文明的曙光，为少数民族同胞口中"白天有酒喝，晚上有奶摸"的小康生活目标忍俊不禁；我还参加了由他策划的生态行，我们进蒙自，入屏边，访河口，深入大围山，共同感受南国边寨的美丽风光。那时的他已开始发胖，为了拍到理想的图片，他挪动着熊一样笨重的身躯在树干上艰难攀爬拍摄，那情景我至今仍记忆犹新。

身居多民族的云南，二台对民族文化情有独钟。他对西南历史地理和少数民族历史进行长期深入的研究，对西南丝绸之路进行全程考察，其著作《南方陆上丝绸之路》很有影响，中央人民广播电台和《云南日报》都做了报道。他是策划大师，他与摄影家欧燕生等一起策划拍摄云南少数民族人文地理摄影作品，策划"中国西部人文地理大系""聚焦中华图典大系——边走边看边拍""从世界屋脊到太平洋澜沧江湄公河全景纪实"等系列图书。有学者评价，云南少数民族摄影与西南丝绸之路人文摄影走在全国前列，徐冶功不可没。

二台是国内知名的人文地理摄影家，优秀的民族学、人类学学者，也是个探险家。到记者站后，他握笔写文章，拍照走四方，云南 128 个县市他走过 120 个，他的足迹还遍及西藏、四川、贵州、广西各省区。他与原湖北记者夏斐、青海记者刘鹏一起到长江源头探源，途中遇险，车陷泥潭，在茫茫荒原上迷路，差一点成为摄影界的"彭加木"；他在云南、西藏多次遭遇车祸；他还冒着巨大的风险潜入金三角地区拍摄毒品交易，险被发现，他拍摄的金三角毒品交易的图片得到了联合国教科文组织的高度重视。

二台爱好广泛，尤钟情于摄影。当着文字记者，却拿着一个照相机到处晃悠，竟晃悠出一本又一本的摄影作品专集:《神秘的金三角》《壮丽三江》《诞生王国的福地》《边走边看边拍》《横断山的眼睛》……

其实，在专业摄影者中，他只是个业余；在业余摄影者中，他却很专业。谁也没想到，一个业余摄影爱好者，最终却一路杀进专业队伍，最后统领《光明日报》摄影美术部。

学的是历史，干的却是新闻；正业是文字，副业才是摄影。谁能料到，二台竟然将业余折腾成了专业，并且还干得风生水起，名满华夏。

某次，报社一位副总赴滇公干，二台脖子上挂个相机作陪。副总惊讶地发现，在本报的边陲竟然有这么一个摄影高手，爱摄影爱得如醉如痴。细察其摄影作品，惊为佳作。金风玉露，伯乐千里马，就这么一次作陪，爱才心切的副总完成了对属下的专业考察。

一纸调令，二台成了《光明日报》摄美部主任。

从此，光明日报长长的走廊上晃悠着二台慢悠悠的身影。

二台兼具记者的敏锐、学者的功力、作家的文笔、摄影家的眼光。在他的领导下，《光明日报》摄美部进入辉煌期，报道曾受到中央领导的表扬。他倡议开辟的“中华民族大家庭巡礼”专版，连发56个专版，为每个民族都拍了“全家福”；他重视民俗，推出了民俗版；他钟情于祖国的大江大河，又推出了“祖国的江河”；他喜欢山，又推出“家乡的名山”……

二台到报社后，很快成为报社同人极欢迎的人，其他部的同事，有事没事都会借故到摄美部转转，目的无他，就是想听听他欢快的笑声。

二台爱拍美女。在云南各地，他端着相机到处捕捉身穿民族服装的妇女镜头；他来杭州，在街头到处乱转，他在寻找杜甫笔下的西子姑娘。每拍到一张好照片，他必呼朋唤友共同欣赏。

二台也爱美食。每次入滇，他都要领着我遍尝滇味。与其说是招待我，不如说是为自己享受美食寻找理由。

一次他呼朋唤友陪我领略傣族风味，当傣家妹子捧上一道菜时，他开始眼睛发直，嘴巴里的哈喇子蓄势待发。

这是一道叫“沙撇”的经典傣菜：一碗绿色的汤汁外加一盘米线。

那汤汁绿得令人生疑。

“好东西啊！”他迫不及待伸筷子捞起米线，放进绿色汤汁里浸泡，捞起，然后“哧溜”一声吸入，津津有味地咀嚼起来。

“好吃，好吃！唔唔……”他嘴里故意发出像猫逮到鱼而狗正走过来时向狗发出的那种含糊不清的示威声。

“什么菜？”我问。

他朝我挤眉弄眼：“好东西啊！就看你敢不敢吃了！”

“你吃得，我就吃不得？”我就像阿Q摸了尼姑的脑袋还理直气壮，“和尚摸得，我摸不得！”经历过大饥荒的我，还会惧怕餐桌上的一道菜？

我捞起米线，蘸上绿色汤汁，哧溜一声入肚。

“味道怎么样？”二台一脸坏笑。

“味道好极了！”我一本正经。

“我只要说出来，你肯定会吐。”

他开始慢条斯理地讲述：一次，他陪同一部队女演员一起品尝这道菜，等女演员吃了一口，他才说出这道菜的由来，女演员马上狂吐不已。

讲到此，他凑近我耳边故作神秘状：“你吃牛屎了！”

原来，这绿色的汤汁是将牛的胃与肠连接处那段肠子割下，连同胃里尚未消化的黏糊糊的草放在锅里熬出的汤汁，据说其功用是清凉解毒。

哇！我故作呕吐状，拿起筷子继续哧溜。

二台名言：“开心从胃开始。”胃开心了，他却烦恼了，步入中年，他开始发胖。因为爱吃，二台浑身上下留下吃的印痕：肥头大耳，肌肤白嫩犹如保养过度的产妇；肚子中部崛起，走起路来企鹅般摇摆着。

可面对美食，他意志薄弱，宁可居无竹，不可食无肉。每逢盘中有肉，他就会情不自禁：“多这一块，不相信就胖了！”

他也曾节食，扬言过午不食。可朋友一请，他又意志薄弱：“胖就胖了，差这一顿？”因此，他那中部崛起的速度堪比河南。

他常常为不能尽情吃喝感叹：过去爱吃却没东西吃，现在有东西吃却又不能吃。这使他的快乐里有了些许的忧愁。

他有过挨饿的经历。“当知青时，我们一月进一次饭店。回锅肉3毛钱一盘，我们每次每人都要消灭10盘。吃完饭还要买两个馒头把碟子上的油全擦干净。”

他1979年考上云南师范学院历史系。班里有个美女，让他两眼发直，一阵死缠烂打，终于把美女据为已有，这便是他的妻。

后来妻子成了七彩云南的副总，他傍上了富婆，但在家里的地位却排到了末位。

地位低微，二台不改其乐。

他对妻俯首帖耳，儿子面前却常吹牛：“你爹当年”如何如何。

一次他当众向儿子吹牛：“你爹读书可用功啦，成绩很好……”

“爸，我听欧阳叔叔说你招工时数学考了3分？”小子故意出老子洋相。

他那阳光四溢的脸上顿时凝成一脸窘态。

欧阳是他的同事加好友，部级官员，是他吹牛的资本。

“3分，也算及格。”儿子及时安抚。

“是100分的3分！”一不小心，他又道出了实情。

他本想不提这“光荣历史”，忽记起曾教育儿子“不许说谎”。

100分考了3分，这确实很能证明“你爹当年”的能耐。

2014年，我的职业生涯终结。次年5月，他到浙江苍南拍摄人文地理专版，邀我参加，我乐颠颠赶去——我想他了！

没料到，那竟是我与他相处的最后日子。

那天晚上在苍南渔寮临海而居，本拟次日晨去拍海景，但台风来袭，一夜风雨，至晨未息。我去他房间，见到的是他独坐阳台远眺的侧影。此时的他一脸凝重，目光穿透雨帘飘向邈远的世界，脸上了无笑意。我心一颤：成天欢笑的二台也有寂寞？也有不开心的时候？他把寂寞留给自己，却把欢笑留给别人。

满嘴玩笑，骨子里却很严肃。细察二台的报道，哪篇不充盈着主旋律？他的摄影作品，哪幅不饱含民族文化？

这就是二台，影邪而身正，言虚而行实。

在二台离开的3年里，他的音容笑貌无时无刻不闪现在我眼前，二台究竟是什么样的人？他身上有什么特质使人如此无法忘怀？

直到我看到贾平凹《观云奇石》序中的一句话才豁然开朗：“人可以无知，但不可以无趣。”

是有趣！是二台的有趣吸引着我！有趣使他的人性达到最高境界，是他的有趣使我着迷！

唐德刚在《胡适杂忆》中说，磁性人格在古往今来的英雄豪杰、宗教领袖以及草莽英雄的性格之中存在，这种性格表现在与生俱来的人与人间的吸引力，是一种社交中难得的禀赋。二台就属于磁性人格，他的有趣就像一股巨大的磁性吸引着人们向他聚拢，使他成为大家都喜爱的人。

2015年11月15日，二台突患心肌梗死去世，报社同事无不为此悲恸欲绝，我更是一次次失声痛哭泪湿衣襟。

他才55岁啊！

55岁的生命实在太短。但生命的意义在于质量而非长度，二台的生命优质、高质，他爱工作、爱事业、爱旅游、爱摄影、爱美食、爱家人朋友，诸多的爱造就了快乐的二台。人生的最高追求是幸福，而快乐是幸福的外化。二台无疑是快乐的。他爱笑，不但自己笑，也带给别人笑，他是笑的使者，源源不断地向世界播送着欢乐的笑声。他留给别人的是永远健康快乐的形象，再不会有人能看到一个佝偻着腰、蹒跚着腿、颤巍巍地用拐杖敲打着人生的路走向七十三、八十四的二台。

二台走了，人间少了个有趣之人，天堂一定多了满堂的笑声，只怕上帝老儿挨着他也会笑口常开，把治天理政的活儿丢到九霄云外。

（载《光明日报》2018年11月9日）

潘　君

他自命为潘安后代，曾扬言经多方考证，确系潘安之后，言之凿凿。

潘安与“城北徐公”之流，肤白唇红，英俊潇洒，乃令多少美女垂涎而夜不能寐的美男，古往今来中华民族男人中的精品。

潘安的这位后代，其相貌确实生动。

五大三粗，壮实敦厚，孔武有力，符合现代男性雄性勃发之美。

长年理个光头，圆圆的脑袋，肥硕的脖子，两耳硕大，耳垂下坠，颈后有横肉堆积，颇像灵隐寺前的弥勒佛；满脸黑须茬子，厚厚的嘴唇，开启间，黑牙两排参差不齐。是当代酷男的象征?

圆圆的深褐色的眼珠，目光勾人，偶然横着射人一眼，会透出一股惊魂摄魄的魅力。

常年挺着个怀胎六月的肚子，摇摆着招摇过市，无论男的、女的、老的、少的，回头率百分之百——不用化妆，无须打扮，活脱脱一个当代鲁智深。

脑袋圆圆，却没有歪念头、邪念头；肚子圆圆，却了无城府也没有满肚子不合时宜；那脑门、那肚子圆得可爱，见了会使人萌生出想上去摸一摸的念头。

据潘君同事爆料，一日深夜，他身披黑色风衣，亭亭伫立路边打的，的士一辆辆从他身边略停又去，却始终不肯载他。皓月当空，路灯暗淡，孤零零的他不由得心生疑窦：明明是空车，何以不愿意载他这个乘客？诧异间猛醒：他的这副尊容让出租车司机望而却步。

某日穿行斑马线，一老太太蹒跚而过，眼看一轿车风驰电掣而来，他急忙趋前搀扶，刚搀住老太太胳膊，车子已猛停在前，吓得老太太惊慌失措。

常怀“老吾老以及他人之老”之心的他顿时火起，用手中皮包叩击车盖以示抗议，司机见一黑铁塔般庞然大物立于车前，早吓得三魂丢了二魂，大气不敢吭一声。

他的这副尊容常惹人误会，不知就里的人乍一见他都会畏惧三分，此为悍男、霸男、猛男！土匪耶？黑社会耶？怎么越看越像坏人？

大谬！

只要和他接触3分钟，老的、少的、男的、女的马上会由怕而喜，好感蓬蓬勃勃地生长出来，由好感而喜欢、而喜爱，欣欣然忍不住就拜倒在他的圆肚子之下成了他的粉丝，何也？他具有一种人见人爱的磁性人格。

好　酒

此君好酒，善豪饮，酒风更胜酒量，酒宴场上从来是来者不拒，敬酒必饮，一饮而尽。什么在酒中掺点水加点饮料冒充一下等小儿科动作从来不干。正大光明，坦荡豪爽，直至醉入梦乡。

一日，我们共同的朋友姚先生邀请大家欢聚，潘君视姚为莫逆，姚诚邀，焉能不从！姚的两位助手是一对金童玉女，全是“武林高手”，能写、能说、能喝、能战。那位玉女以善于写得一手好文章而从与写文章八竿子打不着的行业被姚挖至麾下，专事公关工作。玉女是酒中丈夫，尤长于应付那使人喜、使人爱、使人狂、使人癫的杯中之物，姚的意图是让她发挥专长与潘君一决高低。谁知玉女与潘君对阵，不战已据潘君之下，因为玉女竟是潘君的铁杆粉丝，对他佩服得一塌糊涂，见面之下，不喝酒已有醉意三分，潘君与玉女你来我往，好不热闹。面对美女，潘君更要表现男子汉大丈夫的英雄气概，于是一杯一杯又一杯地喝，不久便渐入佳境，熏熏然有了豪气干云的气概。而玉女也喝得云里雾里，竟泪流满面，原来玉女对付酒精的良方是能使酒精变眼泪——一喝酒就会流泪。“座中泣下谁最多，江州司马青衫湿”，谁是江州司马，谁是琵琶女，此时就不考证了。反正这边玉女在流泪，那边潘君在流汗——他一喝酒就冒汗，满头大汗，终于从豪言壮语到胡言乱语到不言不语，喝到高处，已不知自己姓甚名谁。

潘君是开车来的，酒酣之后这车是肯定开不得了。姚只好亲自押送他回府。可是虽为老友，姚并未去过潘君府上，只知道大概方向。于是便问他家在哪里，他闭着眼沉着头："往前开！"开了好久再问，还是"往前开"，直开到路的尽头，他还是"往前开"。姚花了九牛二虎之力才找到他夫人，问清了方位，才把这"庞然大物"搬进家去。

好　色

在圈内，潘君更以好色出名。

他的好色有着生理学的依据。"男人不好色就不是男人！"他说。

坊间曾流传着许多有关他好色的故事，听之如天方夜谭。

一次喝酒，酒至酣处，潘君豪情万丈，气冲霄汉，酒壮贼人胆，面对满桌朋友放言："给我一个姑娘，我会创造一个民族！"闻斯言，满座大惊复又大乐。当晚在座的均是传媒高手，皆属喜欢惹事无事还会生非的角色，得此猛料，岂肯放过，于是无须演绎，潘君也未付一文广告费，此语已不胫而走，马上在浙江新闻界广为流布，成为他好色的经典广告语。

他的好色确有资本。虽自诩为当代潘安，其相貌却着实不敢令人恭维。然其幽默风趣，生动可爱，自来熟的磁性性格，使得任何人都会喜欢他，生人与他一见便熟，熟人三天不见会想得慌，快乐的见了他更快乐，拘谨的见了他不拘谨，古板的见了他不古板。和他一起，他总谈笑风生，笑声不断，欢声不断，他的言谈举止使人捧腹，使人乐而忘忧，讲到得意处，挺胸坦腹仰首闭目哈哈哈开怀大笑，声震屋宇，穿云裂石。因此，石榴裙纷纷拜倒在圆肚子下。

2009 年 7 月 8 日，赵君带着两位美女护士长约请潘君聚会，我亦叨陪末座。潘君谈笑间不断给美女敬酒，很快，两位美女已是面如桃花，忍不住一杯杯地向他敬酒，并公然宣称要加入他的粉丝的行列，让我辈亲睹其磁性人格吸引女性的魅力。

浙江各县市宣传部中，女部长占了三分之一，而记者打交道的对象便是宣传部，潘君便常与她们打交道，于是在坊间便流传着这样的说法：浙江各县市宣传部的女部长们清一色是他的粉丝。

此非虚妄，有事实为证。

一日，我和他相约同去某地采访，该地的宣传部部长是一美女。于是我与他打趣："据说女部长都是你粉丝，今天某地某部长也是你的粉丝？你的粉丝能出来一见吗？"

"那还用说！不出 10 分钟，她肯定会与我联系！"他大言不惭地说。

哈，这厮又在给自己嘴巴过生日了！

话音刚落，潘君的手机嘀嘀响起，是女部长的信息，内容乃是关于我们到该地后到何处接头，并且特别强调，晚上必须在那里留住一宿。

我是临时约的潘君，并且是约了就走，他哪有时间与女部长暗通信息？难道他与粉丝们真的是心有灵犀？

我向女部长传递了我的疑惑，女部长发来的信息使我大跌眼镜："没办法，羊就是喜欢狼。"

狼吃羊，没听说过羊还喜欢被狼吃的！

后与一同行谈及此，同行嘲我孤陋寡闻，潘君是狼，美女是羊，羊喜欢狼，这在圈内尽人皆知。

这条狼，他可有一群这样的羊！

一日，他单位的一位美女被调至他的属下，做他的助手。这不等于鱼儿交给猫管？

交接工作时，他与美女部下握了下手。这一握竟握出新闻来。

斯时美女部下新婚不久，他逮住机会自然要玩笑一番。笑毕，忽做严肃状："你……怀孕啦？"

美女部下羞红满面："别胡说八道！"说罢从他的熊掌中抽出手来，迫不及待地逃走。

至门口，终于忍不住回头："你怎么知道的？"

他的眼睛毒。其时，美女部下确已怀孕，她丈夫还不知道，他已经看出来了。

此事经他的属下传播很快变形，变成女人不能与他握手，因为他"与女人握一下手就能使对方怀孕"！

再经演绎，后来竟离奇成这样：潘君对某个女人有意，“多看一眼就会使女人怀孕”。

他的好事的同事更给他的好色添油加醋，曾警告那些渴望走进潘君办公室听他说笑话的女人们：你们小心点，潘君的房间岂是能随便进出的？进去的是林黛玉，出来的是潘金莲！

呜呼，好色之徒，果然了得！

我对他的好色存疑。只听楼梯响，不见人下来，何以他好色名声卓著，却没有那些花花草草的风流艳事？细加考察，还发现，许多关于他好色的故事是他自己杜撰的。他会否是好色男人中的南郭先生，光说不练，属于经常给自己嘴巴过生日的货？

好　学

好色是虚，好学倒是实。

在浙江新闻圈内，他的稿子以深度厚重著称。

潘君出生在浙北一个偏僻山村，虽偏僻，却是物华天宝，人杰地灵，灵山秀水养育出的才俊，中学时代就以诗词见长。大学毕业当了中央某媒体记者，更是占据一方博大的平台，美文一篇接着一篇地发出来，常激起一波又一波的浪潮。

浙江是中国改革开放的前沿，经济高速增长。当浙江在经济上远远把许多省甩在后面时，蓦然回首，却发现粗放型经济高投入低产出，资源浪费严重，破坏环境，影响生态，浙江省的发展已经逼近资源的极限。于是改变增长方式，转型升级，腾出地方上高技术项目，便成为浙江各级党委政府经常思考的问题。

看女人的眼睛很毒，看问题的眼睛也很毒，潘君当记者的眼睛看问题常能入木三分。本世纪初，他敏锐地发现浙江经济发展的这一新趋向，以浙江省“腾笼换鸟”促进经济转型升级为内容做了报道。

“腾笼换鸟”报道一出，浙江反响强烈，浙江省委书记在多次会议上大讲腾笼换鸟。很快，腾笼换鸟、转型升级便成为浙江省经济发展的重大战略，浙江的媒体上、浙江各级政府的文件里，腾笼换鸟这个词不断出现，一时间腾笼换鸟成为浙江最流行的词。

“成长的烦恼”是他创造的新词，也一度成为浙江政界、新闻界乃至社会各界的流行语。

潘君好酒、好色更好书。这些流行语的发明创造，是他大量阅读深思熟虑的结果。好学使他学识广博，好学使他多知，好学并且能融会贯通，这是他华彩文章精彩生动的原因。

潘君是一个可爱的人，一个热爱生活的人，一个在生活中色彩斑斓的人，一个人见人爱、男女老少都喜欢交往交往了感到轻松感到愉快的人。连我这个古板乏味的老头都喜欢他，也乐于加入他的粉丝行列，以至于每次有新闻界的聚会，每次集体外出采访，我都会忍不住问：潘君是否去？

"爱妻号"

2008年2月29日晚上，中央新闻单位联谊会为G送行。G新近履新，由某部副部长改任某大报社长，他戏称成了"人民公社社长"，这一变动使他"由裁判员变为运动员"。

G是我们这个小沙龙中的领头者，他豁达大度，胸襟开阔，平和快乐，很富有亲和力，他交游缙绅，往来鸿儒，每有聚会，他常居位首，雄辩滔滔，诡辩滔滔，舌战群儒，颇有一种大家风范。

恩爱夫妻

关于G，我在《我们这一伙》一文中曾有这样的描述：

G长得高大英俊，是个令许多少妇夜不能寐的美男，颇有"少妇杀手"之风；G妻也长得大大高高，而且才华出众。夫妇俩夫唱妇随，其乐融融，趣事甚多。

大约1995年，G调上海工作。我们大家都感到一种群龙无首的忧伤。好在尽管离开了，他还是我们这一伙中的一员，只要一回来，大家便都相聚在一起，倒也并不太寂寞。

某周末，G告知妻不准备回家，例行公事、漫不经心地打个电话问候："喂，干啥呢？"

"正在看濮存昕的《洗澡》呢！"

"啊！"G大惊——他把"的"字听没了，于是就变成了"正在看濮存昕洗澡"。濮存昕可是个美男子，是中国著名的"少妇杀手"，虽然G也是杀手，但对作为"濮粉"的妻子来说，杀伤力当然甚于G。妻看他洗澡，这还了得！

G的担心事出有因。其妻性格豪爽，有男儿之风，从不掩饰自己的好恶。她是某大报文教部主任，她曾在众人面前坦陈，男演员中她最喜欢的是：大陆，濮存昕；港台，周润发。并公然对其部下宣称："今后凡是男明星来，女记者去采访；女明星来，男记者去采访；濮存昕、周润发来了，我自己去采访！"

其妻的话筒刚放下，电话铃声又急剧响起："我马上回来！"G焦急地说。

G的担心已得到某种程度的证实。一次，周润发来杭州，那位文教部主任果然践行诺言，当仁不让，亲自披挂出马。采访结束，像所有追星族一样，她小姑娘一样抢着和周润发合影，周润发来者不拒，大方且大度，搂着她拍了一张极亲密的照片，这大大满足了这位追星族的心愿，兴奋之余，拿着照片得意地去向老公炫耀。她实在是太兴奋了，以至于竟忘了丈夫有时也会生出山西那著名特产的味儿。G认真地审看照片，努力克制住心中的不快，可很大男子主义的他又不便表现得太小肚鸡肠，于是连嚷："不好，不好，太不自然！"

从此，恨死了这位"少妇杀手"；从此，连濮存昕做了形象代言人的XX葡萄酒再也不喝。

我向他证实此事，被他斥之为"荒谬至极"，及至我说了此消息来源为他的爱妻，他一愣，方不语。

奉调上海之前，弟兄们为G饯行。那天，G夫妇皆在，也许是喝了点酒，G对妻子的依恋之情溢于言表，忽向我放言："好好照顾我老婆！"

我心中一动，"如何照顾？"

"就像对你老婆一样对她！"

我大乐。

众皆大乐。

忽转念一想，不对，此君爱妻之情若此，若照顾不周，稍有闪失，如何向他交代？于是断了"照顾"的念头，放任自流如初。

幸亏——这厮后来当了管我等的官，若我有辱使命，岂不被他穿小鞋！

父与子与母与子

G有个儿子，身高1米92，每每见到，我必浩叹“优良品种”。这小子从小志向远大，还在穿开裆裤时，G问他长大了干什么，小子童言无忌，居然直言不讳：“当领导！”G大乐：“当领导是什么样子的？”小子理直气壮：“每天夹个包去开会！”随即做夹包昂头挺胸状，“当国家领导人，天天演新闻联播！”哇哈，G笑得前仰后合，小子却一本正经：“不对吗？”

小子健康成长，到中学已是身高体壮，形制巍峨，海拔竟然比高头大马的老子还高，俨然一庞然大物。但在妈妈面前，庞然大物依然是个儿子，每天妈妈进门，他的习惯性动作是：冲上前将她抱起，在房子里转一圈才满意地放下。有一段她上夜班，儿子上学去，她还在南柯梦中。于是每天必要上演这样的一幕：那1米92的庞然大物小心地趋向母亲床前，俯身与母亲吻别，他两手捧住母亲的面颊，左边“啧”一口，扳过右脸再“啧”一口，这才满意地离去。

每言及此，G妻得意非凡。

每闻及此，G心中竟溢满酸溜溜的液体——妻子心中已只有儿子。

5年后，G离沪调回H地，初闻此讯，儿子不乐。“妈妈，爸爸为什么要回来？”

儿子是妻子的命，每在人面前谈起儿子，她必眉飞色舞。

然而，有一件事却对G妻打击甚大。自命儿子什么心里话都肯对自己说的妻子，竟然不知道儿子有了女朋友！倒不是因为儿子有了女朋友，横刀夺爱，从此儿子爱媳妇不爱自己了，她还没这样小心眼；而是因为儿子与她这么亲密，平素之间什么都肯告诉她，有了女朋友这么大的事居然不告诉她，居然她不知道，反而告诉了平时远不如与自己亲近的老子，这使她百思不解，也倍感失落。

“早跟你说过了，儿子是别人的老公，别想霸住别人的老公不放，到头来还是自己老公靠得住！”他乘机报复，以息以往泛滥的酸味。

他常向她宣称儿子是“别人的老公”，她根本没把他的话往心里去，这回，她才真切感到，儿子确实是“别人的老公”了。

爱妻号

女人是水做的，男人是泥做的，水做的自然是冰清玉洁，泥做的是浊物一堆。

一日，众浊物在一起交流对付老婆的良方，G语出惊人：老婆嘛，要经常哄着。

闻此，众浊物眼里顿时精光闪现，目光紧盯G的脸，耳朵竖起，尤其是那几个“怕协”（怕老婆协会——笔者注）会员。

如何哄？

G自有良方。

女人的衣服，纵然衣柜里有几十件，却永远少了出门那一件。这几乎是一个真理。

G不这样认为。他说：“对付老婆买衣服？有的是办法！”

G妻与其他女人一样未能免俗，总唠叨自己衣服太少。“衣服？商店里有的是，买呗！”他说，“咱又不是没钱！”

的确，他虽非富豪，但买衣服的钱总还是有的，况且是给心爱的妻子买。于是一个周末，当妻子来上海劳军时，他拖了个拉杆箱，口袋里装足了“弹药”，领着她欣欣然上街而去。

这肯定是G妻结婚以来最兴高采烈的一天。这一天，她在形如徐公貌若潘安的伟丈夫的陪同下，踏遍大上海大大小小各个商场，寻觅自己心仪的衣服。

她看中了一款衬衣，有3个花色，他手一挥：买！3件衣服全进了箱子，惊得她一愣一愣的，何时丈夫竟变得如此豪爽，如此大方？

她看中了一套连衣裙，这边厢她还在试，那边厢，他已把单子开了。这使她惊诧不已的同时，心中那种爽快劲儿是以前没有体会过的。几乎凡是她看中的衣服，他毫不犹豫：掏钱！这使她在感动之余，心中不由得滋生出一股强烈的幸福感：有这样的老公，真好！

从这个商店逛到那个商店，从上午逛到下午，拉杆箱里已渐见丰盈，G妻的脚也渐见滞重，购物的欲望已被疲乏消弭，她感到自己的双脚在高跟鞋的羁绊中呻吟，在抗议。而丈夫却乐不可支地盯着自己笑，早知道要走这么多路，应该换双平底布鞋的，当她低头审视自己的高跟鞋时，眼睛的余光一瞥间，她无意中发现，今天丈夫脚上穿的却是一双布鞋。

“回家吧！”她终于投降了。“前面还有个商店呢，那里有许多新款衣服。”他怂恿她。

“我走不动了，不去了。”此时，她心里已经明白了点什么。今天的行动，实际上是他的一个预谋。

从此，她再也不在他面前喊“没衣服”。

“女人嘛，买好衣服时掏钱痛心，穿上了舒心；相反，买廉价衣服掏钱时舒心，穿上后痛心。为了让老婆舒心，你就该痛心地掏钱！短痛换来的是长久的舒心，短暂的舒心换来的却是长久的痛心！”他循循善诱且津津乐道地传授其为夫之道。

“所以，要让老婆树立名牌意识。”他在众浊物面前侃侃而谈，“我 1995 年给她买了一套马天奴衣服，直到今天，她穿着还觉得很好。”

自从有了手机，夫妻俩联系方式由短信代替。每天下午 4 点多，他会给她发个短信，报告晚上的行踪：“老夫今晚有饭局。”于是她回复：“O！”表示已经知道。如果他的短信是：“老夫今晚回家吃饭。”于是她就像遇到节日一样高兴，此时的回复是：“OK！”

这已经是既定的信号。大家心照不宣。

一日黄昏，我正带儿子在街上闲逛，忽见一“庞然大物”急匆匆低头暴走，其身影颇熟悉，细加辨认，竟是 G。

G 事业有成，80 年代写步鑫生的稿子曾获中国好新闻一等奖，作品进入教科书。后来他由名记而名编，由名编而总编、局长、部长，新近又成了社长。加上妻子贤惠，儿子学业有成，家庭幸福，因而心宽，日见体胖，不由得生出刘备“股肱皆肉”的忧愁。一好事之徒授其良方：暴走能减肥，他信以为真，从此每晚忙里偷闲，饭后暴走，以消耗体内卡路里，试图减肥。这不，被我撞了个正着。

大老粗印象

高大，敦实，粗硕，甚至有点土气；

一头寸发，剪得很短，可是额前却有那么长长的一缕，猪尾巴似的挂下，这是个性的延伸？是幽默的昭示？是抑制不住的喜悦的外泄？

一张笑颜常驻的圆脸——常常的嬉皮笑脸，一笑起来，张扬出两排疏朗的板牙，不时会有哈喇子蓄势待发；

小眼睛，单眼皮，笑时眼睛眯缝得更小了，那眼光，常常是内视式的，了无智慧之光，流露出的常常是一种笨拙。

其实大谬。这笨拙的眼光实在是一道藏智的盾牌，使对手在交锋时失去防卫，茫然就擒——仔细观察会发现，那笨拙的眼光中，常常躲藏着一种很难觉察的农民式的狡黠。

大智若愚，这是我对大老粗的评价。

这个不时冒着傻气的农家子弟、土不啦叽的县报道组报道员，就这样在1997年那个非常普通的日子里走进了我的视野。

大老粗留给我的第一个印象是，那天，他克制不住激动的心情，蕴藏心中的巨大喜悦需要向我这个刚认识的新朋友分享，迫不及待地向我们披露了一个秘密：他有了一个热恋中的恋人。他公然地毫不谦虚地宣布：他的恋人是全城最美丽的女子。

是夜，月色朦胧，他带着那个“最美丽”的女子加入了我们聚会的行列。朦胧中，我未能一睹“最美丽”的芳容。及至真正看到，已是几年后他和她带着他们的杰作“古典美”（笔者为他们女儿起的外号）参加的一次聚会。

随着交往的加深，这个冒着傻气的大老粗常常使我这个性格内向、个性孤僻而不善与人相处的人产生强烈的交往欲望，与他相处，我内心深处常常会感受到一种莫名的温暖。

几年的交往，我深深地被这个滑稽、开朗的大老粗打动，他的勤勉、智慧和才华，都使我不由自主地萌发与他做同事的念头。

我开始为此而努力。

但是，徒劳了一年多，最终却愿望落空。而此时省委某机关正好要人，而这个单位的一把手恰好又是我的同学，大老粗表达了愿意投奔我友人麾下的愿望。我叹息一声，为他牵线。半个月内，大老粗完成了由地区到省城的跳跃。

从报道员到地级市委办公室干部，到省委机关宣传干部，到纪委办案员，到办案专家，大老粗用了七八年时间完成了这复杂的履历。

大老粗与我的同事是同年又是同乡，情同弟兄，两人常常一起胡吃海喝，不分你我。我同事的妻子是个美女，大老粗便常常开玩笑，那美女是他的梦中情人。即使在“梦中情人”家里留宿，他的农民的某些恶习仍暴露无遗：睡觉前不爱洗脚。我同事常常以此作为攻击他的武器，他则反唇相讥，称我同事是贵族做派。

记得大老粗刚到省城时，连个蜗居的地方都没有，于是我们办公室外面的一小间堆放杂物的斗室成了他的临时寓所。那房子很低矮，个子高大的他，进出似乎都要低头而行。入住之日，我们在办公室举行仅 3 个菜的午餐以示庆贺，大老粗高举着茶杯以茶代酒发表宣言：我是农民工进城，但我比农民工好，有免费的豪宅，有免费的午餐，谢谢！谢谢！他咧着大嘴，那肥硕的脑袋不住地点着，那额前长长的一缕“猪尾巴”滑稽地抖动着。

“从今往后，你出入省委大院，那是一个严肃的地方，你这根“猪尾巴”该割掉了。”我好意地劝告。

大老粗呵呵笑着，用手指爱怜地梳理着那细细的一缕，挤眉弄眼，冲大家做着鬼脸。

他舍不得这美丽的一缕。

就顶着这根“猪尾巴”，大老粗跨入省委庄严的大门，成为省委大院里的一个另类。

让人意想不到的是，一年后，我的同事向我们报道了一个最新消息，大老粗竟然被评为整个单位唯一的优秀公务员，这实在令人大跌眼镜而百思不得其解，他优秀在哪里？是那缕“猪尾巴”吗？

我们之间的交往并没有因为大老粗调入省城而频繁，我们的联系依然是隔三岔五，时不时地一个电话，时不时地一次聚会，依然感受他的幽默，他的乐观，他的豁达，他的笨拙中的智慧、粗犷中的细腻。

忽然一天，大老粗走进我的办公室，言谈间，我蓦然惊悟，大老粗正从外地办案归来，他被借调到中纪委，所查办的竟是轰动全国的一件大案，与他对垒的竟是一个全国闻名的腐败高官。

使我难以置信的是，这么一个看不出机敏的人，面对腐败的省级高官，他竟能从容以对，那小眼睛一眨一眨地使对手落荒而走，使坚硬如铁的心融化，使咬紧的牙关松开，使被关进秦城监狱的某高官还给他写信，感激涕零地表示“如果有来世，我一定做牛做马报答你”，他凭的是什么魅力？

接连办了几件轰动全国的案件，大老粗却决绝地收手，甚至在中纪委要调他时也毅然放弃机会，报名考上了省委组织部，成了一名组织部干部。当又一个轰动全国的大案发生，中纪委欲借调他去办案，他已到新岗位工作。无奈，中纪委只好给省委组织部领导打电话，钦点他参加大案办案。

是年夏，省里组织干部到边疆挂职，组织部 40 多人竞争一个挂职岗位，大老粗又从 40 多人中胜出。8 月，他奔赴边疆，开始新的征途。

从此，那遥远的边地多了一丝我的牵挂。

好朋友，祝你一路顺畅！

我的朋友

名人胡适，朋友众多，他周围的友人无不以“我的朋友胡适之”感到骄傲。

关于胡适有一段很有名的轶事：珍珠港事变前，美国芝加哥大学教授史密斯当选众议员，时任中华民国驻美国大使的胡适与史密斯曾有过一饭之缘，遂邀请他到大使馆聚餐以示庆贺。这位众议员应邀前来，却忘了大使名字。宴毕，胡适礼节性地邀请他在适当的时候到中国旅游，史密斯欣然作答：“我到贵国，第一要拜访的就是‘我的朋友胡适之’！大使先生，胡适博士现在哪里？”

我的老师陆永龙与胡适相似，认识他的人无不以“我的朋友”而自豪。“我的朋友”平易近人，待人极为宽厚和善，因此我们这些晚辈从不拘泥礼节，一而概之称呼他为老陆。

第一次见到老陆是在 1984 年 2 月 11 日。那一天，老陆自舟山老家探亲后来杭州，和我们同赴北京参加《光明日报》全国记者会。老陆当时还是《光明日报》驻内蒙古记者站的站长，他身高 1.70 米左右，身着一件暗红色皮夹克——当时这样的皮夹克极为罕见，大敞开着怀，脖子上搭一条花格子围巾，足下是一双发亮的皮鞋，清秀挺拔俊朗，行动敏捷自如，谈笑风生，言谈举止透露着成熟和自信，浓黑的双眉下，一对明快含笑的眼睛闪烁着亲切的光。

彼时我刚到记者站，还未去过报社，还没有报到，没有办过手续，还不能算是正式的记者。在这位精神精明精干的中年记者兼长辈面前，我是钦佩有加、尊敬有加，同时也很拘谨。我的拘谨很快被他的亲切和热情驱散。他没有因为我是晚辈，并且还不是一个正式记者而摆架子，而是亲切地一手握住我的手的同时，一只手一把把我搂住，并且用力地搂了搂："年轻人，好好干！好好干！前途无量啊！"

顿时，一股暖流使我的局促消散了。

第一次记者会上，我便领略了他的直率和敢言。他在会上提了什么意见我已忘了，只记得他发言后，是一阵爆响的掌声。

1987年，内蒙古举行自治区成立40周年庆典，报社成立了采访小组，由著名女记者樊云芳任组长，老陆任副组长，我任组员，赴内蒙古进行了为期一个半月的采访。这是我终生难忘的一次采访。我们开着车子在大草原上追黄羊，追狼，喝马奶子酒，吃手抓羊肉，听从牧民到官员的蒙古族同胞为我们唱内蒙古民歌。一个半月相处使我更领略到"我的朋友"的魅力。

在内蒙古，"我的朋友"友朋遍布，庆典期间，凡从小车上下来的官员，无不认识"我的朋友"，一下车就抢着与他握手打招呼，亲热得不得了；我们去一些部门采访，那些领导一见"我的朋友"就会两眼放光，马上丢掉官场里的俗套，拉住他亲切地聊个没完。"我的朋友"所到之处，无论是牧民还是官员，都对他极尽欢迎。

天下何人不识君？从"我的朋友"身上，我看到了什么叫记者，什么叫社会活动家。

"我的朋友"乃快乐之人，终日春风拂面、脸绽桃花，每有他在的场合，必笑语弥空，欢声一片。即使是第一次见面，他也会热情地上前握手"老朋友，老朋友"地自来熟，如故友重逢。他的朋友中有居庙堂之高的中央领导，也有处江湖之远的草根。

一日在家埋头敲键盘，忽听敲门声甚急，很少有人这样敲门。打开，乃一衣着土气、神态窘迫的农村小伙。"我是陆老师的朋友。"呜呼，老陆朋友遍天下，信然！

一次，我回报社公干。一日晚饭后在虎坊桥报社门口散步，忽见他匆匆而来，一见我，他上来一把攥住我的手，说："走，陪我上XX家去。"我一听，不觉愣住。XX乃XXX（老陆连他的姓都去掉了，可见其关系绝非一般），当今高官，岂我辈轻易见得！我们老总见了也要大虾般弯腰鞠躬如仪，礼让有加，我是谁？一介尘埃般小人物，岂敢随便出入如此豪门？

“走，怕什么，他是我的朋友，没事！”

果然是“我的朋友”，果然没事。非但没事，反而让我大长见识。

通过严格的武警岗哨，仔细地验明真身，然后才来到一栋楼前，按了门铃，有人答话。但见“我的朋友”对着对讲器气冲牛斗：“我是老陆！”门啪地开了。

登上楼梯，还没到门前，老陆用他那经常唱美声的嗓子高亢地呼唤起来：“XX，XX！”直呼其名。门打开，那在电视上经常见到的脑袋伸了出来，居然还含着笑：“老陆，请，请进来！”

一次，我陪时任全世界最大的市场——浙江义乌小商品集团总裁、货真价实的“我的朋友”陈勇去北京。那天不知吃错了什么药，很少吹牛的我竟情不自禁吹牛说曾到过XXX家。陈勇马上问，能否见见，约出来一起聚聚？

我大窘。

覆水难收，遂硬着头皮给“我的朋友”打电话请求火力支援，小心翼翼地询问有没有可能把XXX请出来“聚聚”。

“这有何难！”他在电话里豪气干云。

但愿不是吹牛！

果然，当天晚上，XXX就和我们大家坐到了一起。岂止一起，同时“一起”的还有五六位平时在电视里才能见到的部级领导。

这次聚会使我感到平时很细的腰板粗了许多。

老陆与柴松岳省长的交往让我领略到“我的朋友”的独特魅力。

那是20世纪90年代初，柴松岳任浙江省省长。柴省长与老陆是老乡，都是浙江舟山人。但他与柴省长交往不多。有一次，时任《光明日报》总编辑的徐光春与柴松岳在北京聚会，老陆作为老光明人陪同参加。那是他第一次与这位省长老乡见面，两人都有相见恨晚之感。

数月后，老陆来杭州，在一个小旅馆住下后，便寻到我家聊天。聊着聊着，忽然想到了他的老乡，说：“到杭州不给老朋友打电话不礼貌！”拎起我家电话就给才见过一次面的“老朋友”家拨通了电话。

接电话的是柴公子。

“柴省长在家吗？不在？你是他儿子？孩子啊，你多大啦？在哪里工作？我是你爸的老朋友……我路过杭州……对……对……你跟你爸说一下，就说光明日报老陆来了……对，就这个电话！”

一会儿，我家的电话铃爆响起来，是那个浓重的舟山口音。我把听筒交给了老陆。“……老乡啊，你好你好！我路过杭州，能不来看你？当然是我来看你……啊？你来看我？哪……”他忙捂住听筒问我：“到哪里？到你家？”我忙摇手，“宾馆？”他转身对着话筒说了自己住的宾馆名字，省长可能听都没听过有这么个低入尘埃的宾馆，老陆便让我接电话，我费了好多口舌才使电话那头搞清楚了宾馆的位置。

省长要来拜访，我们赶紧往那个小旅店赶。此时老陆也感到让省长到这么个小旅店来看他太唐突了点，但已经没办法了。一会儿，省长的车子在小旅店门前停下，省长手拎一兜舟山土产钻了出来，在宾馆服务员好奇地为这个“经常在电视里见到的领导”交头接耳窃窃私语时，老陆已一把握住了老朋友的手。

从此，老陆与他的这位老乡的交往日渐频繁。这位老乡也显然以有“我的朋友”为乐。一次老陆和柴省长一起聚会时谈论如何检验舟山人的方法，柴省长教给他一个妙招：让对方说“鸭”“牛”“鹅”，非正宗舟山人，一开口就会露出马脚。经多次试验，果然屡试不爽。再后来柴省长调北京任电监会主席，与老陆来往更勤了，我也曾多次被老陆拉去见这位父母官。

老陆后任光明日报工会主席，在任期间广受好评。他至今还担任着开发海洋振兴舟山促进会北京联谊会会长。他以自己的凝聚力和亲和力为乡友们办了不少好事，舟山老乡们都称赞他是一个合格的会长。

老陆乐于助人，别人有求于他，他无不应承，不管能帮不能帮，他总乐于尽力去帮。如果助人而未能显效，他便会感到欠了别人一样的内疚。他的朋友中有院士、教授、作家、艺术家、博士、学生、工人、牧民、渔民。特别是对一些草根朋友，他更是以心相交、热心相辅。他的一个内蒙古朋友的儿子毕业后没找到合适的工作，年轻人来北京找他帮忙，他热情地挽留这位晚辈在家里住了一个多月，其间他多方联络，东奔西跑，直到为其找到理想的工作。后来这位晚辈成了某部门的负责人，对他自然是感恩戴德。对此我深有感受。一日，他风尘仆仆从北京赶到杭州，为的是帮助一个大学刚毕业的小朋友联系工作。

借用林语堂评价苏东坡语，老陆也属于“上可陪玉皇大帝，下可陪卑田院乞儿，眼前见天下无一个不好人”的人。

“我的朋友”性喜热闹，爱唱歌，常做美声状扬首昂头，声震屋宇。尤其是，他爱喝几杯，每开怀畅饮，三盏下肚，耳热心跳，面红耳赤，已感不胜酒力，至此，他常会引吭高歌，音峰直达中音部顶端便上不去了，他伸了伸脖子，还是上不去，便红着脸，自我解嘲地笑笑，转而敬酒。他喜欢唱俄罗斯歌曲，更长于用俄语与懂俄语的熟人对话。

他更是一个坦荡的乐天派，从不知何为忧愁。90年代初，他从内蒙古记者站调《光明日报》记者部任副主任，五十好几的人了，在北京没有一个家。一次我去报社，他拉着我一定要到“他家”坐坐，在报社五楼半一间十几平方米的宿舍里，一张狭窄的床，一个书柜，屋子里已经挤得“未敢转身已碰头”，几个叠在一起的碗，那是他到食堂吃饭用的。看到简陋得令人心酸的居室，我很为老陆不平，但他的脸上却依然是春风欲度，了无半点忧愁。

老陆属于磁性人格，他的与生俱来的性格特征在交往中显示出独特的魅力。只要和他见过面，谁都会被他身上的磁性所吸引，第二次见面必成理所当然的老朋友。

退休后的老陆依然是忙得满世界跑，2009年11月14日，报社50多位离退休干部到杭州旅游，老陆是报社退休干部党支部书记，也参加了这次旅游。但是，当我们招待大家吃饭时，却不见了老陆的踪影。老陆呢？

“他中途被朋友劫走了。”领队赵玉敏说。

鬼 才

——记我的大学老师

张老师是我的大学老师，教我们写作。他身材魁梧敦实，气宇轩昂，眉毛浓黑，一头长发杂乱地铺陈在宽阔的脑门，不时遮蔽住那双睿智的眼睛，他常以五指作梳，不时将头发从左理到右，这成了他的习惯性动作。张老师不修边幅，穿着随意，嗜酒好烟，只要有聚会，他便常是座中主角，口若悬河，滔滔不绝。若座中是他的至交友朋，旧遇新知，他愈加词锋犀利，幽默风趣，针砭时弊，精辟深刻，常语惊四座；臧否人物，则雄辩滔滔，诡辩滔滔，专搔痒处，专捏痛处，专骂丑处，精彩至极。

张老师绍兴人，典型的绍兴师爷，在学校特别是在系里是有名的“鬼才”，以聪明、睿智、点子多而闻名。

记得我们刚入学便风闻他的轶事，其中一事甚是有趣：

一次课毕，他宣布下节课考试，不许迟到，若迟到便取消考试资格。学生谁都不敢怠慢，当考期到时，大家全都准时到课，无一人迟到。

可上课铃响了，老师却迟到了！不许学生迟到，自己却迟到了，太不像话！时间一分分过去，学生等得心焦，怨声更盛。有学生出去张望，终于见他匆匆而至，一副没睡醒的样子，腋下夹着考卷走进教室，没有半句道歉的话：“现在开始考试！”

试卷发下，一片惊叹，考题竟是:《当老师迟到的时候》。

张老师教我们写作课，“鬼才”自然鬼点子多，这些点子便成就了他风趣的课堂效果，他的鬼点子也成就了他的多彩的能力。后来他出任《语文战线》主编，把这本杂志办得红红火火；出任学校出版社社长，把出版社办得风生水起；再后来他下海办广告公司，又把广告公司办得饮誉业界。

一个偶然的机会使我与张老师接近起来。那是1982年，我进大学的第三个年头，一天，张老师找我，他说，山西师范学院院长陶老师是他的好朋友，陶老师和他商定办一张专门为中学生服务的《语文报》，总部设在山西师院，编辑部实行流动作业，由多个省市分别组成编辑部轮流坐庄，形成竞争。张老师是发起人，负责创刊号。他让我当他助手，协助他编创刊号。他说，如果我愿意，毕业后可到《语文报》工作。

其时我正面临毕业，我的理想是当一名中学教师，对参与《语文报》创刊和到《语文报》工作，我缺乏自信，我认为我不具备当记者或当编辑的素质。张老师却很不以为然，给我打气说："记者编辑也是普通人，谁都能行，你为什么不行？"

因为我的孤陋寡闻，真正的记者我还没见过。在我心中，记者的形象朦胧而神秘。记得20世纪70年代我还在农村务农时，在城里当医生的叔叔带来一个信息：《人民日报》记者到县里采访，县委书记亲自陪同。特别使我吃惊的是，叔叔说，县委书记还亲自给这个20多岁的年轻记者开车门。这个消息从此在我心中留下了难以磨灭的印象：记者，好生了得！

我无心当记者，自感没资格当上让县委书记开车门的记者，因为出身右派家庭，从小受歧视，连公社的大门都不敢进，怎敢从事经常与官员打交道的职业？但张老师让我去当他的助手，我不便拒绝，就去了。谁知一脚踏入歧途，从此竟厕身于新闻行列。

那次编创刊号，张老师特地躲到绍兴的龙山宾馆。那是我第一次去绍兴。就是那次的绍兴之行，我平生第一次见到了真正的记者。

到龙山宾馆的第二天晚上，张老师带我去《浙江日报》绍兴记者站，那天刚好从编辑部下来一位年轻记者，只见他西装革履，头发油光铮亮，风度翩翩，谈笑风生。

这位记者后来成了《浙江日报》副总编辑。

我由此大开眼界：原来记者真的是这样的！

我毕业分配时遇到了一些麻烦，根据相关规定，我必须回原地安置，在杭州弄到一个留杭指标简直比登天还难。使我非常感动的是张老师对我的关爱，他马上决定让我留在他主持的《语文战线》编辑部工作，并立即给学校打了报告，但是，没有成功。

“那就去《语文报》吧。”张老师说，“陶老师答应的。”

最终我没能去成《语文报》，最后却到了现在从事的这家媒体，干了一辈子未曾挪窝。

没有张老师，也许我永远都进不了新闻的大门！

那次聚会都是张老师的熟人，其中有他的密友，曾任大学书记的姜老师，每次聚会，只要他们两人在，餐桌上就会花絮不断，张老师也就会显得特别活跃。姜老师是一个稳重而又不失热情的人，他会不断地在关键时刻把握张老师话匣子的按钮，适时调节话题的方向，或添火加油，或泼点冷水，使张老师的语言航船始终在不失控中前行。那天张老师喝了酒，谈兴浓，酒兴发，独霸餐桌发言人地位滔滔不绝，其中讲述20世纪80年代发生在他自己身上的一件轶事令人忍俊不禁。

80年代，大学教职员工的住房普遍紧张，许多老师都住筒子楼。张老师一家5口蜗居在一间12平方米的陋室里“挤挤一堂”。

重视知识和知识分子之风的倡导促使一些领导开始关心知识分子的生活。一天下午，忽然就有省领导带着一群记者来到大学关心知识分子的生活来了。

关心的主题是教师的住房问题。

那位领导在记者和学校领导的簇拥下来到大学一幢筒子楼，看了一家又一家，到了二楼时，忽听得一宿舍里鼾声如雷。彼时已是下午3点，竟还有人在睡觉？这老师也未免太懒惰了，这样的老师能为人师表？校领导见状心里像被猫爪子抓一样难受，省领导好不容易来一趟学校，竟让学校在省领导面前丢这么大的丑！可恼！可恨！

发出如雷鼾声的正是张老师家，并且正是张老师本人。张老师的邻居与张老师关系融洽，见校领导面有愠色，早已知道领导所思所虑，急中生智，忙说：“这是中文系张老师家，他们家祖孙三代5口人同居一室，睡觉得挨个轮流，张老师晚上无法睡觉，轮到下午睡觉，所以睡得太死。”

邻居一语解忧，省领导大为感慨，继而深为感动。我们的老师太好了，也太苦了！条件也太差了！生活这么苦条件这么差还能安心传道授业解惑，精神可嘉！可敬可佩！

这一场景马上触发记者的新闻敏感，记者们蜂拥而上，一个个拿着照相机对着筒子楼拥挤的楼道一阵狂拍。

4点钟，张老师醒来，邻居告知其事，他没知没觉，不以为意。他家祖孙三代同居一室没错，轮流睡觉却言过其实，不过是邻居急中生智编造的一段现代神话，博得领导的同情和好感。事实是张老师中午与友人相聚，不觉贪杯喝多了点，酩酊中鼾声如雷。本来颇不雅的一件事，邻居嘴巴一歪竟成就了好事，至于所好何事，且听细细道来。

第二天，众多媒体都报道了省领导视察这所大学的新闻，其中某媒体刊发报道，说这所大学教师住房如何困难，老师如何敬业，困难和敬业的有力例证便是中文系张姓老师祖孙三代同居一室，不得不轮流睡觉云云。

报道刊出，省主要领导深为感动，马上大笔一挥，批了一笔资金，用于该大学教工宿舍建设。张老师的“懒惰”和贪杯却为大学同侪立下了汗马功劳——教师宿舍动工了。

不久，张老师分得一套两居室，拿到钥匙，张老师兴奋异常，发动两个儿子一起把新房粉刷一番。搬迁前，张老师豪迈地向同事宣布：除了老婆，其他所有东西全换成新的！此语一出，众友人欢声雷动。事后他悄悄向一好友解释，其实原来的家具全是学校的，均已破旧不堪，算文物太新，算家具太旧，于是乘机归还学校，并借机更新。

乔迁之日自然少不了酒，酒后张老师更是鼾声震得新房地动山摇。

忽一日，张老师来到北京，他的好友——某中央大报汪副总编辑见了他说，你这家伙现在成名人了，你居然下午3点钟了还在睡觉；睡觉还不说，还要为睡觉找出冠冕堂皇的理由来！你过不过分？汪副总与张老师系无话不谈的挚友，很知道张老师中午睡觉是怎么回事，当然更知道张老师性喜杯中物，那豪迈的鼾声当然是贪图杯中物的结果。张老师理直气壮地反驳：睡觉怎么啦？要不是我下午3点钟睡觉，学校能这么快建造宿舍吗？

学校真的视他如功臣，并给了他实际奖励。不然，凭他当时的资历，在当时的条件下，想分到那两居室的房子？没门！

服装设计师

在我们这伙人中，服装设计师也是个乐天派。这位毕业于丝绸工学院的才女，始时以编辑杂志为业，后不甘心为他人作嫁，遂发挥专长，办了一家服装厂，取名“维我”。从字面上理解，乃“维我独尊”。倒是颇有个性，一如颇有个性的她。

美丽的服装设计师设计的衣服如她一般美丽。“维我”女装品牌很快打响，名声日隆，颇受顾客青睐，渐渐地便发散出唯我独尊的味道，萌发出名牌的气度来。

公元2007年金秋时节，一日晚间，众友朋聚会，由电视台总监做东。美丽的服装设计师翩然而至。但见一袭黑色波浪翻卷着从她头上倾泻而下，不知她吃了哪号减肥药，丰满的身材已小了一号，苗条立现。

“简直是三十年代上海滩的美女啊！”总监忍不住发出赞叹。

她那丰满的小嘴顿时张开，得意的笑颜已霸道地驻守在脸上不肯撤兵。

设计师事业有成，婚姻也很顺畅。自从认识了搞音乐的美男子郑，她便如醉如痴，一阵热恋，鲜花终于插到肥沃的“牛粪”上，拥美男而归，新婚燕尔，其乐融融。

美女配美男，天作之合，该弄出点爱情果实来方可交代。可是有点遗憾，美女几次怀胎，却屡不成功，服装设计师不由忧从心来。

2003年，美女终于怀上了孩子，大喜。

“生个啥？”众好事之徒开始寻她开心。她呵呵大笑：“女儿！”

怀孕之后，设计师事事小心，美男也细加呵护，无孔不入地体贴入微。为了确保胜利果实，设计师毅然决然，决定卖掉工厂，全力以赴以保女儿安全问世。

此时，她的工厂已成规模，固定资产逾千万。然而她急于脱手，遂以200万贱价处理了。

女儿古称“千金”，她的女儿岂止“千金”，简直是千万金，实在名贵。

名贵的“千金”却千呼万唤不出来，满心欢喜的期待，等来的却是失望：孩子没能保住，千万金付诸东流。

设计师伤心欲绝，“梨花一枝春带雨”。

为了千金，损失千万。康复之后，事业心极强的设计师又重起炉灶，新办工厂。毕竟是事业为重，千金，算了！

然而，不是她说算了就算了。真所谓有心栽花花不开，无心插柳柳成荫。正当新厂欣欣向荣，设计师甩手大干时，2005年，她又怀上了。怎么办？该来的不来，不该来的却来了，设计师该怎么办？不管她（他？）！她我行我素，继续办厂。

世事难料，小心呵护却屡屡失败，发狠不管，孩子却呱呱坠地。

果然是个“千金”！

美女乐不可支。初为人母，很不习惯，不由得弄出个令众友人忍俊不禁的笑话来。

千金面世，众友朋前来探视，设计师羞赧而骄傲，看到襁褓中的女婴，伸出了双手：“来，阿姨抱抱！”

顿时，所有探望者的目光全部在她身上凝聚，惊诧得眼睛睁大。

她亦张口结舌，自己也不知何故竟出此言。

实在是没做过妈妈，不习惯做妈妈，实在是太习惯于做阿姨，于是眼睛一眨，老母鸡变鸭，妈妈变成了阿姨。

瞬间，笑声如炸雷般爆发，几乎掀翻天花板。

从此，“阿姨抱抱”成了她这帮无事生非的朋友们取笑她的保留项目。

每谈及此，她快乐地接受友朋们的讪笑。毕竟，她已经是“千金”她妈了。

当妈妈，感觉真好！

设计师的众友朋中很有几“善作剧”者。笑毕，众友朋围着“千金”开研讨会。

女人是水做的，男人是泥做的。此时水做的“千金”还是个小老鼠似的小肉团，脸上布满皱纹，颇类小老太。此时“小老太”紧皱眉头，做万般痛苦状，闭着眼睛，蓓蕾似的小嘴不停地嚅动着，看不出半点未来将迷倒众“浊物”的迹象来。

一“浊物”俯身对未来的美女细加研究：“这小东西像谁？”

设计师的密友、以善作剧著称的高板起脸孔，指着小肉团厉声责问：“谁干的？”

大家一愣，顿时全场寂静。

“不是我干的！”总监郑重其事地宣布。

“也不是我干的！”善作剧的老公也赶紧声明，“一点都不像我。”

“谁干的？站出来！”“善作剧”杏眼圆睁，厉声责问。

众大乐，笑声几可掀翻天花板，不断有人喘着气揉着肚子。

“老郑干的！”服装设计师擦着笑出来的泪花指着身材高大匀称、眉目清秀的美男曰。

老郑者，乃服装设计师之夫君也，大学音乐教授。

老郑笑着，用柔情似水的目光抚摩着爱妻，很大男子主义地抱起小千金：“哦哦哦，小宝贝，爸爸抱抱！”

天哪，他为什么不说“叔叔抱抱”呢？

徐锦庚素描

2005 年春节，忽然案头电话爆响起来，是徐锦庚。

“我的工作又动了。”他说。

“动到哪里？”我急忙问。

“《人民日报》西藏记者站……”

啊！……

性感明星

我认识徐锦庚源于 2001 年《光明日报》在宁波设立记者站，为选记者，经宁波市委宣传部部长邵孝杰推荐，徐锦庚入选。此后与他相识相知，友情日笃，从此也洞悉了他的一些趣闻逸事。

徐锦庚，身高 1.70 米，在男人堆里算不得挺拔，更无法鹤立鸡群。

他自嘲是“二等残废”。

可是这个二等残废却深得周边女孩青睐——实在是长得身材匀称，英俊潇洒，精致细腻，一张线条柔和的脸周正而大方，嘴唇微微上翘，开启间是两排洁白的皓齿。

似乎还缺点男子汉的阳刚威武之气。

好在那两道浓眉为这张太过俊秀的脸平添了些许男子汉气，那浓眉下飘忽灵动的双睛，炯炯逼人，灼灼摄人心魂——当然是女孩子的心魂，瞥一眼，女孩子便会心旗荡漾，魂不守舍。

1.70 米，不高也不矮，刚好是美男子周恩来的身高。

某日，宁波日报聚会（是时徐锦庚还是《宁波日报》记者），酒过三巡，一女记者醉眼迷离，对徐锦庚细加端详，于是酒壮贼人胆，终于憋不住心里话往外冒："锦庚，你好性感呵！"

所有正在咀嚼的嘴巴立时全部停住，一双双男的女的老的少的眼睛全都溜溜地睁大睁圆，全部在他身上凝注。

"你没见他的屁股往上翘！性感明星哇！"

"哗！"众皆哄堂大笑。

尽管次日酒醒，女记者脸红心跳矢口否认头天说过的话，这一花边新闻还是以其特有的速度迅速传播，很快在新闻圈内普及，人尽皆知。

从此，"二等残废"有了一个许多男女私下里求之不得的雅号："性感明星"。

在成为性感明星之前，徐对"二等残废"的自己不威不武心有不甘，个性要强的他一定要鹤立鸡群。

鹤立鸡群

其实，今天的"鹤"，昔日至多是只秃毛小鸡——山旮旯里一只土不啦叽的雏儿，一个目光如豆的土老帽。

锦庚1963年出生于浙江江山一农民家庭，与国民党特务头子戴笠是正宗的老乡。这家伙少时也忒没出息，破衣烂衫，见少识浅，长到高中毕业还没到过县城，以为外面的天地也就山旮旯大。

从小命运多舛，15岁时父亲命丧九泉，17岁时母亲驾鹤西去，家贫如洗，使他过早阅遍世态炎凉，尝尽人间冷暖。勉强读完高中，准备着面朝黄土背朝天一辈子，谁知忽然祖坟冒了青烟：部队征兵，全县两名特种兵名额，土老帽竟厕身其间。

说来可怜，这厮是"光屁股"离开农村的，入伍时，他连身上的短裤也舍不得带走，脱下来留给相依为命的弟弟，仅带着钟爱的《唐诗三百首》、周振甫的《诗词例话》和王力的《诗词格律》三本书。到了部队，进青岛市海军潜艇学院学习，一年后分配到东海舰队潜艇部队，成为潜艇上最苦的兵——轮机兵。

14年军旅生涯，两度死里逃生：一次是随潜艇在太平洋执行任务时，被日本海上自卫队包围追杀，险些全艇沉没于大洋深处；一次是在普陀山游泳时，被海浪卷走，险些喂了鲨鱼。大难不死，从此百倍珍惜生命，遇事阿Q了许多——毕竟，没有比健康地活着更幸福的了。

文学青年

踏入军营后，他发愤攻关。空闲时，远避闲聊打牌人群，躲在角落捉笔为文。

他钟爱文学，13岁处女作便在《浙江日报》上刊出。入伍后，爱好文学更甚，屡有散文见诸报端，积少成多，集腋成裘，竟渐渐名动军营，一位舰队政治部首长兼军旅诗人为他指点迷津，希望他用新闻“热情讴歌火热的军营生活”。从此，懵懂青年不再懵懂，1985年，仅数百字的新闻处女作在《人民海军报》上变成铅字。从此一发而不可收，在新闻这条道上一路走下去，一往情深。

1994年部队转业，宁波市委组织部看中了他，多少人求之不得的坦然一条青霄路，他却弃职业官员如敝屣，毅然加入《宁波日报》行列，成为一名专业记者。

记者的调动手续还没办好，连准记者都还算不上，年轻的他心中已生出一腔“铁肩担道义”的热血，迫不及待地惹出了一场风波。

这是1994年8月，一女工来投诉，她所在的公司损害了她的权益，她向新闻讨公道，一头撞到这位未来的名记者身上。

管他是不是正式记者，上！他接手了这起纠纷，开始采访。当他得知这家公司的做法确属损害劳动者权益，激情澎湃，一挥而就，写成一篇批评稿。

稿件见报，风波陡起，那家公司给报社打电话，声称要到法院告他诽谤，口气嚣张得很。

如果这篇报道失实，官司败诉，他的记者饭碗肯定敲掉。

可是这小子不愠不火，了无惧色，坦然来到这家公司。

好小子，竟敢撞到枪口上，公司总经理冷眼相对，办公室主任指着他的鼻子破口大骂，足足骂了四五分钟。他虚怀若谷，面带微笑，待这位中年女性骂累了方停下。此时，他从怀里掏出微型录音机，微笑着问："骂够了没？继续骂，继续骂，我这里都给录着呢，回去以后，我把你的话好好整理出来，如实登在报上。"在场的没料到这个记者队伍中的雏儿竟有此一招，全都傻了眼，办公室主任更是脸色陡变。

"我知道这篇报道给你们带来了压力，今天来的目的，主要是想听听你们的意见。如果你们态度友好，我可以把你们的难处和理由写出来，这样读者也会谅解你们。看你们这样的态度，我们已没有再谈的必要。想打官司，这是你们的权利，我奉陪到底。"说罢，他起身就走。

兵法里有"欲擒故纵"之招，这位军人信手拈来。果然，总经理赶紧拉住他的手，一边训斥办公室主任，一边向他赔笑脸说好话。于是他顺水推舟，与总经理寒暄。渐渐地，双方找到了共同的话题，距离很快拉近，气氛活跃轻松起来。那位办公室主任则态度转瞬三变：先是横眉冷对，继而僵滞木讷，最后满脸堆笑。

鉴于该公司态度诚恳，他在后续报道中口气和缓，没为难他们。随后的劳动仲裁中，他们也比较配合。

旗开得胜，首战告捷，锋芒小试，一炮打响。

在宁波日报工作的第一年中，他发了20多篇批评报道。一时间鸡飞狗跳，吵上门来的有之，半夜打电话到家里威胁的有之，通过上级施压的有之，经常闹得满城风雨。但平头百姓却为之感动，为之落泪，为之赞叹不已。

面对被批评者的激烈反应，他坦然处之，兵来将挡，水来土掩，竟没有一篇报道失实，没被人抓住任何把柄。

如此热热闹闹一年，在年末总结大会上，此君忽然放言："3年内，我要赶上或者超过我的同龄人。"

众闻斯言皆哗然：小子，可别太狂了！

"太狂"的小子不顾四起的流言急起直追，笨鸟先飞、勤能补拙，城里走、乡里走、山里走，握茧手、握纤手、握绵手，风也受、雨也受、气也受，兢兢业业，勤勤恳恳，发奋努力。3年，业务上名列前茅，发稿量居全报社记者之首；6 年，在整个报社鹤立鸡群，连续 6 年被评为报社先进工作者，被评为宁波市“十佳新闻工作者”，浙江省五年一评的“优秀军队转业干部”，享受市级劳模待遇。

地位日重，他成了专门跟随市委书记从事重要报道的写手，成为农村部主任，成为市级后备干部，眼看，《宁波日报》副总编乃至总编的位置已在虚位以待。

从光明到人民

正春风得意时，忽一机遇飘然降临：2001 年，光明日报要在宁波设立记者站，徐锦庚入选。

《光明日报》是中国第二大报，报社人才济济，藏龙卧虎。非龙非虎的徐默默地来了。也许多年的磨砺已使他锋芒内敛，表面上他已了无那股初生牛犊的无畏，他变得低调，不事张扬，懂得“夹着尾巴做人”的中国式古训的精妙。

如是半年，业务上很快打开局面，稿件一篇篇发出，叫好声一阵阵传来，声名鹊起，编辑们一拿到他的稿件，脸上就会绽开三月桃花般的微笑。

在光明 8 个月时间，他的稿件有两篇被选入人民大学《新闻写作教程》新闻参考书的《新闻作品选读》中，成为众多未来名记者的范文。此等荣耀，着实令藏龙卧虎的龙们虎们耳热眼红而自愧不如。

2002 年 5 月，我与锦庚相伴写了一组关于浙江省人才战略的稿件，当人才抢夺战在我们笔下烽烟未消，忽一日惊闻，他这个人才已被挖走。

《人民日报》华东分社活生生地将他挖了去。

水往低处流，人往高处走，心已走，身难留，在光明日报众多惋惜、感慨、不满的目光中，锦庚完成了人生的又一次跳跃。

“叛徒”的阴影笼罩着我们这些与这厮难脱干系的光明人。这以后，大家各忙各的，他走他的阳关道，我过我的独木桥，可怜的自尊遮蔽了我们之间的友情。但此君后来表现出来的绝非蝇营狗苟之态，他豁达、大方，依然故我地不时与我联系。若我赴宁波公干又被他获知，他并不因为已成为中国第一大报记者而倨傲，必半途拦截，忙不迭地探望、宴请，极尽地主之谊、朋友之谊。

看来此君并非寡情之辈。渐渐地，阴影消散，我们又恢复关系如初。

这以后，不断地从《人民日报》同行的口中得到这家伙的消息：稿件受到嘉许，报道受到表扬，他很快成为《人民日报》华东分社发稿的高手。

2004 年 4 月 5 日，此君在华东版三版头条刊发《宁波企业东北揽技工》一文，引起习近平同志的重视，习近平作出批示，浙江省委办公厅《信息通报》全文刊载此稿，并加按语。

2004 年 5 月 20 日华东版一版头条《解读“海曙模式”》，报道宁波市海曙区城市管理方面的经验，福建省晋江市组团到宁波市海曙区学习取经。

宁波市江北区从 3 年前起开展了一系列的关心困难党员的活动，引起社会上的一些非议。2004 年 8 月 10 日，此君在《人民日报》华东版一版头条刊出《“关爱党员”说是论非》一文，充分肯定了这一做法。此文引起强烈反响，国内网站纷纷转载，各地读者踊跃投书《人民日报》，就“关爱党员”的做法畅所欲言，华东版为此专门辟出专栏，开展讨论。山东、江苏、江西等地的组织部门纷纷向宁波市委组织部和江北区委组织部了解情况。乌鲁木齐市委组织部及浙江省金华市、上虞市委组织部还慕名到江北区考察学习。浙江省委组织部副部长胡坚专门率队到江北区调研。中组部组织局调研组也到江北区考察“关爱党员”的实际效果。

2004 年，珠三角、长三角地区爆发“民工荒”，此君 2004 年 10 月 22 日在华东版一版刊出整版的《宁波不见“民工荒”》和《雅戈尔员工生活实录》两篇特别报道，在社会上引起了强烈反响。

到《人民日报》华东版后连续两年发稿量和头条稿量均高居华东分社各记者站之首，编辑部一旦缺重点稿，他案头的电话便会爆响起来，那是来紧急约稿的。当然，一旦接受了稿约，他每次都能保质保量如期完成。

“1 月 26 日我已经到《人民日报》总社报到，第一次参加了《人民日报》国内记者会，春节后就要进藏了。”他在电话里欣喜地说。

好小子，西藏可是世界屋脊，极地世界，会否高处不胜寒？

徐锦庚实在能折腾，在最近的三四年时间，他从宁波日报跳到光明日报，再跳到《人民日报》华东分社，再跳到《人民日报》大报；从东海之滨的浙江省宁波市的海平面跳到世界屋脊青藏高原，下一个目标要跳到哪里？是否要跳到月球上去？

（《中华读书报》2005 年 3 月 9 日）

“开心果”

关于我有一个“前妻”的消息终于在我的同学、同事和朋友圈内传开。对这一使人啼笑皆非的无稽之谈，我曾试图辟谣、辩解，但都无济于事，你越辩解，别人挑逗你的兴趣就越高，结果常常是越描越黑。后来，我不再做任何辩解，当友人兴高采烈地当着我和“前妻”的面开这种无中生有的玩笑时，我只有保持沉默。我知道我无力纠正这一谬误，因为，散布这一流言的恰恰是“前妻”本人。

“前妻”和我是同班同学，向外传播她是我“前妻”的也确确实实是她本人。

无中生有

那是1999年的一个春日，我们一行几位至交陪同《人民日报》曾主任去千岛湖观光。安排此次活动的是我同班的另一位同学小芸。到千岛湖入住宾馆之后，稍事休息，我们便来到大堂准备用餐。

此时，淳安县的几位领导已候在大堂，为我们接风。

小芸与县领导熟悉，她将我们逐一介绍给他们。这一切都极正常地进行，大家都没料到，不正常的事马即将发生。

轮到介绍她了。她的脸一如往常，桃花般盛开着，还没等小芸张口，她便突然主动迎了上去，快速地握住其中一位领导的手，那张所向披靡的嘴的嘴角调皮地向上翘起，一个恶作剧就这样完全出于大家意料之外地完成了。

“我是他前妻！”她忽然用手指向我，当着大家，也当着她丈夫的面令人猝不及防地冒出这么一句。顿时，大家全都愣住，一时场面颇感尴尬。

淳安的领导或盯着她看，或盯着我看，而她的脸依然春风欲度，了无半点玩笑的印痕。

这样的自我介绍实在有违常规，即使是已经离婚了的夫妇，谁愿意在陌生人面前触及个人的隐私、情感的伤疤呢？我们这伙人自然清楚她与我的关系，尽管她以善于开玩笑著称，尽管大家对她的玩笑已习以为常，但当着北京的客人，当着陌生的领导开这样的玩笑，谁都没想到。

小芸第一个爆发出大笑，这笑声马上像龙卷风般席卷我们这伙人，大家全都捧腹大笑起来。

“我说错什么啦？”她的脸上露出惯常玩笑时的懵懂，似乎她不解我们因何而笑，似乎大家的笑与她无干。

从此，结婚后就患上“妻管严”、没胆量离婚也从未离过婚的我有了一个“前妻”，包括她丈夫、我的好友老王也这样称呼——一日，我留老王便饭，他竟然对我说：“给你前妻打个电话，我不回去吃饭了。”

呜呼，一世英名毁于一旦！

现代版“芸”

“前妻”能言善辩，机智敏捷。在我所接触到的有她在的所有场合，至今还没有看到她被人辩倒过，倒是许多极富辞令的公关能手却屡屡败在她的嘴下，成为她的手下败将。

在她面前，我基本上是个听众，无论是说别人还是说我，我一概不搭话。面对她的凌厉词锋，偶然的回击常会使我露出自己的软肋而遭她更猛烈的攻击。我自知拙嘴笨舌，不善辞令，根本不是她的对手。因此，有了多次的经验之后，我便用沉默的铠甲包裹自己，躲避她的进攻。每逢这时，她便会百般挑逗，引我出击，我不再上当，坚守沉默。

记得我刚添置BP机的头几天，这是只沉默的“鸡”，从来不鸣。一天说起，她冲我顽皮地一笑。是日半夜，忽然“鸡”鸣不停，以为报社有紧急任务，开灯一看，却是她家电话，始知她在恶作剧。刚躺下，鸡声又起，如此者三。

次日她来电话邀功："昨天有无'半夜鸡叫'？"说罢大笑。

她极爱玩笑，所有玩笑都只有一个目的：开心。凡认识她的人，几乎都领教过她的豁达和开心。而每次和她一起，也确实非常开心。无论什么严肃的场合，无论什么领导在场，只要她在都会变得轻松起来。而凡是和她接触过的人，无论商场战将、政坛高手，无不兴奋莫名，即使是城府很深的人也会撕下面纱，开心地畅怀大笑，这也是人人喜欢她的原因。

除了拿我寻开心，她的另一个目标便是她的丈夫老王。她寻丈夫开心的方式，一是挖苦调笑，二是为丈夫"纳妾"。

林语堂曾说过，中国古今最贤惠的女性便是芸。芸是沈复的名著《浮生六记》的女主角，一个贤惠的东方女性，贤惠到为丈夫沈三白纳妾的地步。

她是现代版的芸，她共为丈夫"纳"了四房"妾"。

她的密友小莉，苗条纤巧，20世纪末办了个蜡烛厂，产品远销美国和欧洲，几年便成为亿元富翁。小莉与她是高中同学，两人关系如漆似胶，于是小莉被她纳为丈夫的第一个小妾，曰二房；学服装设计出身的小红，也极喜开玩笑，一张美丽性感的嘴巴长年常开，笑声不断，笑话不断，被她纳为丈夫的第二个小妾，曰三房；那个因为创办了风靡全国的杂志《都市丽人》的都市丽人菲菲，曾是杭州大学7项全能冠军，这位纤弱美丽的丽人长年在上海办刊物，每逢周末便驾着她那辆红色宝马来杭州，于是菲菲成了她丈夫的四房。大约2002年开始，电影演员史可带着她那金发碧眼的瑞士丈夫加入我们这个行列中来。因为史可是名人，其丈夫又是银行家，地位比较崇高，她好不容易克制住才没将这位影视明星纳为丈夫的五房小妾。但史可每次见了老王还是亲热地与之行西方的拥抱礼。

老王一人坐拥4位美女，得其所哉，优哉游哉。妻子是现代版的芸，不知老王能否也来个"闺中记笑"，写出一部现代版的《浮生六记》来？

一日，老王父亲华诞，作为儿媳，她张罗庆宴，我们这些平时与她交往频繁的同学好友均出席。席间，她妙趣横生，开起公公的玩笑来。

"你儿子实在有本事啊，这不，这几个美女全是你儿子的小妾。"她逐一向公公介绍，然后四位美女齐刷刷站起来，共同举杯，竟齐声祝福："公公生日快乐！"

老王的父亲是位一向严肃的离休干部，此时却乐得合不拢嘴，那脸上的每一条沟壑都填满了欢乐。他为有这样一个儿媳开心。

快乐的天使

老王对妻子的玩笑向来是照单全收。每逢妻子热情地为他纳妾，老王就像旁人一样随着大家的快乐而快乐，嘿嘿地笑着，光亮的额头更加光亮，灿烂的两颊浮起两个酒窝——他尽情地享受着妻子的精神按摩。

老王乃散淡之人，常爱三五友人同道喝酒聊天吹牛，一畅心怀。他还喜欢卡拉 OK，一经拿到话筒，便霸住不放，然后左右摇摆，其幅度之大远胜于流行歌手。他虽五音不全，但每次霸住话筒都会尽情吼，声震屋顶，其歌声如鬼哭狼嚎，旁人捧腹大笑而他却全然不顾。

她挖苦丈夫取乐的方式之一是经常当着众人的面喊他“猪”，因为老王没事喜欢睡觉并且呼噜打得极有水平，因为他不干家务活，因为他到了家里就成了大爷，虽然在“小妾”们面前非常勤快，非常巴结。她经常以“猪也是这样想的”来嘲笑丈夫，乐此不疲。

每逢她调侃时，“猪”嘿嘿地笑着，既不生气，也不焦急，坦然面对妻子的嬉笑怒骂，快乐地接纳妻子的挖苦讥讽，因为“猪”知道，妻子的骂声中蕴涵了对他的全部的爱。

一次聚会，酒足饭饱后，她又开始寻丈夫开心。

“摸这里真舒服。”她目光注视大家，脸上表情严肃，一只手反手抚摩着丈夫光光的秃顶。“半夜摸到这里，我经常搞不清楚，这是脑袋呢，还是屁股！”此时，她的脸上露出得意而无比天真的笑。

“哗！”的一声，满桌的人全都大笑起来，笑得喷饭。菲菲笑翻在她怀里，小莉笑倒了酒杯，小红笑得流出了眼泪。她呢？满脸懵懂，做傻乎乎状，莫名其妙地看着大伙儿乐，似乎不懂大家因何而笑。

得遇“前妻”，此生有幸！她是快乐的天使。每有烦恼，必邀同学友人三五相聚，当然必有“前妻”，每有她在，每听到她的笑声，我便会烦心顿释，俗虑全抛，心境恢复如初。

岁月无情，转眼毕业20多年了，“前妻”美丽的容颜已被篡改，但却更多了智慧的光辉，她快乐依然，笑意依然，在她面前，人们回复了本真，还原了本性，还原了本色！

“前妻”其实属于大家！

心中的上帝

爱狗的名人夫妇

2000年元宵节那天，拨通了《光明日报》海南记者站的电话。一听是我的声音，丁炳昌就故意拿腔拿调地冲我嚷嚷："捣什么乱，我没时间给你啰唆，沙沙病了！"

沙沙是何方神圣，值得丁大站长这么大惊小怪？

此君乃丁站长夫人樊云芳之爱犬。

"凌晨3点沙沙就发烧，抽搐，我们俩一直陪着。现在她找医生去了。"丁说。

这对新闻界的名人爱狗如此，简直匪夷所思！

樊云芳爱狗，丁炳昌也爱狗。爱狗的樊云芳和一样爱狗的丁炳昌养了两只狗。母狗。一只叫沙沙，另一只叫多多。这两只并非出自名门的白毛矮脚巴儿狗很一般（得知我的评价，丁樊都怒不可遏），不是那种高贵美丽使人一见就手痒痒想抱一抱的难以释手的美狗，也不是那种奇丑无比一见就难忘的丑狗。那狗的毛如果再长一点就可以与外国狮子狗媲美，如果脚再矮一点就可以与北京宫廷哈巴狗同列，可那两条狗毛不够长、脚不够短，中不溜溜的，不名也不贵。

可就是这不名不贵中不溜溜的普通狗，樊云芳爱得如醉如痴，丁炳昌爱得如痴如醉。

每每与这对夫妇一起出差，每到一地，夫妇都会给他们的爱犬打电话："沙沙，这两天怎么样？想我了吧，我们很快就回来了，听话呵！"樊的声音里充满了足以使丁生出妒意的柔情和爱意。据称，这对夫妇不在时，只要电话铃一响，那两个狗东西便会噌地蹿到放电话的茶几上，汪汪地叫个不停。当保姆把听筒给两个家伙听时，他们竟能辨出主子的声音，并对着话筒乱叫一通，以表达对主人的思念之情。

据樊云芳爆料，沙沙天真活泼，客人一来就热情无比，在客人脚下抻来擦去，咬客人的裤腿，嘴里发出呜呜声，希望引起关注，证明其存在价值。一般来说，客人看在丁樊面上均能善解狗意，表扬一下或爱抚一下，于是沙沙便会得寸进尺，趴到客人膝下撒娇不肯走。我第一次去时它缠着我撒娇，我给了它一脚，心疼得姓樊的如丧考妣。总而言之，沙沙很善于和客人搞好关系。因为它在客人面前显得特别忙，姓樊的一高兴，就给她任命了一个职务——总经理助理（樊本人曾当过总经理），简称“总助”。

而多多则讷于言而慧于中，显得忠厚老成，有点像丁，故深得丁偏爱。“老丁常常怕它寂寞，每天都要对着它讲话。它呢，总是懒懒的听着，做哲学家沉思状……”樊不无妒意地挖苦。不过夫妇俩“萝卜青菜各有所爱”，倒也相安无事，其乐融融。

早上6时不到——这也是据樊云芳爆料的，其真实性有待证实——风过树叶动，丁之爱犬多多醒了，它懒懒地伸了伸腰，来不及“对镜揽红装”，只是简单地用爪子扒拉几下脸，就迫不及待地从主子的床下钻出，一个直立就老实不客气地把前腿趴到丁的床上，然后情绪激动，“呲呲”地吸着鼻子，伸出猩红的舌头舔丁的脸，一边嘴里咿唔着，似在诉说一夜未见的情思，表达着对丁无限的爱。“有一次它还把舌头伸进丁炳昌的嘴里呢！”樊云芳得意地向我“告发”。丁在他的“情人”的百般柔情中醒来，便也收集起瘦骨伶仃的身子，忙忙地起来梳妆。此时，樊“助理”沙沙也来了，多多和沙沙一边亲热着，互相扑打着，咬着撕着，表达着它们的阶级友爱。一见丁起来了，双双扑将过去，咬住丁的裤管就往外拖，嘴里的咿唔声更激动了。每逢此时，丁就会感到从未有过的满足，一种被爱被尊重的感情油然而生。他打开门，“沙沙，多多，我们走！”于是两条狗箭一样猛地蹿了出去，丁雄赳赳地和他的狗们踏向晨曦，融进黎明的曙色中。

每天晚饭后的散步是沙沙和多多精神上的盛宴——夫妻俩一起陪着两个狗东西去大儿子丁勤的种苗基地，沙沙和多多忽前忽后地围着主子跑着。

“不过这两个东西去了从不干好事而专事破坏，不是跳进育苗池压断了苗就是到肥料堆里去打滚，弄得像个泥狗且臭不可闻。丁站长已经三令五申不准沙沙、多多再去基地，可是丁站长的命令对它们不具备权威性你有什么办法？除非他老先生从此也讲狗语或许能让这两个狗东西信服。”樊云芳在给我的电子邮件里作诉苦状向我炫耀。

夫妇俩都曾扬言，他们爱狗甚于爱两个儿子。

我对此存疑。起码，丁便像爱他的狗一样爱儿子，我相信。

1999 年四五月间，我应丁、樊之邀到湖北采访。正在武大上学的丁、樊的小儿子丁谡来探父母。这丁谡，瘦骨伶仃的，眉眼间活脱脱一个小老丁，简直是一个模子里印出来的。这边小老丁刚进门，丁已自迎了上去，那又大又瘦的手掌凌空擎起，作“大刀向鬼子们的头上砍去”状，向小老丁头上猛劈而去，“刀刃”将砍中目标时突然疲软，那五根瘦长的爪子张开来，化作轻轻的爱抚，随后抓住了小老丁的头，就势一转，“这个鬼家伙！”丁声音里盈满了爱，儿子在这爱的抚摸下就地转了个圈，嘴里“嘿嘿”地发出含糊不清的声音，就像多多含糊的咿唔声。

中国新闻界名角樊云芳

上海名记者黄俭曾写过一篇在全国新闻界很有影响的文章——《记者夫妇店》，说的就是丁、樊夫妇。丁、樊的出名不仅是因为开了一家在全国新闻界独一无二的夫妻店，不仅因为妻子是站长，丈夫是助手，更重要的是他们在新闻业务上的成就。不过相比之下，妻子比丈夫名气大得多。

第一次参加《光明日报》全国记者会，我便领略到樊站长的风采。那是 1984 年 2 月中旬，我刚刚到报社报到，记者会上，光明日报的名记者们纷纷上台介绍采访和写作经验。那天上午，当记者部主任卢云宣布“下面由樊云芳介绍”时，会场上响起了掌声，掌声中还夹杂着兴奋的议论声，我发现，人们的目光忽然都亮了，年轻人的目光中多了点敬意，老记者的目光中多了些赞许，众目聚焦中，一中等身材的中年女性捷步登上讲台，清秀的面容带着微微的笑意，目光四顾，神采飞扬，身材修长如玉树临风。她开始发言，声音软软的、甜甜的，是一种吴侬软语的普通话。记得当时她讲的题目是《注意被采访对象的眼睛》。

那会儿我刚进报社什么都不懂，正为能否胜任记者工作而担心。而樊云芳却正处在春风得意之时：轰动全国的成名作《追求》早已发表，在全国引起巨大反响的《王小民作弊案》刚刚刊出不久，《放下反大寨的棍子》已经引起全国性的反响，她的新闻一篇接一篇地在重要版面刊出，她已经是众所公认的《光明日报》名记者、中国新闻界的名记者。

我万没想到，这个令我仰视的大名人和她的“贤内助”丁先生与我这个小学生会有很深的交往。这是后事，姑且打住。

就在我当记者才半年，在我对记者工作几乎没有信心时，我突然意外地接到她的一封来信，她在信中居然就我写的一篇小稿向我“求教”，她问我那则小稿的导语是怎么写出来的。一个是全国名记者，一个是连导语是什么都不清楚的新手。此事着实令我感动了好一阵子。此后，我有机会在她麾下参加内蒙古 40 周年大庆采访，那一个多月的采访使我从她身上学到许多东西，她也从此接纳了我这个学生。从此，每有重要任务，这对夫妇就会拉我加盟。

整个 80 年代是樊云芳新闻事业辉煌的时代，她的作品年年得奖，年年得奖的作品被读者广为传播，许多作品被选入大学新闻系的教科书而成为范文，她用散文的形式写新闻，文笔优美流畅；她把电影蒙太奇的手法移植到新闻中，给人以耳目一新的感觉；她的人物新闻写出了立体感，写人的优点，也写人的缺点，这与我国几十年中正面人物高大全的形象迥异；她的消息往往用很短的文字写出现场感，写出人物性格，写出散文一样的细腻华美；《飞天凌空》《曾侯乙墓的“地下音乐厅”被搬上舞台》《“深圳速度”春风何时能吹到武汉》《湖北铜绿山古矿冶遗址将同观众见面》等，一篇篇好新闻刊出，引发一次次轰动。

她新闻业务最大的成就则是创造了一种全新的新闻文体——中性报道。

80 年代中期，中国改革进入胶着状态，新旧体制、新旧事物、新旧观念之间反复较量，许多事难辨正反，难断是非，用传统的非此即彼、非黑即白、非人即鬼、非英雄即狗熊的新闻模式报道已很难表达复杂事物的本质，怎么办?

就在此时，樊、丁发现一个题材：湖北工程师谢中秋离开本单位擅自出走到苏南一家乡镇企业，原单位通过上级向那家乡镇企业施压，谢走投无路，有家难归；湖北京山县委书记力邀其到京山工作，原单位发文将谢党内除名，而京山县却承认谢的党籍，种种做法均有违传统的法规党纪，但人才流动已成必然之势，改革的形势又召唤新的人才体制出台，孰对孰错难以评判，樊、丁和另一位记者张祖璜合作写出《一个工程师出走的反思》，用中性的笔法，不做法官，不当裁判，只叙述事情的原委，不对各方的做法做评判。此稿一经刊出，马上在全国引起轰动，《光明日报》收到1600多封来信，许多地方就此事展开讨论。从此，“中性报道”一词便在新闻界流传开来，成为报道复杂事物的一种屡试不爽的文体。当年，这一文体被载入中国新闻大事记中。

新闻业务上的辉煌成就给樊云芳带来的是许多荣誉：全国三八红旗手、十三大党代表、享受国务院特殊津贴的专家。1991年，全国首届范长江新闻奖评选，全国40万新闻工作者中有9人获此殊荣，樊云芳荣登其列。

就在樊的事业处在辉煌的巅峰时，厄运悄然来临了……

生命中的暴风雨

1992年11月6日，《光明日报》全国记者会最后一天，晚饭后大家开始做返程准备。11时许，与我同居一室的江西记者王绍雄正准备休息，突然有人敲门，是丁。一向遇事不慌的丁此时却目光呆滞，满脸悲切。“樊云芳病了，是癌症！”丁说着突然失声抽泣起来。从未见过一向风趣幽默的丁如此，我一下子慌了手脚。

下午记者会结束前是樊发言。得知消息，各路诸侯都活跃起来。樊刚离开记者队伍就任光明实业总公司总经理。一年一度的全国记者会，大家当然都希望能和她聚聚。

她来了，依然是随随便便、大大咧咧，依然面带笑容、快人快语。这个每次记者会都介绍采访经验的名记者，这次却大谈经济。但讲着讲着，只见她脸色苍白，语言无力，讲话匆匆结束。然而大家都没太在意，大家都知道樊身体好，也许是累了吧。晚上吃饭大家还起哄：“喝酒喝酒，当了总经理还没请客呢！”谁会想到她会突然得了这种病呢。

“昨天她就拉血了，没太在意，今天晚上晕倒了，送海军医院一查，是直肠癌，肿瘤已有鸡蛋大，医生直抱怨我们为何不早来看，现在癌症已到晚期……”说罢，老丁又抽泣起来。

1992年1月，受报社委派，她和丁去采访三峡工程，这也是报社的重点工程。她指名让我去做他们的助手。采访中，她突然对我说：“小叶，我大概不能再写稿了，这篇稿子一定要写好，也许这是我新闻工作的关门之作。”我一惊，忙问：“怎么啦，你要离开新闻界？”

果真，1992年3月，我们一起在北京处理完三峡工程一稿后，她便被任命为光明日报创办的光明实业总公司总经理。

然而，谁又能想到，才半年时间，这位新闻界的强将便被病魔击倒。

都说忧郁是癌症的根源，她这么一个开朗的人，怎么会得这样的病呢？

次日一早，丁扣开了我的房门，他消瘦的脸更苍白了，一双大眼青影环绕，忧色染人，才一夜时间，老丁已判若两人，这一打击对他实在太沉重了。

“她是太忙了啊！这十几年，她总是不停地工作工作，心里全没有她自己，她的病是累出来的啊……”

万万没想到，一向多病的丁自从妻子病后竟一下子变得强壮起来，他东跑西颠，请名医，求良药，为妻子治病。整整一年多，他与妻子形影不离，天天陪在病床前，端水送药，无微不至。他像换了个人似的，他用自己瘦弱的肩头担起了这个家庭的全部重任。此时的他，人生的目标只有一个，那就是保证妻子尽快康复。

一年多后，当樊的病情渐渐好转，我去苏州探望，病房里，樊已开始面色红润，而丁却更瘦了。他是用自己的生命换取妻子的健康啊！

丁的行动使我明白了樊一次谈到丁时很动情的话：“别人都说我是丁炳昌的上帝，其实，谁能知道，丁炳昌才是我心中的上帝！”

心中的“上帝”

夫唱妇随，相敬如宾，做丈夫的事业有成，做妻子的举案齐眉，这历来是中华民族所推崇的传统的夫妻关系。而他们却角色颠倒。

丁、樊夫妇原是《光明日报》驻湖北记者（1992 年丁调任海南记者站站长），妻为站长，夫为副站长。副站长丁甘做樊的副手，料理家务和站务。一些不理解的人认为这个记者“夫妻店”是“阴盛阳衰”。对此等议论，丁在朋友们面前曾“愤怒”过，但更多时候是一笑置之，该干什么还是干什么，该怎么干还是怎么干，并未因为别人的议论而放弃给妻子打下手的工作。甚至在一些公开场合也表示出对妻子的服从。1984 年那次记者会，会议最后一天是各站谈近期报道计划。樊讲完，记者部主任卢云向瘦高清癯的丁颔首：“老丁有什么补充？”丁一本正经地说：“本人服从樊站长领导！”全场哄堂大笑，樊也冲丁直乐。

丁、樊是复旦大学同学，樊一进学校便以能说、能写而得了“一张嘴一支笔”的雅号。丁因患病休学一年，二年级时插班到樊这个班。

丁第一次成为樊的“上帝”是在复旦大学哲学系下农村结束的典礼上。这种会对于“耍嘴皮子专业”的“专业耍嘴皮子”们本不算什么，但当时他们还是耍嘴皮子的雏儿。那次会上，未来的“政治家们”还没有学会说空话、大话、假话，毕竟还只是二年级学生，照本宣科直讲得人们想打瞌睡。会议眼看要结束了，这时主持人问：“还有谁要发言的，请上来。”一阵静场之后，一个沉稳的声音响起：“我讲讲。”一个高高瘦瘦的男生站了起来，迎着几百双惊诧的怀疑的目光登上了讲台。

“是他？”“一张嘴一支笔”睁大了眼睛。对这位穿着土不啦叽粗布衣衫的新同学，她根本没有放在眼里。论口才，她的嘴能“舌战群儒”；论写作，她的笔能“横扫千军”。然而粗心的她并不知道，这位衣着朴素但气度不凡的同学却早已成为班里众多“林妹妹”夜不能寐“梦里追他千百度”的目标。

此时的丁不慌不忙，慢条斯理，不用讲稿，却条分缕析，间或来点“冷面幽默”，激起阵阵哄笑。这一讲竟讲了一个多钟头，讲得大家忘了时间。

“听丁炳昌讲话是一种享受。”他们的班主任事后这样说。

在他讲话的过程中，“一张嘴”始终大睁着眼睛静静地听，她第一次发现这个被自己的粗心忽略了的同学竟是那么出众，他的讲话是那样打动人心。少女的心扉第一次羞涩地洞开。不久，他们相爱了。

“文革”开始了。樊成了“保守派”，“修正主义黑苗子”。他们在动乱中毕业。命运似乎在揶揄他们，出生在大上海的她被发配到大西北的山西雁北；出生在农村的他却被留在了大上海。命运向他们的爱情提出挑战。

“那天，在校园一个僻静的树林子里，我哭得像个泪人儿，在小组会上拒绝签字的那股子傲气一见了丁炳昌顿时宣泄得干干净净，一下子露出了‘庐山真面目’。想到背了这副沉重的‘十字架’（毕业鉴定）我将一辈子抬不起头来，想到自己将被‘发配’到雁北那种‘一座孤城万仞山’的地方，从此跟丁炳昌孤雁分飞永难相聚，我直哭得山崩地裂，泪水喷涌如尼亚加拉大瀑布。”樊云芳这样描述当时的情景。

“已沉默许久的丁炳昌替我擦干了眼泪，用他那一如既往的沉静的声音慢悠悠地说：‘那份鉴定，不用当回事，历史是自己写的，人生最后的鉴定，是他对社会的贡献。’他抚摩着我的头发，沉思的眼睛里闪现着忧郁：‘我打算跟你一起去雁北，世道险恶，又是那种地方，你一个人去，我不放心。’

“我想我的眼睛不可能比那会儿睁得更圆了，我怀疑自己听错了：按照他的条件他可以留在上海，这在当时是多么稀有的机会！他得过伤寒症，体弱多病，我又如何忍心让他为我‘陪绑’？

“事情就这么决定了。从这一刻起，我看到了丁炳昌身上儒雅风度的另一面：骑士风度。坚定、骨气和大无畏。我清楚自己得到了一个怎样的丈夫——像这样厚实可靠的肩膀不是每个女人都能找到的。”

丁毅然放弃留校的机会，和她一起来到了山西雁北的浑源县。

“丁炳昌被分配在县委通讯组，我到了县文化馆。我们很快发现，揭开严酷的外表，在这块土地上也有生活、奋斗、理想和追求，也有友谊、理解和爱情。这里的人虽然生活艰苦，外表粗犷，但也有丰富的内心、真挚的感情。当代人与自然界的悲壮搏斗胜过了杨家将的传奇。于是，一篇篇充满激情的报道从我们这两个‘编外记者’的笔下产生，丁炳昌的哲理，加上我的文笔，文章频频在省、地报刊上亮相，夫妻双双成了县里的大笔杆子。不过公平地说，丁炳昌执笔的时候更多，他是主角，我为配角，他做大师傅，我当小帮手，但对外他总是慷慨大度地把我推在前头，我也乐得浑水摸鱼，大树下面好乘凉。”

谈起那段日子，夫妇俩至今还充满感情。至今她还承认他是她的启蒙老师，他们的新闻事业就在那片黄土地上发轫，渐渐异军突起，名霸雁北。1974 年，丁调任《光明日报》记者，樊则到雁北地委报道组工作。又 4 年，樊奉调《光明日报》山西记者站。1983 年，夫妻俩一起调到湖北记者站。

家中的“上帝”

丁由于身体差，无法南来北往，夜以继日地奔波；而苗条似柳、柔弱似绵的樊却身体奇好。加上她好胜心极强，一心扑在新闻事业上，新闻业务扶摇直上，很快名播全国。渐渐地，时光完成了夫妻俩的角色替换，她跑外，他主内；出头露面的事她去，默默无闻的事他来。每天到站里指名找她的人很多，有反映情况的、提供报道线索的、诉苦的、告状的，吵吵嚷嚷，不胜其烦，这些自然都是丁的事了。他把繁杂留给自己，却把宁静留给了妻子。丁默默地接受了这样一个事实：在工作和家庭的舞台上，他已退居次要地位，她是鲜花，他只能是绿叶。他默默地承担家务、站务，把人生聚光灯的光柱对准争强好胜的妻子，自己则躲进阴影里。

从此，樊确乎成了这个家庭的“上帝”，饭来张口，衣来伸手，“两耳不闻家务事，一心只写新闻稿”。但在她心底里，他仍然是自己的“上帝”。

“有女莫嫁记者郎，一年四季守空房，偶然一天回家转，扔下一堆脏衣裳。”而对于丁来说，守空房的是他，扔下脏衣裳的是她。她在家什么都不干，除了写稿。

虽然她常让她的“上帝”守空房，但出差每到一个地方，马上就要给她的“上帝”打电话。“喂，丁炳昌，”她用她那软软的南方普通话开了头，接下便会改作上海话，“侬奈能样，噶没精神的，身体奈样？”要是电话打不通或者打通了“上帝”情绪不佳，她便会呆呆地坐着发愣，目光散乱，无精打采。

樊的文章很漂亮，持家技艺却很臭。偶尔也心血来潮，牛皮吹得鼓鼓的，某某某她能干，啥啥啥她能行。一次忽发奇想，要做一回贤妻良母，买菜做饭服侍她的老公，拎起菜篮子进了菜场。一进菜场就碰到一大堆烂鱼，那股鱼腥味绝没有家里餐桌上的醋熘鱼、红烧鱼、清蒸鱼那么鲜美，扑鼻而来的臭味顿使她的胃翻江倒海起来。她掉头就走，扭身就逃……

贤妻良母没做成，任凭丁先生冷嘲热讽，她只是厚着脸皮顾左右而言他。

从此，樊云芳“君子远庖厨”。

生活上，樊确实是一个粗心的女人。每次出差，行装都是他给打点，出差时一旦他不在，一切便会乱了套。“喂，有毛衣借我一件，忘带了。”“快快快，忘了带钱了，借我一点。”每当这时，大家准会拿她开涮：“怎么，后勤部长不在家？”

1991 年的记者会上，我和丁同居一室。一日会罢，各路诸侯齐集我们房内正云山雾海、天南地北地神侃，门忽被撞开，樊手执一纸冲了进来。“喂！”她通常管自己的丈夫叫“喂”，“我每月工资多少？”众弟兄一时竟都愣住，房内寂静一片。

“你看你看，连自己每月工资多少都不知道，这样的人也配得范长江奖！中国新闻界瞎了眼了，评她？”丁一本正经，脸上了无戏痕。

闻此，弟兄们皆开怀大笑。

丁用爱怜的目光柔情万种地轻抚着妻的脸，继续循循善诱：“这类鸡毛蒜皮的小事，何劳站长您亲自过问，说一声，站员我不就给办了！”

“轰”的又一声，屋里人无不笑得前仰后合。丁依然一脸认真，看不出半点玩笑的痕迹。“鬼家伙！”她吃吃地笑着，也和大家分享着丈夫的幽默。

“上帝”和旧棉袄

生活上丁是兄长，无时不在关心着这个不会照顾自己的小妹妹；工作上他一丝不苟，不让任何错误损害她的形象。他当过多年的理论编辑，对文章把关极严，有时甚至到挑剔的地步。“他永远认为我的稿子写得不好，只要他看了说差不多，稿子就成功了。”樊说。

写《杨善卿坚持十年办露天英语班》，采访时两人都很激动，觉得是个好题材。她写完了初稿，他看后说：“我还以为你有多高水平，原来不过如此。”于是两人起了个绝早，凌晨4点钟赶到英语班现场采访。她终于找到灵感，遂采用电影蒙太奇的手法，在稿子开头把一个个镜头剪接起来。他看后才勉强表示认可：“这还马马虎虎，是有那么些小聪明，怪不得有时就张牙舞爪。”紧张的工作之后，他常会幽上妻子一默。此稿后来获全国好新闻奖，被选入新闻教科书，成为现场新闻的范文。

写《一个工程师出走的反思》，夫妻店老板、老板的丈夫和当时的湖南记者张祖璜合作。这个张祖璜也是地方记者中的名角，年年出好稿，年年得奖受表扬，他的外号是“红旗站长”。稿写成，被张和丁推翻。第二稿由张和丁执笔，稿子完成，樊边看边笑：“两个鬼家伙，还真有点水平！”

“到今天才知道？”丁说。

“我以前迷信你，谁知丁炳昌比你还有水平呢。”张也乘虚而入。

稿子刊出，好评如潮，评论文章一篇接一篇，一提起中性报道，新闻界就会把《一个工程师出走的反思》和樊云芳联系起来。

“以后再也不能和樊云芳合作了，写好了，功劳全成了她一个人的了。”张对丁说。

“范长江新闻奖应该发给丁先生，没有丁先生，你樊云芳能得奖？喝西北风去吧。”这种时候，丁和张总会结成同盟。两人吃着樊买来的蜜饯，嘴巴动个不停，也攻击个不停，极尽讽刺挖苦之能事，逗她取乐。

“唉，和她一起永无出头之日。”丁叹气，故作痛苦状。

尽管“永无出头之日”，丁还是乐此不疲。多少年来，她在前面横冲直撞，他做她的坚强后盾；她功成名就，而他则躲在她的阴影里。她有感激，他无怨言。

记得1992年初夏，初做总经理的她来杭州公干。一日傍晚，沐浴着西子湖的夜色，她谈起了她的老丁，谈着谈着，忽然长叹一声，出语惊人：“老丁是我的旧棉袄！”

我猛吃一惊：旧棉袄？该不会……没等我出声，她已察觉到我的意思，忙摇头不迭："不不不，不是这个意思。"

她的一番话充满感情："老丁是我人生的一件棉袄，这件棉袄帮我度过人生的一次次苦寒，在山西浑原的冰天雪地里，它给我温暖；在通向事业成功之巅的雪域冰川上，它给我御寒。人生的严冬过去，生活变得阳光明媚了，但时而还有寒流袭来，我需要它，离不开它。几十年中，这件棉袄一直温暖着我的身心，使我度过了一次又一次人生的严寒，一次又一次给了我生活下去的勇气。是的，这件棉袄已旧了，岁月的风尘留给它太多的创伤，但它对我温暖依旧，我珍视它，感激它，它将伴我度过我的一生。"

"我这一辈子最大的幸福不是事业上的成功，而是有一个温暖的家庭、一个好丈夫。他身体不好，我一直很为他担心。我无法想象，没有他我将怎么生活下去。别人都说我是他的上帝，其实有谁知道，他才是我心中的上帝，他是我的精神支柱，他是我人生和生命的全部……"她讲得很动情。

1999 年夏天，我应丁、樊之邀去海南采访。坐在他们的工作室里，在沙沙、多多的一片亲善中看樊操作电脑，丁风风火火闯了进来，随手把一沓稿纸扔给樊："给我马上打出来！"

樊笑嘻嘻地说："看到了吧，大站长的派头！"

"过去受苦受难受压迫，今天嘛，我是站长，你是站员，这叫三十年河东，四十年河西，交椅轮流坐嘛！"丁依然是慢条斯理地，一副翻身农奴得解放的得意。

自从樊回到记者队伍后，鉴于她的身体状况，报社已不给她压担子，充分给她自由，她想写什么就写什么。她的站长位置已被丁取代。丁担起原来由她承担的外交、公关、采访等一干子事。两人的角色重新给颠倒过来。

回归记者队伍后，樊迷上了电脑，用电脑写稿、发稿，她很快成为记者队伍中最早使用电脑的记者。电脑大大减轻了她写稿的劳动。但从此，她也多了一项任务：为丁的稿子打字。

"想当年经常把一大堆鬼画符的稿子扔给我誊抄，今天嘛，老老实实给我打稿子吧。"丁说。而樊虽然嘴巴里不依不饶的，行动上则是乐于充任丈夫的秘书，乐此不疲。

樊云芳写稿的积极性仍然很高，大块头的稿件仍然不时在报上刊出。她去年（1999 年）12 月 3 日发给我的电子邮件中说：“从 11 月 1 日以来，樊某人已采写了 8 篇稿件，其中 5 篇已见报，竟然还捞着 1 篇头版头条，2 篇被中央电视台的早新闻采用。如此看来，假如樊某人……”

2 月 20 日，樊云芳发来一篇稿件，题目是《交椅轮流坐》，她在文中说：“我和丁炳昌已经做了 29 年夫妻，这 29 年断不了磕磕碰碰，可也恩恩爱爱。我们之间的关系，既不是‘夫唱妇随’，但也不是‘女尊男卑’。我们俩是比翼齐飞，只不过有时我飞得高一些，有时他飞得高一些，用一句世俗的话说，就是交椅轮流坐吧。”

中国传统的理想夫妻是举案齐眉，相敬如宾。但钱锺书不这样认为。他说，现代理想的妻子应该是朋友、情人、妻子集于一身。

丁炳昌、樊云芳便是这样的关系。

（载《观察与思考》2000 年第 12 期）

我们这一伙

在新闻圈内，我们是特殊的一伙，这特殊之处是我们的单位都不在当地，属于外地驻此间的机构。于是我们天马行空，独往独来，天高皇帝远，单位管不着，当地又不管，属于边缘人，属于孤单的个体户。孤独，寂寞，无助。

孤独中，我们这些外地单位的当地人渐渐走到一起，大家真诚团结，互相帮助，一起采访，一起切磋业务，一起玩乐。有人称我们这群人是一伙的。没错，我们这一伙是那么的团结友善，互相信任，和谐相处。

快乐的高

在我们这一伙中，高是个领头者，他豁达大度，胸襟开阔，平和快乐，很富有亲和力。

大约 1995 年，高调沪工作。我们大家都感到一种群龙无首的悲伤。好在尽管离开了，他还是我们这一伙中的一员，只要一回来，大家便都相聚在一起，倒也并不太寂寞。

高长得高高大大，是个美男子；高妻也姓高，长得大大高高，夫妇俩夫唱妇随，其乐融融，趣事甚多。

某周末，高告知妻不准备回家，例行公事、漫不经心地打个电话问候：“喂，干啥呢？”

“正在看濮存昕的《洗澡》呢！”

“啊！”高大惊——他把“的”字听没了，于是就变成了“正在看濮存昕洗澡”，濮存昕可是个美男子，是中国著名的“少妇杀手”，妻子在看他洗澡，这还了得！

高的担心事出有因。其妻性格豪爽，有男儿之风，从不掩饰自己的好恶。她是某大报文教部主任，她曾在众人面前坦陈，男演员中她最喜欢的是：大陆，濮存昕；港台，周润发。并公然对其部下宣称："今后凡是男明星来，女记者去采访；女明星来，男记者去采访；濮存昕、周润发来了，我自己去采访！"

其妻的话筒刚放下，电话铃声又急剧响起："我马上回来！"高焦急地说。

高的担心已得到某种程度的证实。一次，周润发来杭州，那位文教部主任果然践行诺言，当仁不让，亲自披挂出马。采访结束，像所有追星族一样，她小姑娘一样抢着和周润发合影，周润发非常大度，搂着她拍了一张极亲密的照片，这大大满足了这位追星族的心愿。她兴奋至极，竟忘了丈夫有时也会有山西那著名特产的味儿，大喜之余，拿着照片得意地去向老公炫耀。高认真地看了照片，努力克制心中的不快，可很大男子主义的他又不便表现得太小肚鸡肠，于是连嚷："不好，不好，太不自然！"

从此，恨死了这位"少妇杀手"；从此，连濮存昕做了形象代言人的XX葡萄酒再也不喝。

我向他证实此事，被他斥之为"荒谬至极"，直至我说了此消息来源为他的爱妻，方不语。

奉调上海之前，弟兄们为高饯行。那天，高夫妇皆在，也许是喝了点酒，高对妻子的依恋之情溢于言表，忽向我放言："好好照顾高燕！"

我心中一动，"如何照顾？"

"就像对你老婆一样对高燕！"

我大乐。

众皆大乐。

忽转念一想，不对，此君爱妻之情若此，若照顾不周，稍有闪失，如何向他交代？于是断了"照顾"的念头，放任自流如初。

幸亏——这厮后来当了新闻官，若我有辱使命，岂不被他穿小鞋！

高有个儿子，身高1米92，每每见到，我必浩叹"优良品种"。这儿子虽身高体壮，在妈妈面前依然是个儿子，每天妈妈进门，他必然要冲上前将她抱起，在房子里转一圈才满意地放下。有一段她上夜班，儿子上学去，她还在南柯梦中。于是每天必要上演这样的一幕：那1米92的“庞然大物”小心地趋向母亲床前，俯身与母亲吻别，他两手捧住母亲的面颊，左边“啧”一口，扳过右脸再“啧”一口，这才满意地离去。

每言及此，其妻必得意非凡。

每言及此，高心中竟溢满酸溜溜的液体——妻子心中已只有儿子。

5年后，高离沪调杭，初闻此讯，儿子不乐。“妈妈，爸爸为什么要回来？”

“夫妻双双把家还”

陈是个活宝，精瘦精瘦的，一笑起来，眼角向下弯，嘴角往上翘，活脱脱一张娃哈哈卡通形象，此君是我们这一伙中的长者，是个小老头，因此也常常倚老卖老。

小老头瘦，头顶上透露出的信息是日见聪明，那小脑袋上，周边芳草萋萋，圈着中间一个足球场，常常是边上茂盛的几缕横跨撒哈拉大沙漠。

“地方支援中央！地方支援中央！”李一见他就快乐地嚷嚷。

李是我们这一伙中唯一的巾帼，她个性柔顺可亲，相貌俏丽动人，亭亭玉立，一笑俩小酒窝，是个乐天大度、人缘极好的俏女子。她在我们中最小，因此也最受宠爱。大家之所以都很喜欢她，因为你怎么开她的玩笑她都不生气，声音柔柔的、绵绵的，不紧不慢。每次集体采访活动只要有她在，大家就会格外开心，大家也乐于和她开玩笑。只要她在，大家便都特别开心，就会肆无忌惮地开她玩笑，而她从不气恼。

小老头是个乐天派，他风趣、幽默，特别爱开玩笑，尤其是李在的时候更甚。

1996年，娃哈哈在北京举行一个活动，邀请我们这一伙参加。那天在人民大会堂吃的饭，当时正时兴吃饭时唱歌，于是大家起哄，非得让小老头和李合唱一曲。唱什么呢？他们商量后合唱了一首《夫妻双双把家还》。别看这小老头瘦精精的，竟然声如洪钟，响遏行云，颇有点专业的味道，一曲终了，喝彩声四起，大家公认他是我们中唱得最好的一个。

一曲《夫妻双双把家还》，众弟兄终于逮住了一个可资玩笑的话题，于是"流言四起"，穷开这一对"夫妻"的玩笑。也自此，陈在众人中奠定了与李铁定的"合法"的"夫妻"关系，别人全都望尘莫及，即使是美男子如高辈也只能退居次要地位。

从此，凡是有唱歌的节目，《夫妻双双把家还》就成了他俩的保留节目。

从此，大家只要聚在一起，就开这"两口子"的玩笑。每逢这时，小老头总会眉飞色舞，对大伙的玩笑照单全收。

西藏之行

2001 年，娃哈哈邀请我们这一伙去西藏考察，一行近 10 人前往梦牵魂绕的西藏。

西藏是每个中国人神往的圣地，都说"不到长城非好汉"，此言应改成"不到西藏非好汉"，到长城何难之有？到西藏才不容易呢。西藏的生存环境太差，生命极限啊，一般人谁吃得消？

来西藏前，报社军事部的小李告诫道："部队组织一批记者到西藏采访，进藏途中，有人因缺氧几乎休克，有人大口大口吐血。你身体不好，可得小心啊！"

进藏前，有人提醒：高原缺氧，千万别感冒，一个感冒足以置人于死地；到了西藏，走路要小心，行动要缓慢，任何大的动作都可能导致缺氧。

不听老人言，吃苦在眼前。一下飞机，一看到处女般纯净的蓝天、洁白无瑕的云、刀砍斧凿般的山，早将"老人言"忘到九霄云外，拍照，欢叫，不亦乐乎。

专程前来迎接我们的新华社西藏分社副社长阿朱按照西藏的风俗向我们每个人献了哈达。脖子上挂着洁白的长长的哈达，我们全都孩子似的乐坏了，拍照拍照！于是大家摆出各种姿势猛拍一阵。等乐够了登上车，大家相互对视，不由得都愣住了。西藏乃圣地，圣地给这群俗人的洗礼是，人人唇上都被涂上了靓女才有的紫色唇膏——缺氧反应出现了。

登车落座，我这才感到呼吸急迫，胸口发闷。阿朱给我们每人发了两支红景天，说，这是治疗高山反应的良药。

我们被安排在喜马拉雅宾馆。已经有了高原反应，住下后，大家便听从劝告，不洗澡，下午就卧床休息。西藏与内地时差起码 2 个小时，吃过晚饭已 10 点钟，好像没什么大的反应，大家又蠢蠢欲动，在拉萨街头逛了一圈，回到宾馆就开始神聊。入睡后，却辗转反侧，开始感到头疼欲裂，心跳加剧，呼吸急迫，翻来覆去到凌晨 4 点，渐感体力不支，出现幻觉，胸口像塞了一团棉花，气透不出来，眼看就要休克过去，只好叫起室友万,万又喊起带队的单，单又找来氧气卡，于是发动制氧机，吸了半小时的氧，这才勉强睡了一会。

第二天起来，眼睛肿得没了缝，脸也肿了，小心翼翼地爬起来，收集起散了架一样的骨头，还好，勉强还算是个囫囵人，于是重新抖擞精神上路。

次日，万发烧了，经济研究院的杨也发烧了。怎么办？上！大家就都去游布达拉宫，逛八角街，一路气喘吁吁，行则不敢大步流星，攀则不敢一鼓作气，连转身都小心翼翼，生怕幅度太大会喘不过气来憋死。我是“重伤员”，纤弱的李竟什么事也没有，于是她成了我的专职保健护士，拿着氧气袋随时为我服务。哇，我希望天天是“重伤员”，气死那个瘦老头！

此行“夫妻俩”同行。这本是大家大开两人玩笑的好机会，谁知陈也忒没出息，也许是不耐边地驿站深宵的孤寂，也许是因为平时拖欠妻子的感情债太多，竟携夫人同行。这下，大家感到开不成玩笑了。谁知他竟依然故我，主动出击与李打趣，这下众弟兄逮住不放，当着他夫人的面，什么妻妾成群，一妻一妾的玩笑雨点般向这瘦老头身上砸去。逗得这厮乐不可支，拼命在妻子面前展示自己的魅力。李一边笑得直不起腰，一边乐得赏赐给他一个俏外号：花老头。

“花老头”人瘦，到了西藏竟然毫无反应，依然行动如常。他的藏族同学来，居然一起喝酒——在西藏是不能喝酒的。

到西藏自然要吃藏菜。我们来到了藏餐馆。酥油茶、青稞酒、糌粑、血肠、手抓羊肉，大家吃得尽兴。吴是新华分社副社长，这位厅级摄影师极不安分，连顿囫囵饭都没吃成过，手持小型数码摄像机不停地朝着大家扫来扫去。次日在汽车上，他打开摄像机，再现头天的情景，当大家为某个镜头兴奋不已时，他那千沟万壑的脸上，每一条褶皱都填满了得意。

没有不散的宴席

在我们这一伙中，数我最无能，口讷而不善言，基本上是大家忠实的听众。而那位姓高的，每次没事，便拿我开涮。一点办法都没有。

我们这一伙关系一直不错。可是，10多年下来，走的走，调的调，这支队伍已今非昔比。那个人缘极好、诙谐幽默、爱开玩笑的高已不耐新闻界的寂寞，登上了局长、部长的宝座，居高临下俯视着我们这些芸芸众生；那个有着“半仙”之称，常用八卦和数字替人算命的青年记者全也难耐新闻界的清贫下海淘金去了;《中国日报》的绅士李先是成为炙手可热的证券公司的国际部主任，后又登上讲台，成为阳光下最神圣的职业中的一员，只有我们这几个没出息的，还在充当喉舌，终日鼓噪个不停。

（载《中华读书报》2004年8月25日）

驻地记者众生相

半壁江山，这是报社历来对驻各省记者的称誉。支撑着这半壁江山的记者们，或孤身一人，或三两人为伍，承担着报社交给的任务，一个个身手不凡，堪称优秀。他们个性各具，色彩缤纷，甚是可爱。

2006 年 10 月 25 日，我回报社公干，出版社社长 Z 设宴款待。没想到消息走漏，总编辑闻讯欣然加盟，作陪的还有记者部主任 S。

S 是我们的头儿，一个非常有趣非常可爱的人。他爱说笑话，喜欢段子，每有所获，必与众人分享。因此，只要一有闲暇，他的手指便会忙个不停，给大家增添点乐趣。

缘于此，S 有了“段子秘书长”的外号。他麾下的封疆大吏大都工作繁忙，繁忙中，他的段子往往能给大家精神按摩，许多报社的严肃指令经他转述会变得轻松。这是他的一种领导方式？

“秘书长？我看应该是委员长！”总编辑笑眯眯地扔给他一顶帽子。众皆大乐。

他亦乐。那张狭长的脸上，嘴巴笑成下弦月，嘴角向上翘起；那对眯细的小眼睛笑成了一条缝；那年岁渐长，聪明以至绝顶的脑袋，几缕“芳草”汪洋恣肆地越过荒芜的顶峰颤巍巍地抖动着；那张四季如春、含颜带笑的脸上满盈着发自心底的快乐。

他有理由快乐。作为管理着全国 30 多个记者站的头儿，他的工作很有成就。这成就体现在版面上成了“半壁江山”的有力证据。

但据说他最大的成就在于，在他任上，女记者进得最多，超过任何一任记者部主任。在每年一度的记者会上，看着下面姹紫嫣红的一片，挂在他脸上的下弦月更弯了。

与S比起来，X更是快乐的动物。这个白面无须两脚圆脐灵长类动物，圆圆的脑袋，圆圆的眼睛，圆圆的脸，使人一见就会产生亲近的愿望。此君原是驻云南记者，自从调到北京当了主任，胸更挺了，一天到晚腆着个怀胎六月的大肚子，倒背着手在光明日报长长的走廊上自在地踱着方步。

他也爱给人发短信，当然都是些让人开心的段子。但他只能转发，不会输入。一次他发了几个段子后，他的好友S决心寻他开心，发动众部下相继给他发短信，当他持续接到内容均是“你是流氓”的短信时，急得抓耳挠腮，没头苍蝇似的满地乱转。

即便是乱转，世界上最快乐的人也非他莫属。

X常拍着圆圆挺起的肚子笑嘻嘻地说：“有本事的男人把别人的肚子搞大，没本事的男人把自己的肚子搞大！哈！”

笑意在他光洁无纹的圆脸上汪洋恣肆。

他是没本事的男人？

1991年，本报云南站招聘记者，人选不少，他也叨陪末座。那张经常笑嘻嘻的弥勒佛样的脸第一次变得凝重了。

他喜欢这张知识分子的报纸，渴望加盟。

考试前，他认真研究本报。

结果，“没本事的男人”得了第一名。那张严肃了没几天的脸又弥勒佛般绽开了笑颜。

“弥勒佛”有个小弥勒佛，狡黠可人。一次问及小弥勒佛长大后的志向，回答竟斩钉截铁：“像爸爸一样，当记者。”真是龙生龙、凤生凤，老鼠的儿子好打洞。X好不得意。可是问及原因，却使X大跌眼镜：“爸爸一天到晚夹个皮包，不干活，拿工资，还经常有人请吃饭！”呜呼，闻斯言X恨不能立马堵住儿子的嘴巴。

这天，时钟指向晚上7时，我开始安享一天中唯一的一顿正餐。

电话铃声响了，是G。

大凡此时来电，基本上就是G。他以埋头干活，远离是非著称。他个不高，其实还很矮，但他身上的某一部位却高高隆起，使人对他刮目相看——那是他的人品。在报社为数不多地位崇高而被尊为“公”的人中，他是“之一”。我辈虽在形体上鹤立鸡群，却常常要仰着头看他。他管着所有地方记者的稿件，每有任务，常常是他打来电话，安排布置；常常就记者的稿件中的问题提出意见，建议修改，忙得不亦乐乎，但他忙而无怨，乐在其中。“小车不倒只管推”，他纯粹是老黄牛式的业务干部，属于当之无愧的先进工作者。

伐恶扬善是记者的天职。地方记者中颇有几员大将长于此道。山西站的 Y 便是一员战将。他一口佶屈聱牙的方言只有调整到塑料普通话的程度才能勉强使大家听个囫囵懂。他的话软软的、绵绵的，却话里藏骨，常使人笑得喷饭，笑后却常会引人沉思。此君颇有女士之风，形体苗条纤巧，说话慢条斯理，行动不疾不徐，但写的稿子却常语含机锋，以批评报道见长，中国新闻奖的名录上常有他的名字。一次和一位通讯员一起捅了一个大娄子，通讯员被恶势力剁掉了 3 个指头，他依然故我地铁肩担道义，毫无怯意地往前冲。

与 Y 相比，D 的形制颇状拉大板车出大力流大汗的苦力。自从调到北京，D 胸更挺，腰更粗，睥睨的眼光斜着、横着看人。这小子当初刚进报社第一次见面时，那狼一样的眼睛却闪着羊一样柔顺、讨好的光怎么不见了呢？

依然愚钝的外表，脱不掉粗人的外貌。碰到憨厚愚钝如 D 者，你可千万别自作聪明，一不小心，他那歪点子便会从那狼脑袋里冒出，让你吃不了兜着走。

大智若愚，大巧若拙，D 是典范。这个粗汉文笔细腻流畅，绝对的与众不同，他的新闻作品充满睿智、机巧和幽默。能把幽默藏在新闻里，记者里能有几个？

河南站的 G 在离开记者队伍前的一次会上发言中说，本报记者普遍文雅有余，霸气不足，缺乏“匪气”。鄙人也愚，G 所说的“匪气”该是男子汉的“英雄气”吧？

江苏站的 Z 就是这种具有英雄气的记者：高大威猛，英俊潇洒，按时下流行语：帅呆了，酷毙了！

此君武警出身，武功真的了得。相传一次去某地出差，一下车，他手提密码箱，昂首挺胸走出车站，众劫匪目光发亮：这厮气势不凡，非大款即领导，那密码箱里准是一沓沓的人民币。但这铁塔样的身躯、金刚般的圆目，又令众匪徒犯怵。该不会是银样蜡头枪吧？钱壮贼人胆，金钱的诱惑还是战胜了怯懦，劫匪冲上前来抢他的箱子。他们很快后悔了，银样蜡头枪马上变成了威猛的少林拳，这群小混混早已东倒西歪，屁滚尿流。

80年代，本报曾流传着这样的顺口溜：总编辑讲话稿稿稿，副总编讲话钱钱钱，秘书长讲话稿钱稿，副总编讲话钱稿钱。这个Z则绝对是个稿钱稿和钱稿钱的角色。他发稿量全国第一，广告全国第一，发行也差点全国第一——当然，后两个第一是中宣部规定“不许”之前。

2006年春，我因事赴宁，此君闻讯赶来，热情款待，极尽地主之谊。其夫人以及跟他一个模子印出来的小Z也来了。我发现，其夫人打量丈夫的目光充满崇拜，那神情委实令人感动。的确，Z值得崇拜，尤其是在漂亮女性眼里。

2006年9月，《光明日报》总编辑来东部视察工作，其间话题触及河南记者L。总编辑的声音顿时高了几度：“L不错，很优秀，河南把她的大幅照片挂到博物馆里，说明她值得尊重！”显然，总编辑为有这样的部下感到自豪。

的确，L是记者队伍中一道亮丽的风景，她曾是《中国青年报》的五朵金花之一，后来，这朵艳丽的金花便愈发光明，在她的脸上洋溢着母亲的安详。俚语云“鲜花插在牛粪上”，安插L这朵鲜花的“牛粪”是一堆好粪，肥沃丰腴——那是当地有名的经济学家，而且是一个既理论又实践的经济学家。也因此，L不必为囊中羞涩发愁，她可以一门心思搞她的新闻，因此把新闻搞得有声有色。

规模宏大，吨位在全国记者中绝对的冠军，并且还在与时俱进。河北站的L简直是一头北极熊，典型的一个相扑运动员。他是一尊不甘沉默的山炮，经常在会议上开火；他又是个笑星，一天到晚笑天下可笑之人，倒也经常笑自己。

遗憾的是少了冷面幽默D。D和他的妻子F开着中国新闻界独一无二的夫妻店，夫妻俩交椅轮流坐，倒也各得其所。如今他退休了。开会时再也没有了他慢条斯理的发言，以及从他的慢条斯理中蹦出来的冷面幽默，没有了令人笑破肚子的热闹。这位昔日复旦哲学系的高才生是众弟兄的精神领袖，退休后，他整日伴着他心爱的小秘沙沙——一条丑陋不堪老掉了毛的小狗，他却情人似的爱得如醉如痴。只要你给他打电话赞美上他的沙沙几句，他便会得意忘形：狗东西，什么时候来海南？我陪你去三亚玩！

2006年初，F的一篇《生命之歌》令众多的读者为她捧上一掬感动的泪水。这份感动也曾使两位日理万机的中央级公仆为之动容，于是发出号召：全国新闻界向F学习！吓得她惊慌失措，倒像是干了什么坏事一样，恨不能找个地方躲起来。

如今连F也退休了，本报耀眼的一道风景消逝在地平线下了。

在半壁江山中，可圈可点者还有太多太多。笔锋凌厉，以批评报道名震三湘的T；在八闽大地上纵横驰骋业绩不凡的L；掘地三尺，把一个弹丸之地的新闻挖了个遍的Z……

岁月无痕。到光明日报不觉已20多年。刚入报社时电线杆一般、被众乡亲加冕成“长颈鸬鹚”的我，现在也与时俱进，中部崛起，头顶聪明，霜打青丝，沟陷两颊，已到“欲说还休”的年纪，经常只能是“却道天凉好个秋”——绝对的爷爷风度。

《光明日报》的这20多年，是中国历史上最光辉灿烂的阶段。躬逢盛世，沐浴在《光明日报》独特的报业文化里，记者们得其所哉，心无旁骛，工作倒是安心的。

从待遇上，光明日报收入远不及兄弟媒体。是什么力量使众多记者安于现状，乐此不疲地为之效命？

虽然原来的省报地位听起来没有光明日报高，但收入却绝对是光明日报的两倍。可是Y还是毫不犹豫地跳槽到光明日报。几年过去了，Y丝毫没有要离开的迹象。当总编辑问及他为何愿意放弃高收入而来本报时，他说：“光明日报环境好，心情愉快，钱是少了点，可是不用花钱买补药啊！”

（载《新闻实践》2009年第2期）

国　音

声音，竟然可以有如此神奇的力量——震撼人心的力量、摄人心魄的力量、激人上进的力量！

2007年4月中旬，中宣部组织新闻界四个一批人才考察团赴湖南、甘肃考察，团员有新华社副秘书长、网络中心主任周锡生，中央人民广播电台对台中心主任韩长江，中央人民广播电台播音员于芳，中国国际广播电台西欧拉美中心副主任高世军，《中国铁道建筑报》总编辑朱海燕，北京电视台科教节目中心副主任徐滔，西藏电视台藏语组副组长朗杰央宗等共11人，我亦厕身其列参与考察。

就是在这次考察中，我才进一步认识了于芳老师。

这次考察从4月10日开始，21日结束。11日到达湖南张家界，当晚张家界市委宣传部组织大家聚会，部长陈美林得知于芳是范长江新闻奖获得者、中央电台十大优秀播音员第一名时，崇敬之情顿生：中央电台播音员的声音，乃中央的声音、国家的声音！旋恳求：愿闻国音！

顿时，在场所有人的目光都聚焦在于芳老师的脸上。

考察团团长周锡生示意的目光投向了这张曾在我眼里非常普通的脸。

第一次见到于芳老师是在2006年4月，北京会议中心，我第一次参加四个一批人才培训班。因为同属新闻组，我们每天见面，每次见面，她都微微颔首，脸上一直含着淡淡的笑。因为不了解，我对她的印象淡淡的，一如她淡淡的笑。

于芳老师中等身材，不事修饰，不像许多明星一样的浓墨重彩，更没有华服首饰的包装。考察期间，她着一件防雨的普通夹克，穿一条牛仔裤，一头阅尽沧桑的浓发已光泽不再，细碎的鱼尾纹带着岁月的印痕悄然爬上她的眼角，一张平和的圆脸，圆圆的大眼睛，透露出的是柔和的光。乍一看，这是一个极普通的中年女性，细察才发现，她端庄温婉，平和优雅，举手投足间会透露出一种知识女性历尽风霜后的沉稳和高贵。

就是这样一位貌不惊人的普通女性，几十年中，中国的亿万民众通过她的声音了解到共和国发生的许多重大历史事件，通过她的声音获悉中央的精神和政策的变化。

面对张家界领导的邀请，于芳从座位上站起来，素面朝天、不事修饰的她，躬身微微向大家致意，然后落落大方地站到麦克风前，她两手互握置于胸前，身子微微前倾，目光环视全场，并不急于开口，她在等待，在酝酿，简单几个动作，优雅端庄的英姿立现。

“我给大家朗诵一首李瑛的诗:《鹰笛》。”

她开始朗诵，声音平缓低沉，带有一种吸引人的磁性，随之逐渐激越、高亢，人们仿佛听到苍鹰尖厉的鸣叫，看到了矫健身影的凌厉俯冲，闻到捕获猎物后的血腥，一股雄壮和苍凉在她起伏的声音中涌动，听众的血液为此奔涌、燃烧，宁静的心随着抑扬顿挫高昂激越的声音而波涛汹涌，我的视线模糊了……

“国音”，当之无愧!

中央台对台广播中心主任韩长江说，2006年，中央电台评选十佳播音员，于芳名列榜首。

此后几乎每到一地，当地的领导都会邀请于芳老师朗诵，哪怕是听她读一段报纸都是一种享受。后来我采访著名电影演员李默然，同行对他朗诵水平的评价是:“他能把一份菜单读得让听众潸然泪下！”

声音，居然有如此神奇的魅力？真让人叹服!

考察团有3位女性，于芳老师年最长，西藏电视台节目主持人朗杰央宗居二。自从那天接待单位的领导把央宗的名字读成“朗杰中央”，大家便给这位美丽柔弱的女性冠以“中央”的别号。北京电视台法制进行时节目主持人徐滔年纪最轻，她伶牙俐齿，诙谐幽默，任何话题她都能张嘴就来，一开口就会滔滔不绝。她常拿团长取乐，一路上尽是她的玩笑，而她的笑声给大家平添了许多乐趣，我们称她为团队的“嘴巴”，并荣膺她为“执行团长”。

于是我们这个由11人组成的考察团便有了一个“国音”、一个“中央”和一张为团队代言的“嘴巴”。

三个女人一台戏。一路上的笑声，源头几乎都来自这三个女人。当然了，“嘴巴”话最多，而只要“嘴巴”一开，几乎没有人不笑的。

但于芳老师却话不多，别人大笑爆笑，她的笑永远是淡淡的。

湖南考察结束，执行团长徐滔以工作太忙为由撤离，大家都感到依依不舍。刚和她熟悉起来，大家处得非常开心，她却一个人先期离开，好煞风景啊！

这以后，每次出行，“国音”和“中央”便形影不离地坐到一起，全团仅他们两个女性了。

我出生在城市，却在农村长大。因为父亲是右派，全家被遣送回老家农村，我在一个穷困荒僻的山村度过了人生最宝贵的19年时光。在受尽歧视的日子里，我勉强读了5年小学就失学了。从此改入社会大学，当农民，做木匠，远赴武汉成为中国第一代农民工。在阅尽人间脸色、洞明世事、练达人情的日子里，读书仍然是我不可磨灭的欲求。可山村一书难求，偶尔借到一本书被发现还要挨批判。于是每天从农村广播中收听中央电台就成了我唯一没被剥夺的权利，广播是维系山村与外界的唯一通道。早上六点半的新闻与报纸摘要节目，晚上八点钟的对农村广播，这是一天中我最神圣的时刻——这份神圣是于老师们给我的，只要有广播，这两个节目我都会认真收听。而于老师们的声音便成为文化荒漠中的文明之火，烛照着我在山村荒寂苦闷的岁月，使我不至于被窒息，增强我活下去的勇气。

我清楚地记得，1976年1月9日凌晨，江南酷寒，满地霜冻，我挑着木工工具箱去邻村做工。刚进村头，新闻和报纸摘要节目开始了，猛然听到一阵哀乐声从广播里传来，周总理去世了！一种莫名的悲哀迅速传遍我全身，这是于老师的声音吗？那么低沉悲痛，那么催人泪下，在那个国运衰微、前途茫茫的时刻，有多少人闻此国音，潸然泪下！

对周总理的感情和对“四人帮”的极度反感是父亲传递给我的。此后，在大学工作的父亲因为参加悼念周总理的游行，被记入黑名单，等待秋后算账……

粉碎“四人帮”，恢复高考，改革开放，这些首先由国音传递来的消息使我热血沸腾、激情澎湃。因了父亲的一再坚持，我这个小学肄业生也重燃求知的欲望，鼓起勇气走进考场，终于考上了大学，于是知识改变命运。我日后能从事新闻工作，能勉强与人交流，也得益于于老师们的影响——台州人口音很重，我的台州普通话勉强能让人听懂，就是收听中央电台的结果。

从事新闻工作后，我更重视国音。每当我发回一篇自认为重要的稿件，此后的每天早上我便会更加注意收听中央电台的新闻和报纸摘要节目。在几十年的新闻工作经历中，我的报道一次次被中央电台摘播。而将我的文字变成声音，变成国音传送给全国听众的，有多少次是由于老师完成的呢？

于芳，原名吴中伟，北京人，“文革”期间支边到黑龙江建设兵团，成为兵团播音员。1971 年被中央电台录取，从此一直在中央电台担任播音员。几十年中，中国的亿万民众通过她的声音了解到共和国发生的重大历史事件，通过她的声音首先感受到中央的精神和政策的变化，当然，这个“她”代表的是所有的国音。

梅狗叔

离开家乡数十年，梦魂牵系中，梅狗叔一直是我们一家的牵挂。

2009 年 9 月 16 日夜 10 时许，电话铃急剧响起，是同村的阿莲打来的，她说，她爸刚才走了……

一年前，阿莲来电说她爸病了，吃不下饭，人很瘦，医生诊断是胃癌，且已是晚期。医生说，治不好了，回家吧，给他吃好点。

阿莲的爸爸便是梅狗叔。

梅狗与我同村、同宗，是我的远房堂叔，我们家与梅狗叔的交往是父亲 1957 年划右被遣送回老家开始的。

父亲是大学老师，他 1943 年考入东南联大外文系（后联大停办，并入暨南大学），三年级时因患肺结核休学，从此身体一直非常虚弱。经历了反右的批判斗争，精神肉体受到双重摧残，回农村时身体更差，用母亲的话说，风都会把他吹倒。一个手无缚鸡之力的病弱书生能经受重体力劳动的考验吗？

那正是天灾人祸频发的 3 年大饥荒时期，我们家更甚，父亲在生产队劳动，别人每天是 10 分工分，他只有 4 分。这样的收入如何能养活五谷不分的母亲和我们三个嗷嗷待哺的孩子？我们全家很快就陷入绝境。父亲得了浮肿病，一次次饿得昏倒在田头。一次父亲被人抬回家中，诊所医生撩起父亲的裤腿，在那肿得发亮的小腿上按了一下，马上一个深深的指印久久不能弥合。医生摇头叹息，开的药方是 5 斤米糠。

严酷的环境使父亲萌发了死的念头，他与母亲商量准备一起自杀。柔弱的母亲其实内心坚强，她对父亲说："我们可以一死了之，三个孩子怎么办？我们死了，孩子们也活不成，为了孩子，我们必须活下去！"在母亲的劝说下，父亲逐渐打消死的念头。为了分担父亲的重压，母亲上山下地参加劳动，她还把少得可怜的食物让给我们吃。长期劳累加上饥饿，母亲终于病倒了，她患了严重的肺结核，县医院医生诊断：没法治了，准备后事吧！

伤心欲绝的父亲用大板车把母亲从县城拉回村里，板车上的母亲皮包骨头，命若游丝，气息奄奄。

那天，父亲哭了，我们都哭了，全家哭成一片。

就在这时，梅狗叔来了，他是来救母亲的！

梅狗叔与我们同宗，他叫梅狗，他弟弟叫狗妹。农村旧俗，孩子取名越俗越易养。我们那一带以狗为名的很多，大狗、小狗、小狗弟、狗妹，一家人全是“狗”。

梅狗叔名字俗，却长得魁梧英俊，浓眉大眼，是个美男子。他个性内向，木讷腼腆，心地善良，为人宽厚而富于同情心。

梅狗叔识草药，他来我们家探望母亲，是带着草药主动上门的。那时，母亲的病已医治无望，梅狗叔自告奋勇来给母亲治病，我们全家都很感激。划右后，同事好友避之犹恐不及，而梅狗叔不但不嫌弃，反而热情相助，父亲虽然不相信梅狗叔能治好母亲的病，却从这个朴实农民的举动中感到人世间的温暖。

自此，梅狗叔开始每天给母亲送草药。

一天，梅狗叔提了个篮子走进我们家，篮子里是两只毛茸茸的刚出生的小狗。

“狗崽可治痨病，宰了炖汤吧！”他对母亲说。

母亲心地善良在村里是出了名的，看到毛茸茸的小狗，怎忍心杀掉！坚决不同意。一向在母亲面前从没说过一个不字的梅狗叔，这时却坚决地说：“狗命金贵还是人命金贵？这是救命的药！”说罢，他转身走了。

不久他端来了一只陶罐，是炖得稀烂的狗肉。

母亲是含泪喝下那碗汤汁的，为了那两个消逝的小生命，也为了梅狗叔的这份真诚。

就这样，在梅狗叔的张罗下，母亲接连吃了几只小狗，竟奇迹般好起来。

终于，大饥荒过去，我们没有饿死，母亲也渐渐康复，虽然从此一直病弱。

苦难使我们两家走得更近。父亲摘帽后回杭州工作，母亲和我们兄弟仨却留在了农村。父亲走后，梅狗叔开始承担起照拂我们家的义务，帮我们料理自留地，时不时给我们送几个萝卜、几棵青菜、一钵土豆。梅狗婶也是个慈悲为怀的农村妇女，她与母亲脾气相投，情同姐妹。

农村缺医少药，我自学了一些简单的医学常识，梅狗婶有胃病，常疼得在床上打滚，我便经常给她扎针灸，有时还真有些效果。

农村的燃料是柴火。我们老家虽是山区，但因“大跃进”时山林受到严重破坏，加上我们村太穷缺乏生财之道，村民日常的油盐酱醋靠的是卖柴换钱来维持，因此附近山上的柴火都被砍光了，只好到路途较远的深山去砍。一次，我到五六里外的深山砍柴，那天的柴火太重了点，加上饿，回家的路变得越来越漫长，时间已过晌午，我饿得浑身乏力，步履艰难，挑挑歇歇，每迈一步都很艰难，最后一段路，我几乎是走一小段就得歇一歇。

正当我低头弓背艰难挣扎时，一双有力的大手抓住了我的扁担——是梅狗叔，他一声不吭，接过我的担子，大步流星向山下走去。我跟在他的背后，看着他宽阔的背，突然感到鼻子发酸……

七十年代末，父亲右派改正落实了政策，我们兄弟仨也靠自己的努力考上了大学，全家都离开了那个贫困的山村。

岁月沉淀了痛苦，记忆里的家乡变得越来越美好。家乡已成为我梦中的一方净土，时时萦绕在心头。在这份牵挂中，有一份属于梅狗叔。

一次我出差顺便回到山村，村民们热情地围上来嘘寒问暖。我发现，梅狗叔躲在人群中，目光腼腆而躲闪，我上前握住他的手，他竟然涨红了脸嗫嚅着。事后有人告诉我，梅狗叔说我们家现在发达了，他不想去攀附！闻此，我很震惊，也感到痛心和愧疚，显然，我们离开后与他疏远了。我们落魄时，他无私地施以援手，我们“发达”了，他却主动与我们疏远。这就是梅狗叔，一个朴实、善良、侠义、乐于助人而不图回报的农民！

梅狗婶先于梅狗叔七八年去世。梅狗叔成了孤老头。他没有儿子，和小女儿阿莲住在一起，生活清贫。此后我每次陪父母回老家扫墓都要去看看他，接济他点钱，与其说是为他，毋宁说是为了慰藉自己的良心。

获知梅狗叔患癌症的消息，我去过电话询问，却无能为力，为了我心中那点永远铭记的感激，我唯一能做的也只有用最世俗的东西来给他的善良一点报偿。

半年后，原村党支部书记、我的堂叔叶三光来电话，说梅狗叔竟慢慢好起来了，能吃饭了。“他哪里是什么癌症，是穷的！”三光叔在电话里这样对我说。

我一阵高兴，看来，他还能活些时日！

但是，梅狗叔还是走了，一个卑微的生命、一个善良的灵魂从此消逝了。

梅狗叔是中国底层民众正直善良的化身，在我们家那段不堪回首的苦难岁月中，他是一束人性的光亮，映照出极左时代严酷环境下人性的不可磨灭；他是冬日里的一缕阳光，始终温暖着我们全家的心。

他为我挑柴的背影，还有那张在人群中躲闪腼腆的笑脸，永远刻进我的记忆里。

追寻职业的幸福感

感谢包国强书记，感谢牟惠康部长给了我回老家与大家交流的机会。我是临海人，在临海度过了人生最重要的青少年时期。是临海这方水土养育了我，是台州的传统文化熏陶了我，我的血管里流淌着临海的文化基因，临海与我有着割舍不断的血脉和情感联系。在临海，我既经历了大饥荒、“文革”这样的大劫难，也经历了家庭蒙受政治迫害时，善良淳朴的乡亲对我们一家的无私帮助。我的职业是记者，30 多年中，我跑遍了除青海外我们国家的所有省份。但无论外面的世界多美好，我一直无法忘掉我的故乡。今天我回到临海，跟故乡最高学府的天之骄子们分享我人生中的酸甜苦辣。我今天讲座的题目是《走向光明》，这是我第一本新闻作品集的书名。今天我主要想讲讲我从山村农民到记者的人生经历，希望能给大家提供一些参考。

一、知识改变命运

我出生在一个知识分子家庭，父亲是杭州大学老师，1957 年被划为“右派”。我们全家被赶出杭州，遣送回老家临海一个偏僻的山村接受监督劳动。回乡不久就遇到 1959 年的大饥荒，我的记忆就从饥饿开始。大饥荒中，我们全家都得了浮肿病，我父亲多次饿得晕过去。因为经常吃一种植物的根茎，大便拉不出来，我经常看到的情景是，我妈妈给奶奶肛门里灌肥皂水，用手抠粪便。

物质上极度贫困，挣扎在死亡线上，精神上受尽歧视。因为是右派的儿子，我一直抬不起头来。最让我难堪的是，上学时经常遇到父亲低着头在村里扫地，每个人都有父亲，而我的父亲却是当时认定的阶级敌人，只配屈辱地给大家扫地。每次遇见父亲在扫地，我都感到无地自容。也因此，我受到了同学的歧视。我父亲 1965 年回杭州大学工作。我们却永远留在了农村。

我们村没有小学，我是到邻村一个破庙里上的小学。1966年“文革”开始，停课闹革命，我才读到小学5年级就辍学了。开始是放牛，14岁开始在生产队劳动，后来成为农村壮劳力。实际上我就是一个土生土长的农民。因为村里人多地少，我们村许多年轻人都选择了学一门手艺来维持生计，我学了木匠，农忙参加田间劳动，农闲时外出做工。因为在农村受尽歧视，我一直想逃离故乡。机会终于来了，1976年临海县建筑工程队到武汉支援武钢建设，我报名参加，成为中国第一代农民工。

在武汉做了三年农民工。1979年的一天，我突然接到父亲的来信，父亲让我马上回杭州，他的右派问题得到纠正，按政策受株连的子女可以回城安置。听到消息，我欣喜若狂。从武汉回到杭州。当时我最大的愿望是在杭州当一个环卫工人。因为我知道像我这样连小学学历都没有的人，不可能做其他工作。能在杭州当一个环卫工人我已很满足了。但是，现实就连我这么一个卑微的愿望也给剥夺了。我回杭州后，情况很快起变化，这一政策被叫停，因为要进城的人太多，城市容纳不了。就这样，我又回到农村。我已经25岁了，不可能还有什么机会，只能一辈子在山村生活。我彻底绝望了。但是，就在我彻底绝望的时候，一个机遇却不期而至。

人有没有命运？我理解，所谓命运实际上就是机遇，机遇对一个人来说太重要了，如果你能把握机遇，那么你就能驾驭命运，使自己的人生精彩起来。但机遇绝不会惠顾没有准备的人，机遇来了，你抓不住，只有让命运来驾驭你的人生。我人生的第一次机遇就是高考——我父亲坚持让我参加高考，没想到这一在当时非常不切实际的想法后来竟彻底改变了我的命运。

上大学，对我来说是痴人说梦，是天方夜谭。因为我学历实在太低了。一个只读过5年小学的人，怎么可能考大学？我根本没有这样的自信。但父亲说，以前你们被剥夺了读书机会，现在允许高考，你要靠自己的力量去改变命运。父亲不断给我写信，我终于招架不住，被迫进了杭州大学办的高复班。那段时间，我压力非常大，村里人笑话我，说我想读书想疯了，是癞蛤蟆想吃天鹅肉。

就这样我插班进入杭大高复班。这个班有200多人，基本上都是高中毕业复读生，只有我是小学肄业。在这些城市出身的同学面前，我非常自卑。

但是，就在这个高复班，一件小事却彻底改变了我的心态。我进去的第二个星期就碰到期中考试，语文的作文题目是就“浅尝即止”这个成语写一篇议论文。我写得很顺利，我在作文中提出，学习不能浅尝即止，要持之以恒，因为学无止境。我举了一个恩格斯向鸭嘴兽道歉的例子来说明即使像恩格斯这样的大家也不可能穷尽知识难免出错的道理。语文老师是杭州大学中文系老师平慧善，她对考试结果做了讲评。其中说，这次考试，有一个学生的作文考得很好，我给大家念一下。我开头没有注意，后来她越念我觉得这篇东西怎么像是我写的，最后平老师当堂叫我的名字：叶辉同学来了没有？我吓坏了，脸涨得通红，像做了错事一样不敢当着 200 多个同学的面站起来。这件事对我激励很大，我万万没有想到我的作文居然会成为这次考试考得最好的一篇。

作文较好与我喜欢读书有关。我喜欢读书，父亲回乡时带来了《战争与和平》《高老头》《从妹贝德》《悲惨世界》《麦琪的礼物》《普通一兵》等名著，我在小学时就读了。“文革”中，我们家的所有书籍都被烧掉了。没书读的日子，我精神非常苦闷，书籍成为我逃避现实的处所。只有在书本里，我才可以酣畅淋漓地宣泄情感。但是在农村要想借书实在太难了。1972 年，我开始学做木匠，农村木匠游走四方。每到一地，我就打听谁家有书，想尽一切办法借书看。就这样，我陆续看了《三国演义》《水浒传》《红岩》《苦菜花》《青春之歌》《三家巷》等，在那些苦涩的日子里，那些文学作品滋润了我干枯的心田，这些名著陪伴我走过了农村那荒凉寂寞的岁月，这些书籍如黑夜中的一豆灯火照亮着我的人生之路，使我的精神之火不至熄灭。

在我的成长经历中，有 3 本书对我产生了巨大的影响，我后来能考上大学，与这三本书有关:《钢铁是怎样炼成的》《牛虻》《马丁·伊登》。一次给一个小学教师做家具，从他家借到了《牛虻》，我如获至宝，通宵阅读，亚瑟与蒙泰尼里的父子之情、亚瑟与琼玛的爱情，一次次使我感动得泪流满面，尤其是亚瑟的坚忍对我影响很大。杰克·伦敦的自传体小说《马丁·伊登》为我坚持自学树立了榜样。水手出身的伊登为了追求资产阶级美女露丝，发愤自学，终于成为作家。他强烈的自学精神深深地激励着我。牛虻的坚忍、马丁·伊登的勤奋、保尔·柯察金的顽强都曾对我的人格和个性的形成产生影响。

培根说，知识就是力量。其实，获取知识的渠道不光是学校，社会本身就是一所大学，我虽然小学没毕业，但在社会大学里却读了 10 多年的书。而逆境是最好的老师，它可以教会你怎样做人；苦难是金钱难买的人生经验，它是你终生受用的财富。正因为我经历过社会大学的历练，经受过苦难的磨炼，我才能在后来的记者生涯中克服种种困难，取得一定的成绩。

1980 年，我 26 周岁，我参加了高考，我没有奢望能考上，因此心态非常轻松，没有压力。实际上我只考了 4 门，数学和英语基本上放弃了。考完我就回到农村继续做木匠。

我是在离家几十公里外的一个农家屋檐下接到录取通知书的。我简直不相信这是真的。我被杭州大学中文系专修班录取。命运就在此时改变了。我从一个农民成为大学生。从此走出了时代留给我的阴影。

二、走向光明

1983 年，我面临毕业分配。我人生的第二次机遇来临了。当时大学生非常受欢迎，有六七个单位要我，杭大中文系、杭大校办、杭州市政府、台州地委、语文报、杭州日报等单位都要我。对这些单位我都没有兴趣，我的理想是当中学教师，原因很简单，我没上过中学，当中学教师是对自己的遗憾的补偿。但当时还轮不到中学来要大学生。有一天，学校通知我到省委宣传部，见到了一个姓卢的同志。他问我愿不愿意当记者时，我一口拒绝。

他非常惊讶，他说他是《光明日报》浙江记者站站长，已经考察我几个月了。他问我为什么不愿意当记者，我说："我不适合当记者。"这下他急了："我已经考察你几个月了，你的档案我都看过了，你很优秀啊，为什么不愿意当记者？想来当记者的人很多，还有省领导的儿子，我都没答应。"我说当记者要有广博的知识，我没有；当记者要与人打交道，我个性太内向，有严重的社交恐惧症，不适合当记者。没想到，我越强调我不能当记者，这位站长却越是觉得我诚实，事后他告诉我，许多想来记者站工作的人无不夸耀自己的能力，而我越解释却越使他感到我是一个诚实的人。当时报社不同意要我，因为当时要的是本科毕业生。就是因为站长的一再坚持，报社才勉强同意要我。最后我去了光明日报。

1984年2月12日，这是我人生中最重要的一个日子，这一天，我去北京光明日报报到，我第一次乘飞机，第一次去北京，第一次走进光明日报，第一次拿到了记者证，第一次参加《光明日报》全国记者会。

《光明日报》是一个具有浓厚的人文情怀的媒体，是中国第二大报纸，是中国面向知识分子的最大的报纸。那天我到报社报到，就深深感受到这家报纸深厚的人文情怀。我碰到的第一个人是一个干瘦的小老头，老头头顶荒芜，穿一双农村才有的手工布鞋，上身是一件旧夹克。如果不是戴着眼镜，这个人活脱脱就是一个老农民。我问“老农民”：记者部怎么走？他瞥了我一眼，那目光非常犀利。他问：“新来的？”我说我是浙江记者站新来的记者。他扭头用下巴一指，示意我跟他走，然后迈着急促的小碎步走到走廊尽头，又用下巴向一个房间一指，然后转身离开。看着这个“小老头”的背影，我很感动，光明日报的人真好。

第二天，我走进会场，顿时愣住，端坐在主席台正中的，正是领我到记者部的那个“老农民”——《光明日报》总编辑。

当时的《光明日报》处在历史上最辉煌的阶段，《实践是检验真理的唯一标准》发表后，《光明日报》如日中天，影响极大。第一次参加记者会，我马上领教了什么叫名记者。当时的《光明日报》名记者云集，仅我们记者部就有许多全国知名的记者，如一位著名女记者，她是80年代红遍全国的著名作家，一篇小说《盼》使她名扬全国；著名报告文学作家理由，是陶铸女儿陶思亮的丈夫，他的报告文学《扬眉剑出鞘》《倾斜的足球场》等曾一再轰动全国；本报驻湖北站长、名记者樊云芳，后来的十三大党代表，首届范长江新闻奖获得者；本报驻山西站长、后出任新闻出版署副署长和《人民日报》副总编的梁衡。报社的名人还有：著名报告文学作家张胜友，后来当了浙江省广电局局长、浙江省记协主席的马雨农。我印象特别深的还有一个人，有一次开记者会，报社请邓力群来做报告，报告讲的内容我已经完全忘了，但其中的一个场景我一辈子都忘不了。邓力群在做报告的中间突然问，青海的陈宗立来了没有，这时一个清秀儒雅的中年人站起来。邓力群问，杨小明的案子怎么样啦？原来青海记者介入一个官官相护的杀人案，这个案子轰动全国，青海省委办公厅主任儿子杨小民因为与邻居小孩吵架，将这个

17岁的小孩捅了14刀，小孩死了。可是因为他是省委办公厅主任的儿子，只判死缓，一年后被转成无期徒刑，官官相护使凶手逃避了法律的惩罚。受害人家属到处告状没有用，《光明日报》驻青海的记者陈宗立和站长李蔚拍案而起，顶着巨大的压力，3次写内参揭露此案，胡耀邦、邓小平等中央领导都做了批示，最后凶手伏法，青海省有七八位领导受处分。这是我国新闻史上罕见的事件，邓小平文选里对此案都有记载。我后来在《人物》杂志上发了长篇通讯，把这件一直被屏蔽的事件公之于众。这篇报道引起强烈震动，40多家报刊转载。

记者会上，名记者们一个个身怀绝技，各显神通，他们纷纷上台介绍采访经验，畅谈自己的各种神奇而有趣的经历。我坐在角落里，听着这些名记者口若悬河的精彩讲演，目瞪口呆，原来记者是这个样子的啊。我越听越害怕，越想越恐慌，我能像他们一样吗？不可能！论学历，我只有大专，《光明日报》的记者大部分是名牌大学毕业；论能力，我根本比不上他们，我与他们不是同类人，我根本没有资格当记者！还没开始工作，我已感到压力重重了。

当时与我同时报到的还有甘肃的李汀，兰州大学毕业，后来的中央电视台电视制作中心常务副主任；安徽的薛昌词，中国人民大学毕业，后来的《光明日报》编委。只有我是大专学历。我是当时报社年轻记者中学历最低的记者。

记者会回来，正式踏上工作岗位，我马上陷入困境，稿子写一篇被枪毙一篇，根本发不出来。我感到非常恐慌，非常迷茫，我想到了逃离。

在记者的素质中，最重要的是三种能力：发现能力、采访能力、写作能力。发现能力就是新闻敏感，新闻敏感是记者的职业生命，没有新闻敏感，文章写得再好都没有用。新闻敏感是判断新闻价值的能力，一个没有新闻敏感的记者，哪怕你是硕士、博士都没用。还有采访能力，采访是写作的基础，而采访就必须与人打交道，而我极不善于与人打交道。三种能力中，我最缺的是发现能力和采访能力，而采访能力的欠缺是由我的个性造成的。我是在长期的歧视中长大的，长期受压抑，个性非常木讷，语言功能严重退化，以至于不能正常用语言与人交流。

1984 年 6 月，杭州市召开城市发展国际战略研讨会，我第一次参加这样重要的会议，我什么都不懂，报到后领了一大堆论文开始读，读得云山雾罩，别的记者消息、通讯、专访，而我憋了一个星期，才憋出一条消息。总算见报了，一条不到 50 字的简讯。

一次，省里组织采访改革的典型长兴水泥厂厂长，我和十几个记者一起到厂里采访了好几天，写了一篇 5000 多字的人物通讯。这是省里的大典型，但时，结果又被枪毙。

1984 年，中国沿海 14 个城市对外开放，浙江省有宁波和温州，报社派我去写这两个城市，稿子写好后，部主任让我把稿子送到北京，实际上是要对我进行一次业务上的诫勉谈话。我诚惶诚恐交上两篇稿子，主任看后说："小叶，你这是小学生做作文，哪里是新闻！"

原以为，我已逃离农村，从此走向光明了。但没想到走向光明途中，却深陷困境无法自拔，职业生涯一片黑暗。我该怎么办？是屈服、逃离，还是坚持？我陷入痛苦中。就这样认输？我心尤不甘。《光明日报》是中国第二大报纸，能进这样的大报当记者，机会何等难得！以前为自己没有机会而痛苦，现在有机会了，我却放弃了，我对得起这样的机会吗？不能，我绝不能当逃兵！

经过激烈的思想斗争，我决心与命运搏击，改变自己，适应新的工作。我开始反思自己失败的原因，一是极度内向的个性影响了我当记者；二是我不懂新闻，从不懂到懂本身就有一个过程，我还处在这个过程中；三是我不了解《光明日报》的用稿规律。找到原因后，我开始发奋，阅读新闻书籍和名篇，分析光明日报特色，研究新闻作品，注意收集新闻线索，学习党的宣传重点等有关文件，了解浙江改革开放的现状。同时，为了克服个性上的弱点，我逼着自己与人打交道。第一年，我是脱胎换骨，掉几层皮。一则小消息，别人一两个小时就完成了，我却常常要折腾整个通宵；一个导语常常要写上七八遍甚至十多遍，因此我经常通宵达旦熬夜。

就这样，我开始渐渐了解了什么是新闻，开始慢慢熟悉采访工作。终于，我迎来了职业生涯的转折点。

1984 年 10 月，绍兴双梅乡农民召开了一个新闻发布会，这是中国第一个由农民召开的新闻发布会。有40多个记者参加了这次活动，我也去了。这次活动成了我新闻业务的一个转折点。

这次活动，绍兴农民给我留下深刻的印象，他们一个个西装革履、气宇轩昂，这使我联想到鲁迅笔下的绍兴农民闰土，我就把鲁迅笔下的农民和我见到的农民做了对比，将新旧绍兴农村做了对比。最后完成的这篇稿子只有600多字，一发去第二天就用了。

稿子刊出后，记者部主任给我打了电话，第一次表扬了我。他说我这篇稿子写得好，把鲁迅笔下的绍兴农民和今天的农民做了对比，这就使稿子有了深度，有了历史纵深感。后来这篇稿子被评为《光明日报》年度好新闻。

这篇稿子的成功使我捡回了自信，我开始走上正轨。

三、陷入困境

度过了最艰难的第一年之后，第二年，我发稿多起来。我开始拼命工作，把所有精力都投入工作中去。80年代《光明日报》只有4个版，300多个记者竞争，发稿非常难，头版头条更难。第一次参加记者会，一个老站长发言时说，他头年共发稿150多篇，见报50多篇，也就是说，他有100篇稿子被枪毙了。他说他进光明日报多年只发了一个头版头条。可见发稿尤其是发头条太难了。我1985年发了5个头条，1986年11个头条，开始进入各省记者发稿量和头条量的前列。也因此，1986年《光明日报》代表团访问朝鲜，总编辑在组团时把一个部主任的名字划掉，把我的名字加上。我第一次出国。出国一直是报社对记者的奖励。

1987年我去舟山采访，一个大学毕业生放弃城镇工作回到一个叫猫跳的小岛教书。那时不知道什么叫辛苦。凌晨4点从杭州乘汽车到宁波，转乘轮船到普陀，再转乘轮渡到朱家尖，再转乘公交车到终点站，然后徒步爬山到猫跳。花了两天时间才到这个小岛采访。写了一篇通讯，标题是《猫跳姑娘》。这篇报道把我推到一个新的高度，稿子获得全国大奖，记者部把我的这篇报道作为现场新闻的范文一再表扬。

从第二年起，我已经深深爱上新闻这个行业，到第三年第四年，我发疯一样工作，发一个头条，可以激动好长时间。只要能发稿，什么困难都能克服。我和甘肃站记者李汀暗中展开竞争，他发一个头条，我就暗暗地一定要赶上去。李汀因为与甘肃歌舞团舞剧《丝路花雨》演英娘的女主角贺燕云谈恋爱而在全国非常出名。我们俩长得很像，在报社经常有人把我们搞错。我们既是好朋友，又是业务竞争对手。后来他调到民政部给部长当秘书，后调任中央电视台电视制作中心常务副主任。

我这个人比较笨，我在工作上遵循的原则是：勤能补拙，笨鸟先飞，我用加倍的勤奋来弥补自己的不足，因此，我付出的辛劳比别人多得多，但回报也非常丰厚。1991 年，我被评为全国优秀新闻工作者；1993 年，报社为我举办了第一次新闻作品研讨会，同年获准享受国务院特殊津贴，成为报社最年轻的享受国务院津贴的专家。其实我算什么专家，当时我还只是一个主任记者。我是到 1998 年才评上高级记者的。

我的许多同行都改行了，或者下海，或者当官。其实我也有过多次当官的机会，领导选秘书，我也是人选，我拒绝了；1995 年，报社要调我去光明日报出版社任总编辑，我拒绝了；2007 年，报社调我回北京工作，我还是拒绝了。我坚决不当官，我有自知之明，我的个性不适合当官。

我很庆幸，我经历的 80 年代是中国新闻的黄金时代，也是我职业生涯最出彩的年代。那时的我，工作充满激情，新闻敏感越来越强，一发现好的新闻线索，就会激动得睡不着，恨不得马上去采访。一个记者什么时候最快乐？不是稿子刊登后引起反响，引起轰动，也不是稿子获奖，而是在发现重大新闻的一刹那，当其他记者都没有发现，而你发现了，那是一种极度的快感，常常会激动得浑身发抖。这种感觉，没有当过记者很难体会，这种感觉也应该是一个记者的正常感觉。如果一个记者对发现重大新闻无动于衷，他也就不可能产生强烈的采访冲动。另外，我虽然只有大专学历，但我在社会大学里历练过，我所有的对新闻的价值判断，我对弱者的同情，我能克服别人无法克服的困难，都源于我苦难的经历，正是家乡这 18 年的磨炼给了我克服各种困难的勇气和力量，使我能有更坚强的毅力来面对工作中的困难和障碍。从这一点说，我更要感谢故乡给予我的馈赠。

1988 年是我职业生涯的一个高峰。从 1988 年 1 月到 1989 年 3 月的 15 个月，我总共发了 21 篇头版头条。这 21 个头条中有 14 篇是批评报道和问题报道，这些报道给我带来了声誉的同时，也给我带来极大的麻烦，有多篇报道在全国引起强烈反响，引起一连串的麻烦和纠纷。这些纠纷使我深陷其中无法自拔。

1988年3月15日头版头条刊发的《飞车皇后吴福妹愤然辞职》一文披露了我国文艺体制改革中最先由承包引发的纠纷，吴福妹是杭州杂技团演员，她当时在杭州市区少年宫搞了一个飞车走壁表演，非常轰动。飞车团由杂技团承包，但因为效益太好，杂技团反悔了，合同不兑现，中途终止承包合同而引发纠纷，结果是吴福妹愤然辞职。我的报道引起强烈反响，文化部、民盟中央领导专门赶到杭州慰问吴福妹，支持她改革。杭州杂技团却告我的状，团长是全国人大代表，联络了20多个人大代表议案，全国人大给光明日报发文施压，要光明日报对我进行处理。这个纠纷持续了4年，最后，杭州市委表态，支持改革，纠纷才平息下去。

卫生领域，我写了一篇很轰动的新闻，题目是《杭州市一医院新楼落成主管基建副院长辞职》，杭州市一医院主管基建的副院长在基建中不堪不正之风之苦，病房大楼建成之后提出辞职。我报道了一个正直的知识分子在不正之风中的无奈和痛苦。稿子见报后，这位副院长又被任命为医院党委书记，他辞职后反而升官了。而升官后却马上必须面对我的这篇报道引起的反响，这篇批评报道把医院的关系户全得罪了，医院停水停电，而医生却误以为这位书记为了扬名找记者为自己树碑立传，骂他既要做婊子，又要立牌坊，使这位书记里外不是人，不得已，他反过来把责任都推到我身上。刚好《光明日报》发动全国读者投票来评过去一年的十篇好新闻，我的这篇作品入选。同时报纸也公布了评委名单。这个副院长为了推卸责任，就给每个评委发了一封告状信，说叶辉昧着记者的良心编了假新闻来愚弄读者。评委全是人民日报、新华社这些主流媒体的领导和高校新闻学专家。评委接到告状信，报道中的受表扬者反过来说记者弄虚作假编造假新闻，这样的假新闻怎么能参加好新闻评选呢？拿下！报社领导非常恼火，记者部怎么搞的，居然把假新闻拿来评好新闻，查！报社责成站长调查。幸亏我还保留着这个副院长审稿时修改过的原稿和写给我的信，我把这些材料都交出。调查结果是这位副院长在压力下把责任推给了记者。受表扬者告记者，这在全国非常罕见，此事因此成为新闻，《中国青年报》《法制日报》都对这件事进行采访并发了报道，《法制日报》还发了评论员文章，人民大学新闻系主任甘惜分还专门写文章评论受表扬者告记者现象。经过报社调查，评委会重新评议，我这篇稿子最后获评为十篇好新闻之一。

教育领域，我发的《一所私立中学的冲击波》报道了全国第一家私立高中安吉上墅私立高中校长汤有祥艰难办学的历程。汤有祥耗尽自己所有积蓄办学，为考不上高中的农村孩子提供再学习的机会，解决了大量农村失学孩子的读书问题，很受欢迎。但是，他的探索受到教育行政部门和公办学校的强力抵制。我的报道在教育界引起强烈震动，但教育行政部门的抵制更厉害，最后发展到不许汤有祥招生，汤有祥找到我时哭了。我和中青报、新华社记者写内参向中央反映，中央领导做了批示，8 月 31 日省里才同意他招生。

经济领域，海宁一家企业搞竞聘，2 位不好好干活的工人落聘。工人阶级是领导阶级，领导阶级怎么能下岗？这在当时是天大的事！工会系统和监察部门从保护工人合法权益的角度出发，严厉批评这个厂的改革。而这两个下岗工人写了 2000 多封告状信，这些信引来了 53 批从中央到地方的调查组到这个厂调查，工厂专门成立了接待调查办公室，生产受到严重干扰。这是一场改革和反改革之间的博弈，我写了一篇报道，题目是《八分钱效应》，揭露当时“一封信，8 分钱，查半年”的普遍现象。报道捅了个大马蜂窝，因为报道牵涉到监察和工会两个部门，国家监察委员会就给报社施压，说报道失实，要求公开道歉。省总工会、省监察厅请了 30 多个专家对我的报道进行批判。面对专家，我被迫反击，我说：改革就是要触动旧体制、旧观念，在旧法规面前的违法者，他们都是勇士，正因为他们以身试法，旧法规才能为新法规所取代。你们都是专家，专家应该遵循实事求是的原则，我请问你们当中有谁到这家厂做过调查？没有调查怎么能判断我的报道失实？最后，因为这件事情闹大了，省委书记李泽民公开表态支持改革，这件事才平息。

在科技界，我的一篇报道也引起很大震动。香港武侠小说家金庸的小舅子曹时中是浙江省建筑总公司的总工程师，纠偏专家。建筑物倾斜了，他用他的专利技术来扶正。他为一个乡镇工程队提供技术，挽救了许多倾斜的建筑，对社会贡献很大。当时科技人员业余兼职拿报酬是一个敏感问题，曹时中兼职拿了10多万元钱，检察院立案准备逮捕他。我写了长篇通讯《倾斜的工程》，提出了科技人员兼职为社会做出了贡献，对社会有利，为什么不能拿报酬？建筑物倾斜了有技术可以扶正，政策倾斜了、社会心理倾斜了，谁来扶正？由于党报的干预，检察院才没有抓曹时中。报道刊登后，科技界举行了好多个曹时中现象研讨会，讨论科技人员业余兼职问题。后来政治局常委乔石对曹时中事件做了批示，这个案子才撤掉了。

那段日子我是纠纷不断，麻烦不断，但这些引起纠纷和麻烦的报道却使我的知名度大大提高。很多读者看到报道来找我。虽然麻烦很多，我却很有成就感。

光明日报人文气息浓厚，很重视年轻记者的培养，一直有老中青传帮带的传统。而传帮带的方式之一就是组织小分队。从进报社第二年开始，我就经常被抽调参加报社组织的小分队，几乎跑遍了全国，我是《光明日报》驻省记者中跑得最多的记者之一。小分队一般由一名老记者、一名中年记者和一名年轻记者组成。这种方式对培养记者有很大的好处。譬如1985年，《光明日报》小分队到宝钢采访，组长就是一位具有全国知名度的女记者，我从她身上学到了许多东西，她思考问题的深刻、提问的犀利、稿子思想的深刻，都对我很有启发。1987年内蒙古40周年大庆报社也组织了小分队，组长是名记者樊云芳，副组长是内蒙古站长陆永龙。我们一起跑了一个多月。90年代我跑得更多，我曾采访过隐姓埋名在大山里搞核动力研究的中国核动力研究设计院；也曾多次沿着中国的边境线采访，从黑龙江的绥芬河、黑河、满洲里到内蒙古海拉尔，从新疆的阿勒泰、伊犁到和田、阿克苏，从云南的瑞丽、德宏、河口采访边防部队，采访缉毒工作。在云南德宏，我们跟随边防部队采访，1995年的中秋夜，在中缅边境，我们突然与缅甸游击队遭遇，双方子弹上膛，真正感受到什么叫心惊胆战；我们跟随云南缉毒部队抓捕毒贩，亲眼看到部队官兵与毒贩的格斗；我曾随军舰到西沙群岛采访。这些采访很辛苦，也很刺激，甚至充满风险。但是，事后看，这些经历都是人生难得的财富，值得记忆。

我终于没有成为新闻队伍中的逃兵，坚持下来了。并且，我越来越喜欢自己的职业，我认为，这是天底下最好的职业，有哪个职业能有记者这样自由？我曾经扬言，如果不搞发行，当皇帝都不去！记者站的工作太自由了，管你的人看不见你每天在干什么，看得见你每天干什么的人管不了你。有哪个职业能这样天马行空，独往独来？当然，我从来没有因为没人管就偷懒，在我的职业生涯中，几乎没有星期天，没有节假日，相反，越没人管，我干得越起劲。记者的职业特点是时刻准备着，只要新闻一发生，记者就应立即奔赴新闻现场。1994年冬天，我在云南采访20多天，随后马不停蹄赶到攀枝花采访攀钢教育，发了介绍攀钢教育的长篇通讯，又完成了对攀钢总经理的人物通讯，此时已经是腊月二十六了。可就在这时，我突然接到记者部主任王茂修的电话，问我是否愿意去采访四川洪雅县县长徐启斌，原来徐启斌辞去县长职务后主动接受任务非常艰难的槽渔滩水利工程总指挥的职务，工作非常出色，这是一个焦裕禄式的好干部。主任说：时间太紧，如果你感到来不及，先回家，过了年再采访也可以，是否去由你自己决定。我一听就激动起来。和我一起采访的另一位记者因为马上要过年就回去了，我一个人当夜乘火车赶到乐山，火车到达时是凌晨4点，等到6点多乐山市委宣传部的车子来接我，把我送到槽渔滩水利工程工地。接下来3天是白天黑夜连轴转，开了几个座谈会，采访了将近20个人，到29日晚上通宵写稿，完成了长篇人物通讯《爱民县长徐启斌》，然后大年三十一早赶往成都飞回杭州。到家时已是爆竹轰鸣的除夕之夜。由于连续高强度的采访，一回来就病倒了，平生第一次住院。可是徐启斌的报道却产生了很大影响：中宣部将徐启斌列为人物典型进行报道、中组部在春节后召开的全国百名优秀公仆表彰会上将徐启斌追加进去。

四、路见不平，拔笔相助

记者这个职业的一个特点是，能用自己的笔帮助别人，特别是能凭借自己的力量改变别人的命运，这是一种莫大的幸福。

记者的笔可以改变别人的命运，我特别欣慰的是，我用自己的笔改变了一些小人物的命运。

1988年早春的一天，一个中年男子走进我的办公室。此人身材高大，穿一件旧棉袄，下身的裤子又短又破，显得极不协调；脚上是一双当时已很难看到的解放鞋，大冷天的竟没穿袜子。他手提着一个布包，那是一块发黄的白布裹着一包东西，上面随便打了个结。他非常谦卑地向我躬身致意，我跟他握手，他那手又粗又大，手掌上都是老茧。我让他坐下，他只是把半个屁股坐在沙发上，挺直腰板，满脸堆笑地与我谈话。显然，这是一个典型的劳动者，一个谦卑的底层平民。

一坐下，他便打开那个布包，里面是整整齐齐的13本手抄本，一色是牛皮纸做的封面，用手工装订成册。他说，“这是我写的书，《左联词典》，60万字，我找遍了北京、上海各出版社，没有一家出版社愿意出版，怕赔钱。”然后他拿出一大沓信，信纸已经发黄了。我一看，大惊，写信的人有陈荒煤、楼适夷、周颖等，全是中国当代文坛上的名人巨匠。一谈起左联，他一改谦卑之态，马上神采飞扬，侃侃而谈。我被震惊了，对眼前这个谦卑的人顿生敬意。他叫姚辛，嘉兴毛纺厂工人。他从50年代开始研究左联，穷毕生精力完成了这部60多万字的书，陈荒煤、刘再复等人都向出版社做了推荐。但由于出版社怕赔钱，都不肯出。1986年开始，姚辛请假修改稿件，1年假期满仍没改完，他继续修改，结果是工厂停发了他的工资。此时的他已穷途末路，为搜集资料，他远涉北京、天津等地，所有活动均是自费，此时他已债台高筑，平时靠朋友接济过日子。出版四处碰壁，姚辛想到了新闻界，但多家新闻单位接待他后都感到爱莫能助，他说他看到我的一些报道，特意找到我，希望我能为他提供帮助。

听完他的叙述，我深为感动，我当即表示，我尽力帮助他。我马上采访了他，当天就写了一篇内参发回报社。但是，这篇内参没有引起高层注意。

1988年5月，我专程赶到嘉兴采访。我采访了嘉兴市委宣传部领导，又采访了嘉兴毛纺厂的女厂长。听说是采访姚辛，女厂长很冷淡，说：“我现在没空，你等着。”等了半天，她才让我进去。我此行的目的非常明确，除了写报道，我决定利用记者的身份谋一次私，为姚辛解决问题，给这个落魄者一些必要的帮助。一是要求给姚辛补发全年工资，二是能为他请假修改书稿。我很婉转地提出了以上要求。厂长是个知识女性，冷淡但不失礼貌，她断然拒绝了这两条。她说，“国有国法，厂有厂规，姚辛是个工人，工人就得干活，一个工人不好好工作，却不务正业写书，厂里对他已很宽容，同意他1年的假期。1年假期满了他还不上班，那怎么行？我们只好按规定停发他的工资。你说说，如果企业里的工人都像姚辛，工厂还要不要办？我这个厂长还要不要当？”

我说：“你说得非常有道理。但这是常理。对姚辛这样的特殊人才不能用常理、用世俗的眼光来看。姚辛是中国文化界的骄傲，他填补了中国左联研究的一个空白；姚辛也是中国工人阶级的骄傲，一个工人，能利用业余时间，写出中国第一部全面介绍左联的书，这部书将载入中国现代文学史册，这是你们企业的光荣，怎么能认为他不务正业呢？你知不知道他这部书稿的价值？你了不了解陈荒煤等名家对他的高度评价？”她说，“我没必要了解这些情况，这与我无关，我的责任是把厂办好。我不允许一个工人旷工了我还给他发工资，如果都这样，我这个厂长还怎么当？”

很显然，我无法说服这位知识女性。再谈下去已无必要，我说：“好，你这几句话说得非常好，我会写进稿子里去，你对待姚辛的态度以及厂里对姚辛的处理结果，我将向全国的读者公开。谢谢你！”我调头就走。

这一下，她急了，马上说：“等等，你怎么能把我的话写进去？我不同意！”我说：“对不起，你没有权力不同意，你今天接受的是《光明日报》记者的采访，你面对记者讲的话，就是面对全国读者讲的话，你没有权力不让我写。”

这一下，情况马上发生了戏剧性的变化，厂长马上站起来，把我留住，她的态度马上软下来了，她说：“这样吧，我们马上开会研究。”我说：“我没有时间了，我下午就回去发稿。”她说：“我们上午就开会，马上给你答复。”我说：“那好，我在招待所等到中午，下午我要赶回杭州。”

没等到中午，我一踏进招待所房间，毛纺厂的电话就追来了，厂里同意马上补发姚辛全年工资，同时同意姚辛借调到市文联脱产改稿，工资由工厂支付。姚辛苦苦奔波多日的难题就这样解决了。

5 月 17 日，《光明日报》在一版刊出稿件：《著书难为稻粱谋——左联词典书稿完成却无法出版》。消息刊出的当天，北京农村读物出版社就给光明日报来电话，表示愿意支持出版此书；接着辽宁大学出版社、山东人民出版社、四川教育出版社等近 10 家出版社发来电报，愿意出版此书。

书出版后，姚辛给我写了一封热情洋溢的信，他在信中说：“感谢上苍，让我认识了一个绝顶的好人——是你给我灰暗的人生带来了光明，是你使我的人生发生了巨大的变化，我衷心感谢你，感谢《光明日报》！”作为记者，能用自己手中的笔为困境中的落魄者解决困难，我很欣慰。

此后20多年，我们成为朋友。10年后，他完成了第二本书《左联画史》。令人遗憾的是，他又碰到了同样的困难——书稿完成无法出版，我又为他呼吁，广东某市的一位发改委负责人看到报道，出钱帮助姚辛出了这本书。姚辛总共出了3部书，几乎每部书出版前我都为他呼吁。3年前，他去世了。

临海发明家李华松的命运，可以说是《光明日报》报道后完全改变的。

1988年4月19日，我参加临海市建市5周年纪念活动。在这次活动中，我发现了一个很好的新闻线索，临海市评选优秀科技人员时，获得过多项国际国内发明大奖的发明家李华松落选了，原因是他曾坐过牢，“文革”期间他曾参加过武斗，1973年被保送到浙师大读书，1977年在清理“文革”三种人时被捕判刑，1981年在复查时因证据不足被释放。这是一条重要新闻。活动结束后，别的记者都走了，我留下来采访。采访结束，我很快完成了一篇1000多字的消息。但请李华松审稿时却遇到了麻烦。我以为，这篇稿件是为李华松鸣不平的，他应该是高兴的。我凭经验断定，这篇稿件一定会引起反响，说不定李华松的命运会因此改变。

然而万万没想到，李华松看完稿子不同意发表，理由是，他的过去别人已淡忘，现在稿子一登，让人们重新记起他的过去，这等于把他的旧伤疤重新揭开。我说明，不听；解释，无效。他就是不同意登。凭我个人的从业经验，这篇稿子发出来肯定对李华松有利，说不定他的案子还可以翻过来。在反复说服无效的情况下，我决定采用较强硬的态度。我问李华松，事实有无出入，他回答说没有。我说好，只要事实没出入，你不同意登稿子照样可以发。李华松是个非常敏感的人，听我这样说，知道无法说服我，二话没说扭头就走。显然，他生气了。

稿件发去后第三天就在一版头条刊出，中央电视台在早间的新闻和报纸摘要节目中做了摘播。此稿一刊出马上引起很大反响，报社和我都收到好多来信，李华松本人就收到近百封来信。事过后我也把这件事搁在脑后，当时我正陷进多起新闻纠纷中无暇他顾，从此再没和李华松联系。

一年后，李华松突然来找我。见面时，他握住我的手说："非常感谢你，你是我的恩人！"他告诉我，报道见报后，他的命运完全改变，台州中院复查了他的案子，为他做了彻底平反；浙师院的领导看到报道专门派人去看望他，并邀请他回母校工作，浙师院还和省教委研究后为他补发了大学毕业文凭；台州市为解决他的工作问题，专门成立了一个研究所，任命他为所长。他还作为浙江省发明家代表赴北京出席全国发明协会的大会。会上，联合国发明协会主席和他合影，他和几位贡献较大的发明家一起受到国家副主席的接见。他还告诉我，报道刊出后，他接到 100 多封求爱信，其中有大学老师，有科技人员，有行政干部，有演员。一位部队文工团的演员和他通信近一年，这位女演员爱上了他，一定要嫁给他。后来这位部队文工团演员还到杭州找我，希望我做李华松的工作。这位演员确实很漂亮，她对我说，李华松是在落魄时结的婚，这种婚姻是历史的产物，没有爱情做基础，婚姻肯定不美满。我跟她说了，李华松和他爱人感情很好，不存在你说的情况。她不相信，执意赶到临海李华松家，当她看到李华松确实有一个温暖的家，他的妻子很贤惠，这才作罢。

我是从农村出来的，我对农村青年希望通过高考改变命运非常理解。本世纪初，德清一中先后有两位高中学生都出版了长篇小说，但因为偏科厉害，高考落榜。我为这两个偏才考生呼吁，吁请高考为偏才开辟绿色通道，省教育厅厅长两次做了批示，两个学生先后被破格录取。

事情的经过是这样的：

2001 年 6 月，我和《人民日报》驻浙江记者江南结伴到德清采访。在采访中，我获得一条信息，德清一中一个中学生出版了一部小说，因此引发了一场讨论：中学生出书是利还是弊。我马上去采访，也见到了这个偏才女生。这是一个非常腼腆的农村女孩，在我们面前害羞得不敢抬头，脸上红扑扑的，不敢正视我们的目光，但她的那双不停闪烁的眼睛却灵动明慧，闪耀着智慧的光。一个农村女孩，面对中国最大的两家报纸的记者，其忐忑心情可以想见。

女孩叫崔利静。非常拘谨地接受了我们的采访。采访结束。临别，我给了她一张名片，我说，如果遇到什么困难，可以给我打电话，也许我能给你提供一点帮助。我只是这么随意一说，没想到，她真的会来找我。

稿件很快发了，这只是一篇很普通的稿件，虽然稿件也有一点影响，一些看到稿件的人告诉我：看到你写偏才女孩的稿子了。如此而已。

像以往一样，稿子发完，我也就把这件事忘掉了。小女孩那双灵动闪烁的眼睛渐渐从我记忆的屏幕上消失了。

2003 年 7 月 25 日，我照例打开电脑上网，邮箱里有一封邮件，是崔利静写来的。她在邮件里说，她参加高考落榜，现准备外出打工。她不想参加高复班，想去闯荡世界，一边打工一边写作。在邮件中她对应试教育表现出强烈的不满。

看完信，一个强烈的念头涌上了我的心头：这是一个很有才华的女孩，她应该上大学！

正是这一年，国务院下发了《关于基础教育的改革决定》，我看过这个文件，《决定》中有这样的表述："有发明创造的有特殊才能的学生，可以免试进入高一级学校就读。"大学当然是高一级学校了。这个规定能执行吗？我当即给我的朋友，浙江省总督学鲁林岳打电话，把情况告诉他。他一听非常兴奋，他说："国务院的决定出台后，今年是第一次实施，崔利静很可能成为中国高考改革破格录取第一人！"我一听激动了！中国高考改革破格录取第一人，好新闻！要是她真的被破格录取的话。

我马上去采访了鲁林岳。当天写完稿件发回，第二天，这条消息就在二版头条刊出。我刚拿到登载这条消息的报纸，家里的电话铃声急剧地响起，是鲁林岳，他在电话里兴奋地告诉我，他已经找了教育厅厅长侯靖方，侯一口答应，可以解决！侯靖方说，浙大我指挥不了，浙师大总可以吧。侯靖方马上做了批示，让浙师大对考生做进一步的考核，如果符合要求，就破格录取。

听到这个消息！我很激动，比自己解决了一个大问题还兴奋。中国第一个高考直通车乘客将在浙江诞生，并且这与我有关，一个记者的自豪感油然而生，我为自己将可能为一个农村女孩改变命运而兴奋不已。

我马上打通了崔利静家的电话，把这个消息告诉了她，她非常意外，也非常激动，电话里，她的声音在颤抖。

的确，一个农村女孩，一个毫无背景的小人物，用自己单薄的身子撞开森严壁垒的高考大门，这是何等的不易。

接着，我的第二篇报道又刊出了：中国高考绿色通道将迎来第一个考生。这篇报道的影响就更大了。几天后，我突然接到《光明日报》教育部主任王大勇的电话，他正在陕西师范大学采访，师大校长向他表示，你们光明日报报道的浙江的偏才女生，我们愿意破格录取。这位校长还把校办主任的电话留给汪大勇，让汪大勇告诉我。

我马上通知崔利静，让她赶往西安。陕西师大对她进行了面试，结果是考核通过！陕西师大表示，只要浙江省教育考试院在招生时投档，他们就录取。正当我和崔利静为这一结果高兴时，浙师大传来消息，接到省教育厅的通知，浙师大专门成立了考核小组，由副校长梅新林负责，由中文系几位教授参加，通知崔利静去接受面试。

浙师大的考核也顺利通过，近水楼台先得月，浙师大先下手为强，录取了崔利静。崔利静非常高兴，她的老实巴交的父母特别激动，崔利静的班主任给我打来电话表示感谢。我也特别开心。这件事在我的报道中影响不算大，但我特别看重。因为我用自己的笔改变了一个农村小姑娘的命运。

第二年，德清一中另一位偏才女生郭丽霞高考落榜，她也是在高中就出书的考生，德清一中老师给我打电话求援。我第二次为偏才女生呼吁，我的报道再次促使省教育厅做出决定，破格录取她成为大学生。现在崔利静在网易工作，她主持一个游戏的开发，已经成为部门负责人；郭丽霞在省委宣传部的一家杂志社工作。

五、让心灵与笔下的人物共振

2010 年，《今传媒》杂志发起“中国当代人物传播 100 家”评选活动，光明日报有两人入选：一个是樊云芳老师，另一个是我。

在光明日报，我获得不少荣誉，但我比较看重的是上面这一项，因为这完全是读者投票选出来的，活动结果公布之后我才知道。这 100 家是从新中国成立以来全国写人物比较多的作家和记者中选出来的，这说明我的一些人物报道读者还认可。这是对我写人物的承认。

30多年职业生涯，我写的人物不少，这些人物都是各行各业的佼佼者，采访他们，感受他们不平凡的经历，为他们的事迹感动的同时，我也深受教育。

2006年冬，我在报社改稿。那天接到辽宁站老站长苗家生的电话，他告诉我，著名表演艺术家李默然患了肺癌，恐怕将不久于人世。我的心一颤。李默然是我非常崇敬的演员。当时《光明日报》人物版已经开始用一个整版的篇幅来报道各界第一流的人物。我马上想到，要抢救这个人物，必须在他去世前采访他。我立即向报社报了选题，提出采访要求，得到批准。我放下手头的工作赶到沈阳，和辽宁站两位记者一起去采访李默然。

谁知一见面我们就碰了个钉子。当李默然看到我们带去的几张载有人物报道的《光明日报》时，他一看到有一位知名小品演员的报道，就很不高兴了。并且立即表示，拒绝采访。原来这位小品演员曾公开与李默然叫板，因为李默然批评那位演员的演出太俗，那位小品演员就公开表示与李默然唱对台戏，看看观众更喜欢谁。李默然是严肃艺术的代表，而那位小品演员是通俗艺术的代表，两人根本无法比出高低。但此事使李默然非常恼火，因此他一看到《光明日报》刊登了的报道，就激动起来，说："我绝对不会与此人在同样的版面上出现。"这时，我马上把我带去的几张载有我写的几个人物的《光明日报》递给他，我说小品演员与您根本不在同一层次上，他是刊登在"人物新锐"专栏，而您是"大家"专栏。"人物新锐"只有半个版，而"大家"是一个整版。李默然仔细对比后，这才同意我们采访。

李默然是一个非常严肃、非常正派的艺术家。他演的《甲午风云》引起轰动，他一下子就出名了。出名给他带来巨大的麻烦，他收到上万封读者来信，大部分都是求爱信。一些港台的女性追到大陆，直接给李默然打电话，要求见面，甚至扬言，如果李默然不见，她们就自杀。李默然坚决拒绝跟这些女性见面，他把所有这些求爱信全部交给夫人处理。他夫人是沈阳音乐学院毕业的大学生。而他只有小学3年级的学历，他的成功完全靠自己发愤自学。也因此，他对妻子非常忠诚。我在稿子里写了这件事，李默然坚决要求去掉，不许写。

我初稿送审时被李默然否掉了，他对稿子的开头很有意见。我稿子的开头是这样的：

他身材魁梧伟岸，直挺挺地往舞台上一站，马上会牵引住男的女的老的少的所有人的目光，这些目光会因他而闪光，而燃烧，而变得粲然动人。

他的声音浑厚洪亮，穿云裂石，雄浑刚健，能点燃人的血液，令人闻声不忘。他能把一篇社论念得声情并茂，有人极言，他甚至能把一份菜单朗诵得使人潸然泪下。

与王心刚、唐国强、濮存昕英俊的外表不同，他的脸坑坑洼洼，起伏的丘陵上布满一个又一个的疙瘩，但是，他照样是少妇少女的“杀手”，记者熟悉的几位女性就毫不隐讳地表露：喜欢他！非常喜欢他！连他脸上的疙瘩都喜欢！

只读过3年小学，却被业界尊为大师；出身贫贱，却被同行称为神：辽宁人民艺术剧院院长宋国锋就称他是“中国话剧界的神”，是“中国话剧的泰斗”。

这位为观众所爱戴的表演艺术家，不说大家也知道——他就是人民艺术家、辽宁人民艺术剧院话剧著名表演艺术家李默然。

在我退休前的5年当中，我比较集中地写了一批人物典型，其中有十多个得到中央领导批示被列入中宣部宣传计划。譬如省委宣传部原副部长雷云、玉环海岛医生吴棣梅（吴棣梅的事迹还被改编成越剧搬上舞台）、台州医院医生叶丽萍、麻风村医疗团队（与严红枫合作）等。

新闻是一分耕耘、一分收获。你付出多少，才能收获多少。新闻需要发现，为了发现人物报道线索，我采用了一个笨办法，平时注意人物线索、素材的积累。我写一个人物，最长时间积累了14年，就是说一个人从认识到最后写出报道，我花了14年时间。正是靠了这种笨办法，我才在人物报道上有所成绩。我积累线索的方法是，每当发现一条人物新闻线索，马上建立一个文件夹，以后发现与这个人物有关的素材，就全部装到这个文件夹里。这一方法很实用，容易操作。当然这些线索和素材不见得都能写，最后可能无法写，这也没有什么，这是必要的准备。素材总会有选择。一旦掌握线索后，不用急着去写，平时常想着，常常脑子里会突然冒出一个开头，或一个结尾，甚至一句精彩的句子，这时候我绝不偷懒，赶紧记下来，也许以后写作时能用。

我积累时间最长的人物是省委党校的经济学教授陆立军。1994年我到义乌小商品城采访，认识了到义乌挂职担任市长助理的陆立军，一个学者能投身到火热的市场中去，我马上列入我的人物报道信息库。但一直到2008年我才报道了他。

由陆立军又引出雷云。雷云是省委宣传部分管理论的副部长，经常在媒体上发表理论文章，媒体对他很熟悉，可为什么没人报道？这就需要记者去发现。

（发现雷云的过程略）

2014年5月，我正式办理了退休手续。11月7日，中国新闻奖颁奖报告会在北京隆重举行，我代表中国30年以上工龄的老记者在报告会上发言。我在发言中说：

罗曼·罗兰说："幸福是一种灵魂的香味。"一个人能终生从事自己喜欢的职业，这是一种幸福。我很庆幸，我从事的新闻工作是我喜欢的职业，这种职业发散出来的灵魂香味，一直伴随着我走完我的职业生涯。有人问我，如果有下辈子，你准备干什么，我的回答是，还是当记者。

这是我的由衷之言。

最后，我想说的是，今天在座的同学，在你们的人生中，一定会出现许多好机遇，你们一定要把握机遇，紧紧地抓住机遇，驾驭机遇，让机遇最大限度地改变自己的命运。你们这一代人比我幸福得多，当然更应该比我有作为，我为你们的未来祝福。

谢谢大家！

（2016年12月1日在台州学院的讲稿）

后 记

如果把上大学之前所从事的职业排除在外，那么我这一辈子只从事了一个职业，那就是新闻工作。

一个人一辈子只从事过一个职业，并且在一个单位、一个部门从未挪窝，虽然有人认为这样的人生履历太单一，太没有出息，但是，我却感到很满足。

海明威说，当作家要有一个不幸的童年。

我不但有一个不幸的童年，并且连少年和青年都一块儿不幸了，何以我没能成为作家？

命运似乎总跟我作对，少时也曾有过淡淡的作家梦，很快湮灭了。因为当我该读书时，我却在放牛；当我该工作时，却在务农；当我该进大学时，却在当木匠、做民工；终于赶上末班车读完大专面临择业了，我却依然无法如愿——当时的我非常渴望当一名中学老师，因为我一天中学都没读过，如果能当上中学老师，也算是对命运的小小报复，但天不遂人愿。更让我难受的是，我从未想过当记者，极端排斥当记者，也曾坚决拒绝当记者——我是一个社交恐惧症患者，又是一个读书太少、学历太浅、学识太薄的人，根本不适合当记者。结果却是怕什么来什么，阴错阳差，“逼着鸭子上架”，最后被命运生拉硬拽不得不与新闻终生结缘。

终于没能成为作家，但我却成了一名记者。

就像“父母之命，媒妁之言”的拉郎配婚姻不一定不幸福一样，当我怀着惊惧、惶恐、无奈、懊丧的心态，走进职业的“洞房”，掀开“新娘”的红盖头时，我却惊讶地发现，这个将与我毕其一生厮守的职业之“妻”竟是如此的花容月貌，让我怦然心动，令我欣喜莫名。

结果不用我絮叨了，我爱上了这个“妻子”，不离不弃，“睡在身边还想她”，终于“白头偕老”。当权力和金钱这两个千百年来无人能抵挡诱惑的绝色美女来引诱我时，我毫不犹豫地拒绝了。我曾扬言：如果不搞发行，让我当皇帝都不干！

其实不独是我，光明日报老一辈新闻人都钟爱自己的职业。《光明日报》名记者樊云芳20世纪80年代就大红大紫，有多少权力部门看中了她，试图调她，她毫不犹豫地拒绝了；与我同龄的光明日报一位部主任，大学毕业已分配到中央某部委工作，竟毫不犹豫地抛弃权力，想方设法、调动各种社会关系把自己弄到没日没夜、废寝忘食地奉献自己青春岁月的新闻单位忘情地爬格子，在光明日报终其一生死不改悔。

这就是一代光明人！这就是一代新闻人对新闻的挚爱！

一个不理解新闻并且惧怕新闻的人，却在新闻这个行业里干了一辈子不曾挪窝，收入本书的篇什就是我的职业生涯的部分作品。

“幸福是一种灵魂的香味。”（罗曼·罗兰语，笔者注）一个人能终生从事自己喜欢的职业，这是人生的最大幸福。很庆幸，我从事的新闻工作确是我喜欢的职业，这种职业发散出来的灵魂香味，一直伴随着我走完我的职业生涯。

当然，使人幸福的职业并非就没有痛苦。相反，记者这个职业常常需要忍受着各种痛苦：当重大新闻从身边溜走时职业角色缺位的痛苦，当无法触及重大新闻事件中的深层次内幕时的痛苦，当批评报道触犯了某些实权部门受到剧烈反击而自己又势单力薄时，特别是当看到一些不平的事却无法拔刀相助时……

这是我终结职业生涯的最后一个集子，是一个人物新闻作品集。出这个集子是为自己的职业生涯做个了结，以此为界，我将不再从事与新闻有关的活动了，再不写作新闻类文字了。

收在这个集子里的稿子分四部分，“人物典型”里的作品是我2009年后写的人物典型（部分与人合作），绝大部分得到中央和省部级领导的批示，有些还成为全国重大典型，这也是我职业生涯最后阶段的部分成果；“人物大家”里收集的7篇人物通讯，这些人物在各自的领域里或地位突出，或贡献巨大，或品德高尚，具有一定的代表性，因此入选；“人物新闻”里的7篇比较芜杂，有人物新闻和人物通讯。

需要特别说明的是最后部分。“人物素描”写的多是我身边熟悉的人，有发表过的，也有的仅仅是发在博客和微信上的。我喜欢写人物，尤其是一度很想把幽默引入新闻，特别是引入人物写作，使人物形象生动一些。我的这部分人物素描便是这种尝试的结果。幽默这东西把握不好就会变成油滑，而一旦笔下的人物变得油嘴滑舌，所写的人就会失之于轻浮，写作就失败了。我的这些人物素描我并不满意，我尝试着发到微信朋友圈里，竟获得了比我写的那些主题宏大内容严肃的稿件要高得多的点赞，有些熟悉的友人还要求我多发此类稿件，认为读这些人物素描至少不会打瞌睡，能感到所写的人活生生地站在自己面前。因此，我也就不揣冒昧，向读者献丑。

在全书的四部分里，每部分的开头或最后都附有一到两篇我参加各类讲座的讲稿或有关我的新闻作品研讨会上领导专家对我的作品的评价。我应邀参加座谈或讲座的机会不多，因为个性内向，不善言辞，我很少去讲课。但在职业生涯中认识的方方面面的人总会给我出难题，让我去展现自己最薄弱的一面。孔雀开屏，向大众展示出的应是最鲜亮的羽毛，人们一般很少去注意孔雀最丑陋的部位——屁股。可是让我去讲课，就等于让孔雀向大众展示自己的屁股，那是我最不光鲜的一面。木讷如我者在靠笔头和嘴巴吃饭的新闻队伍中并不多见，何以让我去展示我的木讷？因此每逢此类邀请，我总是坚辞——我既怕误人子弟，也怕自己丢丑。但邀请者总以为我谦虚，一个有多年实战经历的老记者，怎么可能没有经验和心得体会呢？我的推辞往往被认为是谦虚，于是邀请者邀请得更起劲了，拙于言辞的我常常感到推托无词，只好勉为其难，硬着头皮登上讲台。我至今还记得第一次登台讲课的极度尴尬。那是1991年年初，我赴京参加全国优秀新闻工作者表彰会回来，在杭州大学新闻系任教的同学黄旦（后为复旦大学新闻学院教授）以我刚获得荣誉为由，请我给新闻系的学生谈谈体会。一个从小学到大学只读过8年书的人，怎敢在神圣的大学讲台上讲课？更何况我极端的不善言辞。我坚辞，老同学不允，只好硬着头皮去了。结果出了大洋相。我实在太没有经验了，见别人讲课都是在讲台上放张纸片就能滔滔不绝，我也如法炮制，列了个提纲就匆匆去了。其实那天也就 20 多个学生，而彼时我已经在新闻战线干了七八年，也算是个老记者了。但极度内向的个性还是使我立马犯怵：一进教室，一登讲台，一面对学生求知的眼睛，我便蒙了，只感到心跳加剧，脑子一片空白，语言支离破碎地从我嘴巴里挤牙膏一样挤出，两节课的时间我结结巴巴了 20 分钟就把所有内容都讲完了，接下来的尴尬可以想见，我紧张万分，大汗淋漓，衬衣全部湿透。有了这次教训，此后讲课，我就把所有内容都写成讲稿，这一习惯一直延续到职业生涯结束。这里选取的几篇就是我为避免再次“大汗淋漓”而准备的内容。

2014 年 5 月，我已结束职业生涯办理了退休手续。6 月 7 日，报社和浙江省委宣传部为我举行新闻作品研讨会，我选了几篇有关领导和专家对我新闻业务的评价放在集子里。我曾犹豫要不要把这样的文字放进去，因为这些发言都有一个共同的特点：尽拣好听的说，这是对我职业生涯的装修和粉饰。最后还是决定收入，至少，这些篇什充分体现了中华民族尊老爱幼的美德吧。

作　者

2018 年 11 月 20 日